MPR 出版物链码使用说明

　　本书中凡文字下方带有链码图标"——"的地方，均可通过"泛媒关联"App 的扫码功能，获得对应的多媒体内容。

　　您可以通过扫描下方的二维码下载"泛媒关联"App。

"泛媒关联"App 链码扫描操作步骤：

1. 打开"泛媒关联"App；
2. 将扫码框对准书中的链码扫描，即可播放多媒体内容。

扫码体验：

　　样题三　　样题六

普通话水平测试攻略

黄健 主编

暨南大学出版社
JINAN UNIVERSITY PRESS

中国·广州

图书在版编目（CIP）数据

普通话水平测试攻略/黄健主编. —2 版. —广州：暨南大学出版社，2015.8
（2024.1 重印）
ISBN 978 - 7 - 5668 - 1554 - 5

Ⅰ.①普…　Ⅱ.①黄…　Ⅲ.①普通话—水平考试—自学参考资料
Ⅳ.①H102

中国版本图书馆 CIP 数据核字（2015）第 159523 号

普通话水平测试攻略（第二版）
PUTONGHUA SHUIPING CESHI GONGLÜE（DI-ER BAN）
主　编：黄　健
···

出 版 人：阳　翼
策划编辑：潘江曼　杜小陆
责任编辑：周玉宏
责任校对：姚荇姝
责任印制：周一丹　郑玉婷

出版发行：暨南大学出版社（511443）
电　　话：总编室（8620）37332601
　　　　　营销部（8620）37332680　37332681　37332682　37332683
传　　真：（8620）37332660（办公室）　　37332684（营销部）
网　　址：http：//www.jnupress.com
排　　版：广州良弓广告有限公司
印　　刷：佛山市浩文彩色印刷有限公司
开　　本：787mm×960mm　1/16
印　　张：15.25
字　　数：288 千
版　　次：2011 年 2 月第 1 版　2015 年 8 月第 2 版
印　　次：2024 年 1 月第 9 次
印　　数：16501—18000 册
定　　价：39.80 元

前　言

　　广东外语艺术职业学院的普通话培训及测试工作开展得比较早。1996 年我院开始拥有国家级测试员，至今我院已有国家级测试员 11 名。2001 年，我院普通话培训测试站（广东省语委办直辖测试站）成立，年均测试量已逾一万人次。一开始仅仅面向本校学生的培训、测试，如今服务于广州范围内的高校师生以及社会各界人士，我院还多次以出色的工作获得这一领域省级、国家级的荣誉。

　　在此过程中，一批考官，也是本书的编撰者们，在长期而大量的培训、测试工作中摸索、积累了丰富的经验，现终将他们智慧的结晶凝聚为本书。与其他普通话水平测试辅导用书不同的是，本书侧重于剖析测试中考生易忽略的问题，对症下药设计了训练题，以提高学习者普通话水平及应试的双重能力为目标。

　　本书参编人员及其分工如下：

　　黄健，广东外语艺术职业学院中文系教授，博士，国家级测试员，普通话水平一级乙等，负责第四章、附录部分的编撰，音频资料的录制（第 1、3、5、7、9 套题）及全书的统稿、主编工作。

　　李浩欣，广东外语艺术职业学院中文系副教授，国家级测试员，普通话水平一级乙等，负责样题部分的编撰工作。

　　谭韬，广东外语艺术职业学院中文系副教授，国家级测试员，普通话水平一级乙等，负责第三章的编撰工作。

　　郜天鹏，广东外语艺术职业学院中文系高级讲师，国家级测试员，普通话水平一级乙等，负责第二章的编撰工作。

　　邓贵东，广东外语艺术职业学院中文系讲师，国家级测试员，普通话水平一级乙等，负责第一章的编撰及音频资料的录制（第 2、4、6、8、10 套题）工作。

　　本书在第一版的基础上，结合实际考证培训的需求，有针对性地对一些表述及习题进行了修改或替换。编写过程中难免有错漏之处，敬请同行不吝赐教。

编　者

2015 年 3 月 20 日

目 录

下编　普通话水平测试样题

上 编

普通话水平测试技能训练

第一章　单音节字词训练

普通话水平测试的第一题是"读单音节字词"。这道题完成的情况如何，将极大地影响考生接下来的发挥。

在测试中，考生多表现出以下一些问题：

（1）发音不准，错误、缺陷较多。

（2）语音面貌不错，但读音不够饱满、完整。

这道题要求考生读出每个字的理论读音，即标准的、完整的语音。它不像后面几道题那样，要考查字音在一定语流中的变化，但它往往让一些原本语音面貌不错的考生将读音"完整"的要求忽略掉，从而形成种种读音上的缺陷，最终被扣了"冤枉分"。

要做好这道题，考生需要下工夫去了解普通话发音的原理，并修正自己语音中的种种问题。

第一节　语音的性质

【练一练·绕口令】

南南有个篮篮，篮篮装着盘盘，
盘盘放着碗碗，碗碗盛着饭饭。
南南翻了篮篮，篮篮扣了盘盘，
盘盘打了碗碗，碗碗撒了饭饭。

任何一种语言都是由语音、词汇和语法部分构成的。语音是语言的物质外壳，词汇是语言的建筑材料，语法是语言的结构方式。普通话的学习当然也要从这三个方面进行。

一般而言，语音的学习是最困难的，必须花大力气、下苦功才行。

作为语言的物质外壳，语音的性质包括物理属性、生理属性和社会属性三个方面。

一、语音的物理属性

人能够听到声音是因为发音体振动周围的空气或其他媒介物质而形成声波，声波传到耳内，振动耳膜，刺激了听觉神经，人便听到声音。因此，语音是一种物理现象，它的物理属性主要包括音高、音强、音长和音色。

（一）音高

音高就是声音的高低。它是由声波在一定时间内颤动频率（次数）的多少来决定的。颤动次数多的声音高，颤动次数少的声音低。频率的单位是赫兹，指每秒发音体振动的次数。

一般而言，发声体比较大、比较厚、比较松软，它振动时的速度就比较慢，振动的次数就少，声音也相对比较低。反之，发音体比较小、比较薄、比较紧，它振动时的速度就比较快，振动的次数就多，声音也就相对比较高。以人的主要发音体声带为例，男人的声带长且厚，平均长度为 20～22 毫米，平均频率为 60～200 赫兹，所以说话声音比较低。而女人的声带薄且短，相比男人的要紧一些，平均长度为 15～19 毫米，平均频率为 150～300 赫兹，所以说话声音比较高。在汉语中，音高和声调、语调有密切的关系。

（二）音强

音强就是声音的强弱。它是由声波振动的幅度大小决定的，振动的幅度越大，声音就越强；振动的幅度越小，声音就越弱。例如敲锣，用力越大，振幅就越大，声音就强，就传得远；反过来，用力越小，振幅就越小，声音就弱，就传得不远。这就是说，音强的大小是由使发音体振动的外力大小决定的。在汉语中，音强是构成普通话轻声音节和朗读中轻重格式的重要因素。

（三）音长

音长就是声音的长短。它是由声波振动持续时间的长短决定的。比如，通过唱歌就容易体会到音长的问题。音长也是与轻声音节、轻重格式有关的重要因素。

（四）音色

音色就是声音的特色或个性，又叫"音质"。它是由声波组合形式的不同来决定的，是一个声音区别于另一个声音的基本特征。同样的字词、句子，不同的人读出来，我们能够明显地感觉到声音的差异；就算是同一个人，只要他在发音时嘴巴张开的大小与舌头位置不同，也能造成声音差异，这就是音色上的区别。音色的不同是由不同的发音体、不同的发音方法和不同的共鸣腔体的形状造成的。比如，同样一首歌，都是女性来演唱，用美声唱法和用通俗唱法就不一样，这是发音方法和共鸣腔体不同的缘故。因此，音色有区别意义的作用。

语音是音高、音强、音长和音色的统一体。发音是四者综合运用的结果，彼此之间不分等级，同样重要。

二、语音的生理属性

语音的生理属性是指发音器官，包括呼吸器官、喉头和声带、口腔和鼻腔三个部分。

（一）呼吸器官

它主要是指气管和肺。气流从肺部呼出，通过气管到达喉头，作用于声带、咽头、口腔和鼻腔等发音器官，便发出不同的语音。气流是发音的原动力，从肺部呼出来的气流的多少，对发音很重要。

（二）喉头和声带

喉头由甲状软骨、环状软骨和两块勺状软骨组成，上通咽头，下连气管。声带位于喉头中间，是两片富有弹性的薄膜。声带前端附着在甲状软骨上，后端分别跟两块勺状软骨相连接。两片声带放松或拉紧，使声门打开或关闭。从肺部呼出来的气流通过关闭的声门时，引起声带振动，发出声音。人们通过控制声带松紧的变化，可以发出高低不同的声音。

（三）口腔和鼻腔

语音主要是由口型、舌位和鼻腔是否畅通决定的。口腔主要是指牙齿、嘴唇、齿龈、硬腭等部分；舌头一般分成舌尖、舌叶、舌面和舌根四部分；鼻腔则根据发辅音时的位置分为前鼻和后鼻。气流是从鼻腔通过还是从口腔通过、舌头在口腔内处于哪个位置以及口形的变化等都会产生不同的声音变化。

三、语音的社会属性

语音的社会属性是语音的本质属性，是区别于其他声音的重要标志。

语音在社会交际中代表一定的意义，用什么样的语音形式来表示什么样的意义，是社会约定俗成的。它还表现在语音的系统性上，各种语言或方言都有自己的语音系统。

【课堂训练】

有感情地朗读以下故事，注意发音时的音强和音长等问题。

一只小老鼠提心吊胆地从洞里爬出来，向四周瞧瞧：有没有猫和其他的敌人？

突然，他吓了一跳，就在自己的身边，蹲伏着一个黑乎乎的家伙。

"猫？黄鼠狼？或者猫头鹰？"他把身子的大半部分缩进洞里，这样，即使对方扑上来，逃回洞里也快。

小老鼠先把嘴巴伸出来，又把半个头伸出来，再把两只眼睛露出来，东看西看，什么也没有。哈，完全是自己吓自己。

他又大模大样地爬出洞来。啊，又是一个黑乎乎的家伙。慢，这回倒要仔细看看，这家伙到底是什么？他看，黑家伙也看；他动，黑家伙也动。好像是自己的影子。

"难道它真是我的影子？""胆小如鼠"是世界上最厉害的人类讽刺他们当中胆小的人的一句名言，更何况这只小老鼠是鼠辈中胆子最小的，他当然不会轻易相信一个偶然发现的东西。他横看竖看，一点儿也不错，真是自己的影子。突然他发现，他躺在地上的影子竟比旁边那块石头还要大。

"啊，哈哈，原来我也是这么个庞然大物呀！"小老鼠像发现了新大陆似的高高跳起来。

他想起前几天，一只猫来追捕自己，当他逃出猫爪，躲进洞里，然后又回过头来向外看时，发现追他的那只猫也只不过半块石头那么大。

"原来我比猫还大！"小老鼠越看越得意，越看越自豪，越看信心越足，"下次那只猫再来时，我一定要一口咬碎他的头，然后……"就在小老鼠下决心要吃掉猫的时候，不知怎么一回事，他已经落到了一张巨大的嘴巴里，那些尖利的牙齿像钢做的柱子，还有那血红的舌头……

"啊，猫的嘴巴！"当小老鼠发现真相时，已经来不及了。

【提示】

朗读时，感情的传达必然涉及语音的节奏、轻重等问题，而这离不开对语音的音长和音强等的合理把握与处理。

【课后训练】

1. 绕口令练习。

闲来没事我出城西，树木琳琅我数不齐，一二三四五六七，七六五四三二一，六五四，三二一，五四三二一，四三二一三二一，二一一，一个一，数了半天一棵树，一棵树上七个枝，七个枝结了七样果，结的是槟子、橙子、橘子、柿子、李子、栗子、梨！

2. 朗读以下单音节字。

九　晃　瞒　镶　理　日　容　旬　贰　彼　赐　废　宣　匀　索　始
砣　绝　内　絮　埠　凝　腔　王　颇　牛　怀　挖　磷　梯　瞥　翁

烟 甜 鸣 钉 丙 抛 堆 丛 农 筒 锣 穷 断 患 吨 薛
配 寺 钙 吼 藕 舟 丑 忍 阵 粉 蛇 考 脆 梢 娘 善
肠 姐 促 捐 贫 框 论 窗 跨 进 表 法 城 争 忙 抓
问 搁 杂 也 赛 腰 则 招 败 车 涩 葬 钢 雄 下 加
癌 拨 块 池

第二节　语音的基本概念

【练一练·绕口令】

天上一个盆，地上一个棚。

盆碰棚，棚倒了，盆碎了。

是棚赔盆还是盆赔棚。

在本节中，我们将了解语音的一些基本概念，这对于学好普通话是有帮助的。

一、音素

音素是对音节进行分析后得出的最小的语音单位。例如，nián（年）音节，开始可以分成声母 n 和韵母 ian 两个单位，然后韵母又可以分成 i 和 an 两个单位，再进一步细分下去，an 又分成 a 和 n 两个单位。最后 nián 就分成 n、i、a、n 四个单位。这四个单位就是最小的单位了，不能再分了，它们就叫音素。普通话共有 32 个音素（见下表）。

普通话音素表

书写办法	音素符号
一个字母代表一个音素	a、o、e、u、b、p、m、f、d、t、n、l、g、k、h、j、q、x、r、z、c、s
一个字母代表几个音素	i（[i]、[ɿ]、[ʅ]）
两个字母代表一个音素	er、ng、zh、ch、sh
一个字母加一个符号代表一个音素	ê、ü

了解普通话的音素情况对于学习普通话，尤其是学好普通话的发音有帮

助，普通话的音节由音素组成。音素是基础，音素发音准确了，音节发音也就不难了。就好比基础打得牢，建筑质量就有保障一样。

二、辅音和元音

根据对 32 个普通话音素发音特点的研究归纳，音素可以分为辅音和元音两大类。

（一）辅音

辅音又叫子音，是指发音时，气流在口腔或咽头受到一定的阻碍，克服阻碍后才能发出的声音。例如：b、p、m、f、d、t、n、l、g、k、h、j、q、x、r、z、c、s、ng、zh、ch、sh。在汉语中，辅音一般是充当音节里的声母，只有 ng 例外。ng 不能作声母，只和元音组成韵母。

（二）元音

元音又叫母音，是指发音时，气流在口腔或咽头不受阻碍就可以发出的声音。例如：a、o、e、u、i、ê、ü、er、-i（舌尖前，如 zi 中的 i）、-i（舌尖后，如 zhi 中的 i）。在汉语中元音充当的是音节里的韵母。

（三）辅音与元音的区别

辅音与元音除了发音时气流在口腔或咽头是否受到一定的阻碍这个区别外，还有一些不同的地方：

（1）发辅音时，气流比较强；发元音时，气流比较弱。

（2）发辅音时，有的声带颤动，有的声带不颤动，颤动的叫浊音，不颤动的叫清音；发元音时，声带颤动。

（3）发音时，元音比较响亮，而且可以延长；而辅音有些响亮，可以延长，有些却不可以。

（4）发元音时，发音器官的各个部分均衡地保持紧张状态，以保证气流在通过口腔或咽头时不受到阻碍；发辅音时，只有克服阻碍的那一部分器官保持紧张状态。

三、音节

音节是由一个或几个音素组成的，在听觉上最容易分辨出来的语音单位。例如，"江"（jiāng）和"激昂"（jī'áng）的音素虽然相同，但我们一听就知道"江"是一个音节，而"激昂"是两个音节。

一般来说，汉语普通话一个汉字就是一个音节，只有少数例外。例如"花儿"写成两个字，读成一个音节 huār，这种情况只在儿化韵里出现。（严格来讲，儿化韵里出现的"儿"并不是字，而是一个表示发音时要有卷舌动作的提示符号。）一个汉字就是一个音节，这个特点是汉语独有的，是汉语区别于其他语言的显著特征。

广　外　中　与　和　图　卢　爸　女　普

以上是十个汉字，也是十个音节。

在普通话的学习中，音节是一个很重要的关节点，尤其是在发音方面。如果音节的发音能够做到准确无误，就可以说走上了学习普通话的快车道，其他问题解决起来就会容易得多。有些人学习普通话时，单个的声母或韵母都能够做到发音准确，但声母和韵母拼起来的时候就不准了，这就是音节发音出了问题。因此，我们要认真对待音节，不可忽视。

关于音节，还有一些情况需要了解。

（1）从构成材料来看，音节是由音素组成的。比如 jiāng（江），其中 j、i、ɑ、ng 就是音素。普通话的音节，最少可以由一个音素组成，最多可以由四个音素组成。

例如：ā（阿）　　　　　chuāng（创）

（2）从发音角度来看，音节是由辅音和元音组成的。其中辅音不能单独组成音节，必须和元音一起才可以组成音节；而元音却可以单独组成音节，既可以一个元音组成音节，也可以多个元音组成音节。

例如：bā（八）　è（恶）　āo（凹）　yāo（妖）

（3）从结构角度来看，音节是由声母、韵母和声调三个部分组成的。其中辅音声母可有可无，而韵母和声调则是不可或缺的。

例如：cáng（藏）　ān（安）　ōu（欧）

四、声母、韵母和声调

（一）声母

声母就是音节开头的辅音。例如 guǎng dōng（广东）中的 g 和 d 就是这两个音节开头的辅音，也就是这两个音节的声母。普通话每个音节中的声母只能由一个辅音充当。普通话音节里所有的声母都是辅音，但不能说凡是辅音都是声母。普通话里共有 22 个辅音，其中有 20 个专为声母。辅音"n"，既作声母，也充当韵母中的韵尾；辅音"ng"则只能充当韵尾，不能作为声母。有一些音节开头没有辅音，例如 ān、áng、ōu 等，但并不是说这些音节就没有声母，而是声母为零，叫做零声母。这样，普通话一共就有 22 个声母：

b p m f d t n l g k h j q x zh ch sh r z c s
零声母

声母的分类主要是依据辅音的发音部位和发音方法进行的。除零声母外的21 个声母的分法如下表所示：

发音方法 发音部位	塞音		塞擦音		擦音		鼻音	边音
	清音		清音		清音	浊音	浊音	浊音
	不送气	送气	不送气	送气				
双唇音	b	p					m	
唇齿音					f			
舌尖前音			z	c	s			
舌尖中音	d	t					n	l
舌尖后音			zh	ch	sh	r	(ng)	
舌面音			j	q	x			
舌根音	g	k			h			

（二）韵母

韵母就是音节中声母后面的部分。它主要由元音构成，还有一部分韵母是由元音加辅音构成的。例如，an、ang、en、eng、ong 等韵母里有辅音"n"或"ng"作韵尾。普通话中的所有元音都可作韵母。

普通话的韵母一共有 39 个。其中 23 个由元音担任，16 个由元音加辅音作韵尾构成。普通话韵母分类的方法很多，一般可以分成单元音韵母、复元音韵母和鼻韵母三大类。

单元音韵母有 10 个：a o e u i -i（前） -i（后） ê ü er

复元音韵母有 13 个：ai ei ao ou ia ie iao iou ua uo uai
uei üe

鼻韵母有 16 个：an en in ian uan uen üan ün ang eng ing
ong iong iang uang ueng

传统语言学根据韵母开头部分发音的实际情况把韵母分成"四呼"，即"开口呼""齐齿呼""合口呼"和"撮口呼"。具体如下表所示：

开口呼	齐齿呼	合口呼	撮口呼
	i	u	ü
a	ia	ua	
o		uo	

（续上表）

开口呼	齐齿呼	合口呼	撮口呼
e			
ê	ie		üe
－i（前）　　－i（后）			
er			
ai		uai	
ei		uei	
ao	iao		
ou	iou		
an	ian	uan	üan
en	in	uen	ün
ang	iang	uang	
eng	ing	ueng	
ong	iong		

韵母的其他分类方法在此就不作介绍了，到后面具体训练时再作讲解。

（三）声调

声调是指音节高低升降的变化形式。这种变化是指音节从发音开始到发音结束的全过程。例如：

hǎo（好），发音的整个过程是声音先降到最低处，然后再升到较高的位置结束。

chuāng（创），整个发音过程中声音几乎没有高低升降的变化，从开始到结束基本上是平稳的。

由于一个汉字就是一个音节，因此声调也可以叫做字调。

在汉语中，声调具有区别意义的作用，这是其他语言所没有的。因此，声调又是汉语与其他语言不同的一个显著特点。

声调包括调值和调类两个方面。

1. 调值

调值就是声调的实际读音，也就是声调高低、升降、长短变化的具体形式。普通话的调值有四种，用五度标记法具体表示如下：

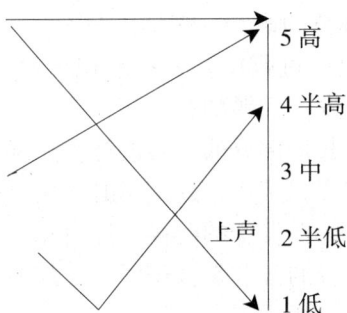

简化之后就成了四种符号形式：ˉ　ˊ　ˇ　ˋ。

普通话声调具体的调值为：55（ˉ）　35（ˊ）　214（ˇ）　51（ˋ）。

2. 调类

调类指声调的种类，是根据实际的调值归纳出来的。有多少种调值，就有多少个调类。比如粤方言的调值有九种，那么它的调类就有九个；普通话的调值有四种，因此就有四个调类。

为了方便学习和教学，在普通话中，把"ˉ"称为第一声、"ˊ"称为第二声、"ˇ"称为第三声、"ˋ"称为第四声。传统汉语语音学则以阴平、阳平、上声、去声来命名，统称为四声。

普通话声调表

调类名称	符号形式	调值	调型	例字
阴平（第一声）	ˉ	55	高平	妈 mā
阳平（第二声）	ˊ	35	中升	麻 má
上声（第三声）	ˇ	214	降升	马 mǎ
去声（第四声）	ˋ	51	全降	骂 mà

正因为广东地区的几种主要方言，如粤语、客家话、潮汕话等本身所具备的调类数量都远远超过了普通话，所以，在学习时，就很有必要排除方言的干扰，学好普通话的四个调类。但不少学习者认为声调的问题很难解决，当困难较大时，他们往往选择放弃，这是不对的。其实，学习的方法很多，学习者应耐心地根据自身的特点去摸索、积累经验，也不妨采取以下方法：

（1）多听。要多听标准的普通话语音范本，给自己确立学习的典范。

（2）多说。要模仿规范的语音，多加练习。

（3）多心。在听与说的过程中，要有意识地对方言与普通话的不同声调进行比较，思考修正自身发音问题的途径。

声调的学习是这样，其他部分的学习同样是这样。有些学习者认为，学习普通话就是要"忘却"方言，其实，这倒不必。关键是我们的耳朵必须能分辨方言与普通话之间的区别，在发音的时候，能自觉、自如地选择普通话的标准模式。如果连两者之间语音的区别都分辨不了，那便意味着学习者对普通话还相当陌生，更不要说学好普通话了。

五、汉语拼音方案

这是以拼音字母和拼写方式为内容的一整套拼写汉语语音的中华人民共和国法定的拼音方案，也是世界各国拼写有关中国专用名词及词语的国际标准。1958 年 2 月 11 日，由第一届全国人民代表大会第五次会议通过。

可以说，汉语拼音方案是学习普通话的重要工具之一。

【课堂训练】

朗读以下单音节字：

昼 八 迷 先 毡 皮 幕 美 彻 飞 鸣 破 捶 风 豆 蹲
霞 掉 桃 定 宫 铁 翁 念 劳 天 旬 沟 狼 思 靴 娘
嫩 机 蕊 家 跪 绝 趣 全 瓜 穷 屡 知 狂 正 裘 中
恒 社 槐 事 轰 竹 掠 茶 肩 常 概 虫 皇 水 君 人
伙 自 滑 早 绢 足 炒 次 渴 酸 勤 鱼 筛 院 腔 爱
鳖 袖 滨 竖 搏 刷 瞟 帆 彩 愤 司 滕 寸 峦 岸 勒
歪 尔 熊 妥

【课后训练】

1. 口头练习。

月落乌啼霜满天，江枫渔火对愁眠。姑苏城外寒山寺，夜半钟声到客船。

空山新雨后，天气晚来秋。明月松间照，清泉石上流。竹喧归浣女，莲动下渔舟。随意春芳歇，王孙自可留。

寒雨连江夜入吴，平明送客楚山孤。洛阳亲友如相问，一片冰心在玉壶。

纤云弄巧，飞星传恨，银汉迢迢暗度。金风玉露一相逢，便胜却人间无数。

柔情似水，佳期如梦，忍顾鹊桥归路。两情若是久长时，又岂在朝朝暮暮。

最是那一低头的温柔，像一朵水莲花不胜凉风的娇羞。道一声珍重，道一声珍重，那一声珍重里有蜜甜般忧愁。沙扬娜拉。

一个大，一个小，一件衣服一顶帽。一边多，一边少，一打铅笔一把刀。
一个大，一个小，一个西瓜一颗枣。一边多，一边少，一盒饼干一块糕。
一个大，一个小，一头肥猪一只猫。一边多，一边少，一群大雁一只鸟。
一边唱，一边跳，大小多少记得牢。

史老师，讲时事，常学时事长知识。时事学习看报纸，报纸登的是时事。常看报纸要多思，心里装着天下事。

三山撑四水，四水绕三山，三山四水春常在，四水三山四时春。

蚕丝生丝熟丝缫丝染丝晒丝纺丝织丝自制粗丝细丝人造丝。
名词动词数词量词代词副词助词连词组成诗词唱词和快板词。

2. 朗读以下单音节字。

拿	如	嫩	惹	吃	鸥	盟	割	摆	辙	牛	泼	聘	抠	袄	寻
涌	锯	肺	按	盆	呆	愁	根	狼	翻	极	咬	接	啥	癌	眯
掐	拜	脸	酿	鸣	退	穿	雾	跨	从	许	俩	雪	雄	脆	卧
扬	菌	涮	瓣	文	拽	屯	霜	窜	笋	院	荤	响	圈	慌	海
聊	相	临	堤	抢	隋	刷	哑	绵	诈	皱	裆	浊	窗	童	篆
虐	供	捧	吭	宋	苏	踹	翁	添	逮	烤	佐	涩	熨	勺	字
二	睛	背	凤												

第三节　声母

【练一练·绕口令】

学习就怕满，懒，难。
心里有了满，懒，难，不看不钻就不前。
心里去掉满，懒，难，边学边干，蚂蚁也能爬泰山。

　　普通话声母有 22 个，除零声母外，21 个声母的发音都和发音部位有关。声母发音的全过程可以划分为成阻、持阻和除阻三个阶段。发音时，气流在口腔或咽头的某个位置受到阻碍，不能顺利通过，就是成阻；保持成阻状态，蓄积一定的力量，为克服阻力完成发音做好准备，就是持阻；气流冲破阻力完成发音就是除阻。

　　声母的学习和训练还要注意一些事项。一是要放松脸部的肌肉，保持心平气和，不要紧张。一旦脸部的肌肉处于紧张状态，就会造成发音不准，所以放松是很重要的。二是要准确的区别舌尖与舌面，两者不能搞混。比如翘舌音的发音，翘起来的是舌尖而不是舌面，更加不是整个舌头的抬升。这一点如果搞错了，当然就发音不准了。许多人翘舌音发不好的根本原因就在这里。三是声母的学习与训练必须和声调配合起来进行，效果才能比较好。比如一个声母的第一声发好之后，紧接着就是第二声、第三声、第四声的发音，反复训练以达到巩固的目的。四是学习与训练时的语速问题也要十分注意。一般应该是由慢到正常再到快的这样一个过程。发音不准的时候，不要着急，只要把语速降下来，从慢开始发音，等到准确后，再逐渐加快语速到正常状态和更快状态。五是注重课堂训练。每个声母的课堂训练的内容比较多，一般不要求全部都训练到，可以有选择地加以训练，当然能够全部训练到更好。训练的时候先选择单个字练习，然后选择词语进行训练。同时，也可以和课后训练里的绕口令结合起来一起练习。

　　这些注意事项的把握对于声母的准确发音是有帮助的。

　　下面具体训练 21 个声母的发音。

一、b　双唇不送气清塞音

双唇自然闭合，关闭鼻腔，形成阻碍；双唇突然打开，气流冲出成声。

【课堂训练】

八　拔　把　罢　波　博　掰　白　百　败　杯　北　贝　包　宝　报
班　版　办　奔　本　笨　帮　绑　棒　崩　甭　蹦　逼　鼻　笔　必
憋　别　瘪　标　表　边　扁　变　宾　鬓　兵　饼　病　捕　部　播
绊　磅　泵　碧　贬　斌　冰　补　绷

芭比　播报　表白　北边　颁布　冰棒　本币　斑鬓　遍布　薄板　病变
禀报　摆摆　褒贬　辨别　卑鄙　本部　蚌埠　斑驳　半波　标榜　百帮
补办　遍布　必备　搬兵

二、p　双唇送气清塞音

方式与 b 相同，只是呼出的气流较强。

【课堂训练】

啪 爬 怕 坡 婆 颇 破 拍 排 派 赔 佩 抛 跑 炮 剖
潘 盘 判 盆 旁 胖 批 皮 匹 屁 飘 票 篇 骗 拼 贫
品 聘 评 扑 仆 畔 普 铺 趴 牌 乒 魄 喷 彭 捧 碰
鹏 啤 癖 翩 凭 谱 朋

爬坡 频谱 拼盘 偏僻 平铺 琵琶 拍片 批评 飘萍 皮袍 平赔
赔品 偏旁 匹配 泡泡 盼盼 品评 泼皮 批判 铺平 攀爬 剖皮
僻啪 乒乓 澎湃 评叛 品牌 跑偏

三、m　双唇浊鼻音

双唇自然闭合，打开鼻腔，声带颤动；发音时，双唇打开，气流同时从口腔、鼻腔中出来成声。

【课堂训练】

妈 麻 马 骂 摸 磨 抹 莫 埋 买 迈 梅 美 妹 毛 貌
瞒 满 慢 门 闷 忙 萌 猛 梦 咪 迷 米 觅 蔑 灭 苗
妙 棉 免 面 民 敏 明 命 母 木 墨 熳 莽 煤 盟 密
眠 闽 鸣 麦 媚 谋 暮 某 勉

命名 牧民 麻木 磨灭 买米 迷茫 满目 门面 买卖 梦寐 明码
美眉 母猫 民盟 描摹 冒昧 埋没 茂密 门楣 美貌 密谋 某某
民女 谩骂 没名 苗木 明眸

四、f　唇齿清擦音

上齿轻轻抵住下唇的内侧，鼻腔关闭，形成阻碍；发音时气流从唇齿之间的缝隙中摩擦而出成声。

【课堂训练】

发 法 飞 肥 匪 费 否 翻 凡 返 饭 纷 坟 粉 奋 方

房 访 放 风 冯 讽 奉 夫 服 复 分 绯 范 伐 翡 筏
烦 罚 芳 犯 阀 繁 纺 废 帆 斐 乏 反 防 封 佛 副
蜂 符 泛 妨 峰 赋 忿 菲

发放 发疯 反复 反方 菲菲 飞帆 夫妇 仿佛 防范 纷纷 丰富
蜂房 福分 方法 芬芳 防腐 翻覆 肺腑 佛法 房费 方芳 防辐
风发 分封 飞赴 服法 非凡 犯法 奋发 反腐 翻飞 发福 反讽
防风

五、d 舌尖中不送气清塞音

舌尖轻轻抵住上齿龈，嘴微微张开，鼻腔关闭，形成阻碍；发音时舌尖突然用力从上齿龈处弹开，气流冲出成声。

【课堂训练】

答 打 大 呆 带 刀 岛 到 抖 斗 丹 胆 但 当 党 荡
登 等 邓 东 懂 动 低 底 第 爹 蝶 雕 吊 丢 颠 点
电 丁 顶 定 独 堵 度 端 短 断 吨 盾 对 达 德 躲
读 叠 蛋 档 灯 鼎 洞 钝 店

达到 大胆 带动 待定 单打 道德 低调 督导 当代 荡涤
低档 导弹 奠定 电灯 调度 断定 朵朵 顶端 蹲点 丢掉
东段 顿顿 对等 抖动 笃定 短笛 动荡

六、t 舌尖中送气清塞音

方式与 d 相同，只是呼出的气流较强。

【课堂训练】

他 塔 榻 特 胎 抬 太 涛 逃 套 贪 谈 坦 叹 汤 唐
躺 烫 腾 通 同 桶 痛 踢 题 体 替 贴 铁 挑 条 窕
跳 天 田 舔 听 停 挺 突 图 吐 兔 脱 妥 拓 推 颓
腿 退 湍 团 吞 屯 藤 谭

通天 脱胎 吞吐 退团 图腾 头条 厅堂 铁塔 挑剔 天台 唐突
坍塌 脱兔 调停 体统 淘汰 特体 探讨 天坛 疼痛 屯田 推托

头套　烫头　妥帖　吐痰　颓唐

七、n　舌尖中浊鼻音

舌尖轻轻抵住上齿龈，嘴微微张开，形成阻碍；鼻腔打开，发音时声带颤动，舌尖从上齿龈处弹开，气流从鼻腔中冲出成声。

【课堂训练】

拿　娜　奶　耐　内　孬　挠　脑　闹　男　囊　能　农　弄　妮　泥
你　腻　捏　聂　鸟　尿　妞　牛　扭　拗　拈　年　辗　念　您　娘
酿　凝　宁　纳　奈　楠　瑙　馁　嫩　霓　袅　涅　拧　怒　虐　奴
暖　糯　努　纽　脓　疟　乃　尼　孽

奶奶　能耐　拿捏　年年　泥泞　牛奶　男女　恼怒　农奴　妞妞　袅娜
南宁　泥淖　扭捏　牛脑　能弄　难呢　囊内　娘娘　牛腩　奶娘　娜娜
您那　宁宁　浓浓　年内　难能

八、l　舌尖中浊边音

舌尖轻轻抵住上齿龈的后部，嘴微微张开，鼻腔关闭，形成阻碍；发音时舌尖从上向下落下，声带颤动，气流从舌头的两边冲出成声。

【课堂训练】

拉　辣　乐　来　赖　雷　蕾　泪　捞　牢　老　涝　楼　篓　漏　兰
懒　烂　狼　朗　浪　龙　拢　离　里　裂　力　玲　领　另　梁　两
亮　炉　录　峦　卵　乱　抢　轮　论　罗　落　腊　阑　郎　冷　路
裸　垄　蜡　留　陋　理　六　良

拉链　理论　来临　老狼　拦路　利率　牢笼　裸露　笼络　绿柳　冷落
劳累　离乱　流浪　廉吏　留恋　凌厉　沦落　勒令　嘹亮　领略　玲珑
轮流　履历　罗列　榴莲

九、g　舌面后不送气清塞音

舌面后部抬起抵住硬腭，鼻腔关闭，形成阻碍；发音时抬起的舌面后部突然弹开，气流冲出成声。

【课堂训练】

歌　格　葛　个　该　改　盖　给　高　稿　告　沟　狗　够　甘　感
干　根　亘　刚　港　杠　耕　耿　更　工　拱　共　孤　古　顾　瓜
寡　挂　郭　国　果　过　乖　怪　归　鬼　贵　观　管　惯　滚　棍
光　广　逛　卦　嘎　拐　肝　闺　钙

尴尬　贵干　瓜葛　更改　嘎嘎　哥哥　够高　谷歌　规格　改革　高管
港股　公共　广告　改过　挂钩　古怪　感光　国歌　果敢　歌功　巩固
拐棍　滚滚　搞鬼　灌溉

十、k　舌面后送气清塞音

方式与 g 相同，只是呼出的气流较强。

【课堂训练】

咖　卡　科　壳　可　课　开　凯　慨　考　靠　抠　口　寇　堪　砍
看　恳　康　扛　抗　坑　哭　苦　库　夸　垮　跨　快　亏　愧　宽
款　昆　捆　困　筐　狂　况　阔　扩　廊　坤　葵　魁　矿　枯　叩
炕　刻　刊　控　肯　块　恐　忾　烤

刻苦　坎坷　宽阔　空旷　慷慨　开口　开课　科考　看客　困苦　亏空
夸口　狂砍　可靠　侃侃　口渴　克扣　看客　开垦　空阔　框框　苛刻
夸克　款款　矿坑　看开　可控

十一、h　舌面后清擦音

舌面后部抬起抵住硬腭，鼻腔关闭，形成阻碍；发音时抬起的舌面后部基本不动，气流从缝隙中摩擦而出成声。

【课堂训练】

哈　喝　河　贺　海　害　黑　蒿　豪　好　号　喉　吼　后　憨　寒
喊　汗　痕　很　恨　夯　杭　亨　衡　横　呼　胡　虎　户　花　华
画　豁　活　火　或　怀　坏　灰　回　悔　会　欢　环　缓　换　昏
魂　混　荒　黄　谎　晃　鹤　浩　宦

缓和　合伙　还好　豪华　汉化　行货　很会　行话　横祸　呼唤　花卉
含恨　瀚海　换号　混合　红花　黑河　辉煌　黄鹤　憨厚　很火　谎话
好汉　互惠　海涵　洪湖　祸害

十二、j　舌面前不送气清塞擦音

舌尖轻轻抵住下齿背，嘴巴微微张开，舌面前部贴紧硬腭的前端，鼻腔关闭，形成阻碍；发音时舌面略微向下闪开一点儿缝隙，气流摩擦而出成声。

【课堂训练】

机　级　几　际　家　颊　甲　价　阶　节　姐　借　交　矫　脚　叫
究　酒　旧　坚　捡　见　金　紧　进　江　讲　匠　惊　景　敬　扃
迥　居　局　举　句　撅　觉　倔　娟　卷　眷　君　俊　加　接　胶
救　剪　酱　绝　具　军　近　静　倦

基金　家具　解决　拒绝　假借　讲解　绝句　季节　积极　救济　窘境
紧急　经济　简介　简洁　交接　纠集　酒精　京剧　进军　掘金　阶级
卷进　炯炯　纪检　剪辑　旧居

十三、q　舌面前送气清塞擦音

方式与 j 相同，只是呼出的气流较强。

【课堂训练】

七　齐　起　气　掐　卡　洽　切　茄　且　姜　敲　桥　巧　翘　秋
球　千　前　浅　欠　亲　琴　寝　沁　枪　墙　抢　呛　清　情　请
庆　琼　屈　取　去　缺　瘸　鹊　圈　全　犬　劝　群　器　钱　窍
确　腔　裙　权　弃　雀　穷　瞧　穹

齐全　凄清　情趣　恰巧　窃取　群起　前期　千秋　欠缺　确切　鹊桥
翘起　悄悄　强求　强权　亲戚　侵权　清泉　轻骑　秋千　求签　七巧
漆器　全区　全勤　气球　蹊跷

十四、x　舌面前清擦音

舌尖轻轻抵住下齿背，嘴巴微微张开，舌面前部接近硬腭的前端，形成空隙，鼻腔关闭，形成阻碍；发音时气流从空隙间摩擦而出成声。

【课堂训练】

西	习	洗	细	虾	霞	夏	些	斜	写	谢	消	小	笑	休	朽
秀	先	贤	显	线	新	信	箱	详	想	向	星	型	醒	性	凶
熊	需	徐	许	序	宣	璇	选	炫	勋	寻	训	下	限	香	鞋
辛	雪	癣	蟹	穴	仙	姓	雄	询							

下线　细心　现象　相信　学习　学校　信息　形象　心绪　鲜血　选项
选秀　休闲　想象　玄虚　修行　新兴　宣泄　循序　喜讯　凶险　歇息
虚线　湘西　血性　雄心　下陷

十五、zh　舌尖后不送气清塞擦音

舌尖轻轻抵住上齿龈与硬腭的交接处，鼻腔关闭，形成阻碍；发音时舌尖略微闪开一点儿缝隙，气流从缝隙间摩擦而出成声。

【课堂训练】

渣	闸	眨	炸	遮	折	者	这	摘	宅	窄	债	招	找	照	洲
咒	詹	展	站	真	枕	镇	张	涨	帐	中	肿	众	之	值	指
志	猪	主	住	抓	爪	桌	卓	追	坠	专	转	篆	谆	准	装
壮	挣	整	郑	战	仗	珍	正								

指针　纸张　扎针　战争　站住　漳州　真正　珍珠　掌中　债主　住宅
转账　专章　专制　智障　政治　招致　追逐　周折　苗壮　诊治　忠贞
抓住　褶皱　卓著　终止　庄重

十六、ch　舌尖后送气清塞擦音

方式与 zh 相同，只是呼出的气流较强。

【课堂训练】

插	茶	岔	车	扯	撤	钗	柴	超	潮	吵	抽	愁	丑	臭	禅
产	颤	郴	尘	衬	昌	常	厂	唱	撑	成	逞	秤	充	虫	宠
冲	吃	持	齿	斥	出	除	楚	触	戳	龊	揣	踹	吹	垂	川
船	喘	串	春	纯	蠢	窗	床	闯							

驰骋　吃茶　吃穿　查处　惆怅　长城　充斥　出丑　传承　乘车　车窗
闯出　铲除　除尘　乘船　赤诚　称臣　吹出　抽查　春潮　唇齿　敞车
城池　愁肠　重唱　超常

十七、sh　舌尖后清擦音

舌尖接近硬腭的最前端，形成缝隙，鼻腔关闭，形成阻碍；发音时，气流从缝隙间摩擦而出成声。

【课堂训练】

沙　啥　傻　煞　奢　舌　舍　射　筛　晒　烧　勺　少　哨　收　手
瘦　山　闪　善　身　神　审　慎　伤　裳　赏　尚　生　绳　省　胜
诗　时　史　是　书　熟　属　术　刷　耍　说　硕　衰　甩　帅　谁
水　睡　栓　涮　吮　顺　双　爽　杀

实施　时尚　逝世　杀手　杀伤　山水　上市　神圣　生疏　舒适　硕士
伤势　硕鼠　食神　生杀　双数　摄氏　深受　审视　实收　收拾　膳食
税收　水手　属实　涉水　闪烁

十八、r　舌尖后浊擦音

舌尖略卷，接近硬腭的最前端，形成缝隙，鼻腔关闭，形成阻碍；发音时声带颤动，气流从缝隙间摩擦而出成声。

【课堂训练】

惹　热　饶　扰　绕　柔　肉　然　染　人　忍　刃　嚷　瓤　让　扔
仍　荣　如　汝　入　弱　蕊　锐　软　润　瑞　阮　乳　仁　融　揉
若　睿　茹　儒　辱　孺　嵘　日　认　壤　燃　韧　溶　芮　妊　戎
闰　娆　冉　仞　蹂　榕　冗

柔软　日日　饶人　冉冉　瑞日　如若　人瑞　嚷嚷　融入　容忍　柔润
仁人　忍辱　忍让　仍然　荣任　柔韧　弱肉　润日　软弱　融融　惹人
热熔　绒绒　任人　濡染　荏苒

十九、z　舌尖前不送气清塞擦音

舌尖轻轻抵住下齿背，舌面前部向上，接近上齿龈，形成缝隙，鼻腔关闭，形成阻碍；发音时，气流从缝隙间摩擦而出成声。（z 还有另一种发音方法：舌尖轻轻抵住上齿背，形成间隙，关闭鼻腔，形成阻碍；发音时，气流从间隙间摩擦而出成声。c 和 s 相同。）

【课堂训练】

匝 簪 杂 咋 则 做 仄 紫 栽 砸 宰 在 综 贼 遭 凿
早 再 字 造 邹 走 奏 咱 攒 赞 怎 脏 噪 葬 增 赠
宗 总 澡 纵 责 资 坐 子 泽 自 租 哉 足 皂 祖 嘴
暂 族 最 尊 昨 左 座

自在　咂嘴　簪子　藏族　造字　再造　自尊　宗族　罪责　自足　遭阻
遭罪　做贼　租子　走卒　曾祖　栽赃　最早　脏字　总则　粽子　崽子
祖宗　做作　早走　卒子　贼赃　自责

二十、c　舌尖前送气清塞擦音

方式与 z 相同，只是呼出的气流较强。

【课堂训练】

擦 侧 猜 才 彩 菜 操 曹 策 草 糙 凑 蔡 餐 残 槽
惨 灿 岑 仓 藏 层 蹭 聪 从 词 册 此 次 粗 醋 撮
蚕 错 蹿 攒 篡 催 璀 葱 惭 翠 措 沧 促 踩 村 舱
挫 存 匆 寸 苍 测 财 丛 裁

擦擦　猜测　残存　参差　仓促　从此　寸草　粗糙　催促　摧残　匆匆
草丛　苍翠　层次　措辞　璀璨　层层　此次　曹操　曹参　簇簇　错词
残次　粗菜　村村　此册　彩瓷

二十一、s　舌尖前清擦音

嘴巴微微张开，舌尖轻轻抵住下齿背，舌面前部向上接近上齿龈，形成缝隙；发音时，气流从缝隙间摩擦而出成声。

【课堂训练】

仨 洒 萨 色 肃 塞 赛 骚 扫 琐 搜 颂 叟 三 宋 伞
散 森 桑 四 嗓 鳃 损 蒜 丧 僧 松 私 耸 缩 送 思

算 死 瑟 寺 苏 碎 俗 司 速 涩 嫂 飒 腮 所 虽 随
髓 岁 锁 酸 孙 笋

丝丝 洒洒 素色 三思 三苏 洒扫 色散 僧俗 思索 送死 搜索
诉讼 所思 速算 随俗 所送 琐碎 四岁 寺僧 速死 酥松 四色
虽死 色素 送丧 松散 俗僧

【课后训练】

1. 绕口令练习。

b—p：八百标兵奔北坡，北边炮兵并排跑，炮兵怕把标兵碰，标兵怕碰炮兵炮。

m—b—p：猫白鼻子黑，猫黑鼻子白。黑鼻子的白猫，碰破黑猫的白鼻子。白庙外面有一只白猫，白庙里面有一顶白帽。白庙外面的白猫看见了白帽，叼着白帽跑出了白庙。

d—t：大兔子，大肚子，大肚子的大兔子，要咬大兔子的大肚子。

n—l：门口有四辆四轮大马车，你爱拉哪两辆就拉哪两辆。小罗要拉前两辆，小梁不要后两辆。小梁偏要抢小罗的前两辆，小罗只好拉小梁的后两辆。

h：华华有两朵黄花，红红有两朵红花。华华要红花，红红要黄花。华华送给红红一朵黄花，红红送给华华一朵红花。

j—q—x：七巷一个漆匠，西巷一个锡匠，七巷漆匠偷了西巷锡匠的锡，西巷锡匠偷了七巷漆匠的漆。

z—zh：隔着窗户撕字纸，一次撕下横字纸，一次撕下竖字纸，是字纸撕字纸，不是字纸，不要胡乱撕一地纸。

zh—ch—sh：大车拉小车，小车拉小石头，石头掉下来，砸了小脚指头。

r：夏日无日日亦热，冬日有日日亦寒，春日日出天渐暖，晒衣晒被晒褥单，秋日天高复云淡，遥看红日迫西山。

sh；四声：石室诗士施史，嗜狮，誓食十狮，氏时时适市，氏视十狮，恃矢势，使是十狮逝世，氏拾是十狮尸，适石室，石室湿，氏使侍拭石室，石室拭，氏始试食十狮尸，食时，始识十狮尸实是十石狮尸，试释是事实。（这是赵元任先生创作的能看不能读的故事）

s—sh：石、斯、施、史四老师，天天和我在一起。石老师教我大公无私，斯老师教我精神食粮；施老师叫我遇事三思，史老师送我知识钥匙。我感谢石、斯、施、史四老师。

z—c—s—j—x：司机买雌鸡，仔细看雌鸡，四只小雌鸡，叽叽好欢喜，司机笑嘻嘻。

　　z—c—zh—ch—sh；an—ang—eng：紫瓷盘，盛鱼翅。一盘熟鱼翅，一盘生鱼翅。迟小池拿了一把瓷汤匙，要吃清蒸美鱼翅。一口鱼翅刚到嘴，鱼刺刺进齿缝里，疼得小池拍腿挠牙齿。

2. 朗读以下单音节字。

按　防　梨　罚　特　匀　判　骏　克　摔　风　马　铅　筒　砸
粟　沮　捺　笨　该　庙　腔　驮　贼　锡　狂　挠　遍　刚　灭
琴　翁　增　熬　网　泡　冰　喊　您　操　隋　遮　怀　湍　涩
草　黑　牛　乳　瞎　枝　绝　诡　尚　愁　很　初　若　镶　终
旁　交　坡　食　押　眨　穿　皱　笙　虐　接　要　优　瓷　眷
蚌　午　春　径　但　开　顺　余　凶　旋　点　佛　低　砍　胞
考　二　类　蛙　窘　镖　冷　猜　根　鸟

第四节　声母辨正

【练一练·绕口令】

红饭碗，黄饭碗，红饭碗盛满饭碗，黄饭碗盛饭半碗。
黄饭碗添了半碗饭，红饭碗减了饭半碗。
黄饭碗比红饭碗又多半碗饭。

　　普通话的声母有 22 个，但是方言的情况却大不相同。比如粤方言的声母只有 18 个，客家方言和潮汕话的声母也是 18 个。比普通话的声母要少，发音也不一样。在学习普通话时要注意弄清楚它们之间的区别。

　　在声母发音辨正的时候，我们应该特别注意方言和普通话在发音部位和发音方法上的不同之处。同时，通过读音相近的字词对比训练来确保完全掌握。声母辨正的方式和方法有很多，我们之所以选择读音相近的字词来辨正训练，就是因为通过细微的区别，可以更好、更快的弄清楚并掌握声母在发音部位和发音方法上的不同之处，这样，就可以准确的完成声母的发音训练了。

　　下面就一些常见的容易混淆的声母发音进行分析。

一、f、h 的辨正

　　当这两个声母和韵母 u、ei 等相拼时，经常容易出错。如将"胡"发成

"服"，把"湖南"说成"服南"，"发挥"说成"花飞"等。

　　f、h的区别在于发f音时，上齿要与下唇相接触，唇形不要拢成圆形，舌面后部不要抬高。发h音时，一定不要让上齿与下唇接触，而舌面后部则要抬高，与硬腭后部靠近。

【课堂训练】

封—红　方—荒　灰—飞　或—佛　换—范　黑—飞　吼—否　很—粉
杭—房　横—冯　汉—饭　哈—发　会—费

哈佛—发福　湖水—浮水　航空—防空　花费—发挥　弧度—幅度
华丽—乏力　环保—饭饱　工会—公费　婚前—分钱　互利—福利
传呼—船夫　汉代—饭袋

　　如果考生能够读准"海南"或"富贵"这两个词语，就可以通过这两个词来进一步辨正f、h。方法是先读"海南"或"富贵"，然后接着读"湖南"或"胡建"，仔细揣摩它们之间的区别，以确保完全掌握。

　　你们要学理化，他们要学理发，理化理发要分清，学会理化却不会理发，学会理发却不懂理化。

　　老方扛着一个黄幌子，老黄扛着一个方幌子。老方要拿老黄的方幌子，老黄要拿老方的黄幌子，老方老黄互不相让，方幌子碰破了黄幌子，黄幌子碰破了方幌子。

　　前村有个傅虎虎，后村有个胡福福，傅虎虎会种白萝卜不会种胡萝卜，胡福福会种胡萝卜不会种白萝卜，傅虎虎帮助胡福福种白萝卜，胡福福帮助傅虎虎种胡萝卜。

二、n、l的辨正

　　n、l是方言区的人经常混淆。比如"您"说成"林"，"龙"说成"农"，"河南"说成"荷兰"，"女人"说成"吕人"。

　　n、l的主要区别在于发音方法的不同。n是鼻音，发音时声带颤动，声音是从鼻腔通过而发出的；l是边音，发音时声带颤动，但气息是从舌的两边通过而发出声音的，鼻腔是关闭的，没有气息出来。

【课堂训练】

那—蜡　奴—炉　你—里　女—吕　聂—列　诺—落　耐—赖　内—累

脑—老　牛—留　年—连　南—蓝　您—林　宁—陵　娘—凉　鸟—了
弄—龙

难挡—拦挡　逆境—历经　男女—褴褛　脑中—老钟　内外—类外
念旧—练就　娘家—良家　牛奶—流来　努力—鲁利　农工—龙宫
鸟雀—了却　扭腰—柳腰

新郎和新娘，柳林底下来乘凉。新娘问新郎：你是下湖去挖泥，还是下田去扶犁？新郎问新娘：你坐柳下把书念，还是下湖去采莲？新娘抿嘴乐：我采莲，你挖泥，我拉牛，你扶犁，挖完泥，采完莲，扶完犁，咱俩再来把书念。
两个黄鹂鸣翠柳，一行白鹭上青天。窗含西岭千秋雪，门泊东吴万里船。

三、g、k、h 的辨正

当 g、k、h 与 u 开头的韵母相拼时容易出错。比如，很怪、很快、很坏，放管、放款、放缓等经常混淆。

g、k、h 的区别是很轻微细小的，主要是发音时用力的大小不同、气息不同。g 是不送气清塞音，k 是送气清塞音，两者的区别在于送气与不送气；h 是清擦音，发音时气流是摩擦而出。同 g、k 相比，h 发音时，舌头基本上是不动的；而 g、k 发音时，舌面后部要用力弹开。

【课堂训练】
嘎—卡—哈　歌—可—喝　古—哭—虎　国—括—活　肝—刊—菡
刚—康—航　瓜—夸—花　告—靠—昊　跟—肯—很　耿—坑—衡
光—狂—黄　滚—困—混　贵—亏—会　共—控—洪　关—宽—欢

概括—盖货　孤苦—古湖　开盖—还改　航干—抗旱　河谷—刻骨
高考—好高　归汉—会刊　快回—怪会　看个—焊割　光环—狂欢
公开—轰开　苦瓜—胡瓜

老化工葛盖谷，刚刚过了海关归国观光，来到了港口公社，观看港口风光。过去港口空空旷旷，如今盖满大楼高阁，道路宽广。
哥哥过河捉个鸽，回家杀鸽来请客，客人谢哥吃鸽肉，哥哥请客乐呵呵。

四、j、q、x 的辨正

这三个声母的发音主要有三个问题，一是发音靠前成尖音，二是与 g、k、h 混淆，三是与 z、c、s 或 zh、ch、sh 混淆。

关于尖音，j、q、x 是舌面音（准确地讲是舌面前音），发音时，如果位置靠前，听起来给人的感觉像是舌尖前音 z、c、s，就叫尖音。辨析时一定要让舌尖深深地抵住下齿背后，不让舌尖在发音中起作用。同时舌面前端隆起，抵住或接近硬腭前端。要仔细体会舌头的这种位置变化的感觉，这样就不会发成尖音了。

在粤方言里与 j、q、x 声母相关的字常常由 g、k、h 或 z、c、s 或 zh、ch、sh 代替声母，反之亦然。比如把"自己"说成"记己"，"记录"说成"给录"，"希望"说成"黑望"，"知道"说成"几道"，"机器"说成"给黑"，"旗子"说成"池子"，"小序"说成"少数"，"汽车"说成"黑切"等等。所以，辨正时要注意它们发音时舌头的位置变化。

先看 j、q、x 与 g、k、h 的辨析。j、q、x 是舌面前音，而 g、k、h 是舌根音（也可以叫舌面后音）。舌面前音发音时舌尖是抵住下齿背的，舌面前端隆起，与硬腭前端接近或抵住；舌根音发音时，舌尖不与上下齿接触，舌面后部隆起，与硬腭后部接触。

再看 j、q、x 与 z、c、s 的辨析。z、c、s 是舌尖前音，发音时舌尖与上齿背接触，其后部分隆起，与上齿龈接触（不是与硬腭接触），形成阻碍。

最后看 j、q、x 与 zh、ch、sh 的辨析。在普通话里这两组声母的区别是相当明显的。zh、ch、sh 是翘舌音，发音时舌尖要翘起来，并且与硬腭前端接触，而 j、q、x 发音时舌尖却是抵住下齿背，不能翘起来。

特别要注意的是，j、q、x 只和齐齿呼、撮口呼的韵母相拼，不和开口呼、合口呼的韵母相拼；反之，g、k、h，z、c、s，zh、ch、sh 只和开口呼、合口呼的韵母相拼，不和齐齿呼、撮口呼的韵母相拼。知道了这一点，对于我们的辨析是很有用的。

同样，客家方言和潮州闽方言里的 j、q、x 声母，情况和粤方言大致相同。辨析的方法也相似。

【课堂训练】

几—姿　起—此　西—司　级—值　气—斥　洗—始　记—给　期—黑
夕—亏　加—杂　掐—擦　霞—洒　炸—假　查—恰　杀—瞎　挂—嘉
跨—恰　话—下

江湖—脏虎　私下—西夏　香叶—桑叶　增白—净白　局长—组长
鞠躬—组工　计划—字画　大师—大喜　囚牢—酬劳　侄子—橘子
不急—不值　起帆—吃饭　生气—星期　细细—事实　深圳—新进
玉石—预习　角度—早读　资本—基本　刚果—酱果　欢呼—选股
宽带—前来　根基—紧急　肯定—心境　困难—殉难

五、z、c、s 和 zh、ch、sh 的辨正

在许多方言里是没有翘舌音的，所以将翘舌音的字发成平舌音的字是常见现象。而在普通话里，这两组声母的区别是很清楚的。

z、c、s 是舌尖前音，发音时舌尖抵住下齿背后（或上齿背后），整个舌头基本上是平的，用力点在舌尖的前端。zh、ch、sh 是舌尖后音，发音时舌尖翘起来抵住硬腭前端，整个舌头是抬起来的。用力点，比 z、c、s 靠后。

在练习这两组声母时，首先要做翘舌与不翘舌动作的练习。练习者张大嘴，然后把舌尖放到下齿的背后，接着把舌尖抬起来放到上面硬腭前端抵住它，反复做。开始慢一些，以后逐渐加快速度。直到闭上嘴或略微张嘴时也能自然地翘舌到位。第二步则是通过读大量的词组来加强与巩固。

【课堂训练】

杂—炸　擦—查　洒—傻　宅—哉　柴—财　晒—赛　昨—卓　错—戳
所—硕　詹—簪　禅—蚕　扇—伞　脏—章　苍—昌　嗓—赏　烛—足
楚—醋　书—苏　罪—赘　翠—吹　随—谁　身—森　真—怎　陈—岑
总—众　从—虫　四—市

在组—债主　做作—灼灼　站站—赞赞　钻组—转注　早脏—照章
增资—政治　猜测—拆车　残草—产超　仓促—长处　错测—戳车
葱翠—重锤　此次—迟迟　师长—司长　诗人—私人　实收—四艘
丧色—商社　射术—色素　速速—树树

【课后训练】

绕口令练习。

b—p—m：白猫黑鼻子，黑猫白鼻子。黑猫的白鼻子，碰破了白猫的黑鼻子。白猫的黑鼻子破了，剥个秕谷皮儿补鼻子；黑猫的白鼻子不破，不必剥秕

谷皮儿补鼻子。

d—t：白石塔，白石搭，白石搭白塔，白塔白石搭，搭好白石塔，白塔白又大。

d—t：谭家谭老汉，挑蛋到蛋摊，买了半担蛋；挑蛋到炭摊，买了半担炭，满担是蛋炭。老汉往家赶，脚下绊一绊，跌了谭老汉。破了半担蛋，翻了半担炭，脏了新衣衫。老汉看一看，急得满头汗，炭担完了蛋，怎吃蛋炒饭？

s—sh：四是四，十是十，十四是十四，四十是四十。谁能说准四十、十四、四十四，谁来试一试？

z—c—s—zh—ch—sh：杂志社，出杂志，杂志出在杂志社，有政治常识、历史常识、写作指导、诗词注释，还有那植树造林、沼泽治理、栽花种草、生产手册，种种杂志数十册。

第五节　韵母

【练一练·绕口令】

水上漂着一只表，表上落着一只鸟。鸟看表，表瞪鸟，鸟不认识表，表也不认识鸟。

普通话的韵母共有 39 个，下面按照单元音韵母、复元音韵母和鼻韵母三类，分别说明它们的发音情况。

一、单元音韵母

普通话的单元音韵母共有 10 个：a、o、e、ê、i、u、ü、–i（前）、–i（后）、er。它们的发音取决于舌位的高低、前后和双唇的形状——形状圆或不圆，以及口腔的开合度。韵母发音时舌位情况归纳如下：

舌位高低 \ 唇形 \ 舌位前后 \ 类别	舌面元音					舌尖元音		卷舌元音
	前		央	后		前	后	央
	不圆	圆		不圆	圆			
高	i	ü			u	–i	–i	
半高			e					
中	ê		(e)		o			er
低	(a)		a		(a)			

根据图表，十个单元音韵母可以分成七个舌面元音：a、o、e、ê、i、u、ü；两个舌尖元音：–i（前）、–i（后）；一个卷舌元音：er。

在上一节声母的学习训练里，我们提到了一些注意事项。这些注意事项对于韵母的发音学习与训练同样适用。另外，还要注意在韵母的学习与训练时，最好能够知道每个韵母都能和哪些声母相拼，这样一来，就能够在较短的时间里比较快的掌握普通话的声母和韵母的拼合规律。在与自己的方言进行对比学习训练时，更加容易地掌握普通话的发音要领，促进学习与训练的效果。所以，在每一个韵母的后面，我们都列出它和声母相拼的情况，以供学习与训练时参考。

下面具体训练发音。

（一）舌面韵母

1. a 央低不圆唇元音

嘴巴自然张大，舌头自然地放在口腔的最低处；发音时，鼻腔关闭，声带振动，气流均匀吐出。

韵母 a 不能和声母 j q x r 相拼。

【课堂训练】

阿 罢 爬 马 伐 达 榻 拿 拉 尬 咖 哈 闸 插 傻 杂
擦 萨 八 怕 妈 发 打 他 卡 炸 查 杀 砸 洒 霸 琶
骂 法 大 塔 辣 眨 沙 飒 疤 腊 麻 罚 轧 茶 煞 蜡
纳 趴 诈 叉 嗄 乏

发达 大厦 哪怕 打靶 刹那 拉闸 马坝 发吧 拿卡 喇叭 咔嚓
插卡 发麻 沙发 马达 喇嘛 哈达 蛤蟆 腊八 拉萨 打岔 打蜡

蚂蚱　拔牙　压榨　大法

2. o　后中圆唇元音

双唇自然拢成圆形，舌头向后面缩，舌面后部升起，与软腭相对应；发音时，关闭鼻腔，声带振动，气流均匀而出。

韵母 o 只能和声母 b p m f 相拼。

【课堂训练】

喔　搏　颇　磨　佛　波　婆　抹　播　破　墨　伯　泊　摸　莫　模
魄　剥　勃　驳　默　魔　沫　薄　末　博　摩　陌　摹　迫　泼　坡
钵　漠　鄱

磨墨　磨破　薄膜　婆婆　默默　勃勃　伯伯　嬷嬷　脉脉　喔喔

3. e　后半高不圆唇元音

嘴巴半张开，嘴角略向两边展开，舌面后部升起，与软腭相对应；发音时，关闭鼻腔，声带振动，软腭上升。

韵母 e 不能和声母 b p m f j q x 相拼。

【课堂训练】

额　饿　舌　这　车　则　侧　色　个　可　合　热　德　特　恶　者
扯　射　惹　仄　册　瑟　鹅　得　遮　撤　奢　泽　涩　哲　舍　责
厕　浙　设　俄　蔗　彻　社　哥　课　何　择　测　鄂　格　河　克
乐　峨　葛　鹤　科

客车　色泽　隔阂　特色　合格　割舍　这个　哥哥　贺客　菏泽　车色
可乐　特设　车辙　可贺　褐色　合辙

4. i　前高不圆唇元音

嘴巴微微张开，双唇向两侧展开，成扁平形状，舌尖轻轻抵住下齿背，舌面前端挺起，与硬腭相对应，形成缝隙；发音时，声带振动，鼻腔关闭，气流从缝隙间通过。

韵母 i 不能和声母 f h 相拼。

【课堂训练】

一 比 皮 米 低 题 你 里 以 鼻 批 意 笔 匹 觅 腻
几 七 迷 第 体 泥 李 及 其 系 亦 逼 披 密 底 替
级 牺 西 忆 必 劈 弥 滴 踢 妮 力 亿 币 啤 蜜 笛
啼 际 齐 细 尼 理

利益 笔记 激励 习题 地理 集体 鼻涕 闭气 脾气 袭击 机器
七夕 低级 体积 立即 体例 谜题 泥地 意义 拟题 利器 壁立
霹雳 谜底 秘笈 利弊 奇迹

5. u 后高圆唇元音

双唇收拢成圆形，并且向前略突出，舌头向后缩，舌面后部升起，与软腭前部相对应；发音时气流均匀通过，关闭鼻腔，声带振动。

韵母 u 不能和声母 j q x 相拼。

【课堂训练】

屋 不 普 木 复 度 图 怒 路 古 哭 胡 如 住 出 书
组 醋 苏 无 补 仆 母 服 读 吐 奴 炉 顾 苦 虎 猪
处 术 租 粗 俗 入 五 布 谱 暮 夫 独 突 努 露 孤
库 户 祝 楚 属 乳

瀑布 鼓舞 图书 互助 服务 出路 住处 出处 赌徒 徒步 不怒
杜甫 孤独 酷暑 护肤 目睹 屠户 苦楚 糊涂 虎符 祝福 储户
舒服 无数 不服 朴素 目录

6. ü 前高圆唇元音

双唇收拢成圆形，并且向前略突出，舌尖轻轻抵住下齿背，舌面前端挺起，与硬腭前端相对应；发音时气流均匀通过，关闭鼻腔，声带振动。

韵母 ü 只能和声母 n l j q x 相拼。

【课堂训练】

与 句 去 许 于 局 取 需 雨 居 区 徐 余 举 屈 序
女 绿 玉 距 曲 须 屡 语 具 趣 续 律 鱼 据 驱 虚

吕　宇　聚　旭　旅　欲　巨　躯　绪　驴　渔　菊　渠　蓄　铝　遇
剧　趋　叙　侣　育　虑

区域　旅居　雨具　须臾　序曲　女婿　区区　居于　玉宇　语句　玉女
曲剧　寓居　滤去　绿玉　聚居　屡屡　趋于　语序　豫剧　渔区　浴具
絮语

7. ê　前中不圆唇元音
嘴巴自然张开，双唇略向两边展开，舌尖轻轻抵住下齿背，舌面前端挺
起，与硬腭相对应；发音时关闭鼻腔，声带振动。（韵母ê用于单独注音的情
况只有一个叹词"欸"。ê的主要用途是与i、ü组成复韵母。）

【课堂训练】
憋　瞥　缺　靴

(二)　舌尖韵母
1. –i　舌尖前不圆唇元音
嘴巴略微张开，双唇向两边展开，舌尖轻轻抵住下齿背，舌面后部挺起，
与上齿龈形成缝隙；发音时，关闭鼻腔，声带振动，气流均匀通过。（或舌尖
轻轻抵住上齿龈，形成缝隙，发音时，关闭鼻腔，声带振动，气流均匀通
过。）这个韵母不能独立使用，只出现在z、c、s声母后面。

【课堂训练】
字　次　死　子　词　思　自　此　四　资　辞　寺　梓　瓷　似　紫
刺　斯　姿　慈　丝　滋　祠　司　籽　磁　私　孜　赐　肆　姊　雌
厮　咨　伺　嗣　滓　缁　恣　渍　疵　撕　饲　驷　祀

此次　自私　孜孜　四次　恣肆　赐死　字词　次子　自此　丝丝
刺死　思死　子嗣　祠寺　四字　此厮　紫瓷　私自　刺字　次次

2. –i　舌尖后不圆唇元音
嘴巴略微张开，双唇向两边展开，舌尖挺起，与硬腭前端形成缝隙；发音
时，关闭鼻腔，声带振动，气流均匀通过。这个韵母不能独立使用，只出现在
zh、ch、sh声母后面。

【课堂训练】

之 吃 是 日 只 齿 时 指 持 使 事 斥 值 池 市 志
知 诗 痴 史 至 迟 试 纸 尺 室 枝 驰 式 直 耻 十
赤 支 翅 石 制 师 侈 质 食 匙 置 视 智 世 旨 士
止 氏 炽 治 失 致

支持 实质 指示 致使 制止 史诗 咫尺 知识 迟滞 吃食 市值
纸质 迟迟 逝世 知耻 制式 事实 石池 食指 志士 失职 日食
施治 市尺 实施 脂质 誓师

（三）卷舌韵母

er 卷舌央中不圆唇元音

嘴巴自然张开，舌尖向后略微卷起，与硬腭前端相对应，形成缝隙；发音时，声带振动，关闭鼻腔。

【课堂训练】

儿 而 耳 饵 迩 洱 尔 贰 二

儿童 耳朵 而定 耳环 儿化 二胡 耳机 二季 饵料 尔后 遐迩
而今 洱海 贰佰 诱饵 而立 少儿 然而 木耳 老二 摩尔 女儿

二、复元音韵母

普通话复元音韵母由两个或三个元音组成，如 ei、iou 等。复元音韵母一共有 13 个。复韵母发音时，其内部每个元音的响亮、高低、缓急、轻重程度都不一样。传统音韵学将韵母内部分成韵头、韵腹和韵尾三部分。发音最响亮最主要的元音叫韵腹，韵腹前面的元音叫韵头（也叫介音），韵腹后面的叫韵尾。（任何韵母都可以没有韵头或韵尾，但韵腹一定不能缺少。）这 13 个复韵母根据它们发音时韵腹位置的不同，可分为前响复韵母、中响复韵母和后响复韵母三类。

（一）前响复韵母

前响复韵母共有四个：ɑi、ei、ɑo、ou。它们的共同点是发音时舌位均由低向高滑动靠拢，开头的元音响亮清晰，逐渐向收尾的元音滑动，收尾的元音模糊轻短。

1. ai

嘴巴自然张开，舌尖抵住下齿背；发音时从前 a 的低位开始，舌位向 i 的方向滑动升高。

韵母 ai 不能和声母 f j q x r 相拼。

【课堂训练】

唉　白　拍　买　带　太　耐　来　改　开　还　窄　柴　晒　在　才
赛　爱　掰　派　卖　呆　台　该　凯　海　奶　赖　摘　钗　筛　再
菜　塞　挨　百　排　乃　麦　莱　待　抬　盖　慨　害　宅　拆　矮
癌　碍　败　牌　奈　债

爱戴　带来　海带　白牌　拍卖　拆台　彩排　太太　百代　开拍　买卖
掰开　开采　爱财　奶奶　开赛　赖债　挨宰　灾害　再来　债台　摘菜
百害　晒白　太矮　该来　拆盖

2. ei

嘴巴微微张开，舌尖抵住下齿背；发音时从前央 e 的低位开始，舌位向 i 的方向滑动升高。

韵母 ei 不能和声母 d t j q x s ch r 相拼。

【课堂训练】

被　陪　没　飞　内　累　给　黑　背　配　美　非　馁　类　北　赔
每　匪　雷　贝　佩　费　梅　泪　杯　蕾　培　肥　废　裴　妹　倍
菲　磊　沛　悲　媚　斐　备　胚　枚　镅　卑　珮　煤　辈　酶　碑
蓓　霉　狒　眉　魅　惫

贝贝　蓓蕾　北美　背煤　陪睡　狒狒　肥美　水美　贼眉　杯内　美眉
给谁　飞贼　配备　黑莓　梅妃　没赔　黑妹　北非　贝类　飞雷　匪类
没睡　黑水　被废　肥妹　北培

3. ao

嘴巴自然张开，舌头后缩，舌面后部微微隆起。发音时从后 a 的低位开始，舌位向后高位的 o 方向滑动升高。

韵母 ao 不能和声母 f j q x 相拼。

【课堂训练】

奥 包 跑 毛 到 套 闹 老 高 靠 好 找 超 少 绕 早
草 扫 熬 报 泡 猫 倒 逃 脑 捞 搞 考 号 照 吵 烧
扰 造 操 骚 凹 宝 抛 冒 挠 牢 稿 烤 豪 招 潮 勺
饶 遭 曹 嫂 傲

高傲 劳保 报考 讨好 草帽 早稻 懊恼 号召 老少 跑道 操劳
祷告 捞到 稻草 牢靠 考好 抛锚 宝岛 毛躁 牢骚 草稿 糟糕
骚扰 绕道 老猫 早操 淘宝

4. ou

双唇收拢成圆形，舌头后缩；发音时舌位从中央的 o 位开始，舌位向后高位的 u 的方向滑动升高，双唇收拢形成的圆形也从大圆变为小圆。

韵母 ou 不能和声母 b j q x 相拼。

【课堂训练】

偶 剖 某 否 都 头 楼 够 口 后 周 抽 收 走 凑 搜
欧 谋 斗 投 漏 狗 扣 吼 洲 丑 手 邹 叟 呕 眸 逗
偷 购 搂 咒 愁 瘦 藕 陋 豆 透 构 寇 厚 州 臭 受
窦 沟 叩 喉 粥 仇

欧洲 抖擞 收购 佝偻 绸缪 口头 售后 筹谋 后头 漏斗 瘦肉
口臭 受够 走狗 偷走 斗殴 某某 兜售 走兽 凑够 猴头 豆蔻
柔手 丑陋 邮购 叩首 臭沟

（二）中响复韵母

中响复韵母共有四个：iao、iou、uai、uei。它们的共同点是发音时舌位均先由高向低滑动靠拢，再从低向高滑动。开头的元音模糊轻短，中间的元音响亮清晰，收尾的元音又模糊轻短。

1. iao

嘴巴微微张开，双唇略微向两边展开；发音时舌位由前高位的 i 向后低位的 a 的方向滑动下落，紧接着再向后高位的 o 的方向滑动升高。

韵母 iao 不能和声母 f g k h z c s zh ch sh r 相拼。

【课堂训练】

要　角　挑　飘　疗　叫　邀　咬　敲　辽　瑶　貂　遥　耀　吊　看
掉　尧　表　标　小　彪　胶　嫽　票　鸟　焦　袅　聊　了　廖　教
姚　僚　寥　瞧　交　妖　漂　剽　秒　摇　妙　庙　渺　笑　描　调
叼　雕　钓　条　跳　较　脚　料　浇　苗　郊　桥　腰　巧　孝　瞄
翘　悄　侨　窍　嘹　燎　娇　药　窑　消　晓

逍遥　巧妙　笑料　叫嚣　苗条　跳脚　小桥　吊销　疗效　秒表　缥缈
娇小　悄悄　窈窕　迢迢　料峭　小庙　萧条　娇俏　标调　袅袅　缴交
调焦　咬掉　脚镣　吊桥　巧笑

2. iou

嘴巴微微张开，双唇略微向两边展开；发音时舌位由前高位的 i 向后低位的 o 的方向滑动下落，紧接着再向后高位的 u 的方向滑动升高。

韵母 iou 只能和声母 n l j q x 相拼。

同声母相拼时，iou 中间的 o 省略，简写为 iu。

【课堂训练】

修　有　丢　鸠　求　六　又　秀　九　牛　刘　由　拗　留　疣　游
扭　流　忧　妞　揪　柳　油　钮　溜　舅　纽　友　瘤　右　酒　硫
幽　救　遛　幼　榴　浏　究　犹　琉　灸　优　馏　咎　尤　就　佑
邮　悠　久　旧　诱　收　秋　球　休　囚　绣　鹫　朽　酉　羞　袖

琉球　优秀　有求　久留　牛柳　悠久　牛油　舅舅　又有　秋游　绣球
酒友　有救　流油　妞妞　遛遛　求救　旧酒　九牛　刘秀　丢球　九牛
扭扭　幼鹫　旧厩

3. uai

双唇收拢，发音时舌位由后高位的 u 向前低位的 a 的方向滑动下落，紧接着再向前高位的 i 的方向滑动升高。

韵母 uai 只能和声母 g k h zh ch sh 相拼。

【课堂训练】

外　怪　快　甩　坏　摔　拽　踹　帅　乖　蟀　歪　怀　块　准　拐

筷 槐 衰 脍 揣 率 崴

外快 乖乖 坏拐 摔坏 快甩 歪怪 拽坏 摔歪 怀揣 快踹

4. uei

双唇收拢，发音时舌位由后高位的 u 向前低位的 e 的方向滑动下落，紧接着再向前高位的 i 的方向滑动升高。

韵母 uei 只能和声母 d t g k h z c s zh ch sh r 相拼。

同声母相拼时，uei 中间的 e 省略，简写为 ui。

【课堂训练】

为 贵 会 亏 追 吹 谁 蕊 最 翠 随 位 鬼 回 愧 锐
嘴 催 未 归 峀 灰 罪 璀 虽 锥 锤 水 微 瑞 醉 坠
崔 捶 髓 税 遂 摧 桂 惠 葵 赘 炊 伟 睿 缀 垂 脆
碎 威 柜 岁 慧 奎 粹

摧毁 水位 追随 卫队 回归 醉鬼 退位 罪魁 最贵 荟萃 微醉
追尾 吹灰 坠毁 溃退 汇兑 会徽 水鬼 追悔 兑水 未遂 垂危
翠微 微微 回馈 捶腿 随队

（三）后响复韵母

后响复韵母共有五个：ia、ie、ua、uo、üe。它们的共同点是发音时舌位均由高向低滑动靠拢，开头的元音模糊轻短，逐渐向收尾的元音滑动，收尾的元音响亮清晰。

1. ia

嘴巴微微张开，双唇略向两边展开；发音时舌位由高位的 i 向中央低位的 a 的方向滑动下落，嘴巴开度也由窄变宽。

韵母 ia 只能和声母 d j q x 相拼。

【课堂训练】

呀 家 掐 下 丫 加 洽 霞 夏 恰 假 雅 价 呷 虾 押
甲 吓 压 贾 瞎 亚 颊 侠 嘉 狭 芽 佳 厦 牙 哑 架
峡 鸭 嫁 辖 驾 暇 玡 涯 稼 鸦 瑕 夹 衙 枷 匣 钾
葭 崖 氩 讶 遐 袈

加压 下牙 下家 假牙 家家 加价 下架 贾家 架下 掐下 甲家
下辖 狭峡 恰恰 下嫁

2. ie

嘴巴微微张开，双唇略向两边展开，舌尖抵住下齿背；发音时舌位由高位的 i 向前央低位的 ê 的方向滑动下落（下落的程度比 ia 要小一些），嘴巴开度也由窄变宽。

韵母 ie 不能和声母 f g k h z c s zh ch sh r 相拼。

【课堂训练】

也 别 撇 灭 跌 贴 捏 列 接 且 写 页 憋 瞥 蔑 碟
铁 聂 咧 节 切 些 叶 瘪 爹 帖 涅 烈 借 妾 谢 夜
鳖 劣 姐 窃 斜 野 蹩 裂 介 怯 鞋 业 猎 阶 惬 歇
爷 解 洁 届 协 戒

姐姐 节烈 谢谢 业界 写些 歇业 夜夜 借鞋 贴切 铁鞋 铁屑
叠叠 谢帖 别捏 界别 揭帖 结业 趔趄 冶铁 斜切 结节

3. ua

双唇撮成圆形，舌头后缩；发音时舌位由后高位的 u 向央低位的 a 的方向滑动下落，嘴巴张开，开度也由小变大。

韵母 ua 只能和声母 g k h zh ch sh 相拼。

【课堂训练】

哇 挂 夸 话 抓 刷 挖 瓜 跨 花 瓦 华 寡 垮 娃 刮
画 挎 蛙 卦 化 胯 袜 剐 划 洼 滑 褂 佤 桦 猾 耍
娲

瓦滑 娃娃 花袜 画卦 耍滑 花褂 挂画 画花 瓜瓜 哗哗 挖垮

4. uo

双唇拢成圆形，舌头略微向后缩；发音时舌位由后高位的 u 向后低位的 o 的方向滑动下落，双唇扩展开，双唇收拢形成的圆形也从小圆变为大圆。

韵母 uo 不能和声母 b p m f j q x 相拼。

【课堂训练】

我 过 或 阔 卓 戳 说 做 错 缩 喔 多 脱 诺 罗 国
扩 活 龊 硕 坐 撮 所 弱 窝 躲 拓 落 果 括 火 浊
绰 朔 若 左 锁 卧 朵 妥 郭 廓 豁 螺 捉 烁 作 挫
索 握 夺 拖 桌 搓 锅 货 拙

朵朵 落果 国货 过错 阔绰 硕果 哆嗦 火锅 活捉 做作 脱落
骆驼 窝火 落座 懦弱 多所 错落 蹉跎 挪窝 过火 祸国 说过
堕落 多多 坐卧 陀螺 弱国

5. üe

双唇成圆形，舌尖抵住下齿背；发音时舌位由前高位的 ü 向前中位的 ê 的方向滑动下落，双唇随之打开，嘴巴开度也由小变大。

韵母 üe 只能和声母 n l j q x 相拼。

【课堂训练】

诀 月 虐 岳 雪 粤 阅 玥 倔 瘸 绝 掘 决 嚼 略 阙
靴 越 疟 掠 缺 却 悦 鹊 曰 确 约 雀 珏 榷 觉 学
跃 崛 削 薛 穴 血 爵 谑 鳕

约略 雀跃 雪月 决绝 略缺 缺血 绝学 略觉

三、鼻韵母

普通话的鼻韵母共有 16 个。鼻韵母是由元音加上鼻辅音 n 和 ng 组成的。在韵母里 n 和 ng 只能作韵尾。因为 n 的发音比 ng 稍微靠前一些，所以就把以 n 为韵尾的鼻韵母叫做前鼻韵母，把以 ng 为韵尾的鼻韵母叫做后鼻韵母。前鼻韵母有八个：an、en、in、ün、ian、uan、üan、uen。后鼻韵母也有八个：ang、eng、ong、ing、iang、iong、uang、ueng。

（一）前鼻韵母

1. an

舌尖抵住下齿背，发前 a 的同时舌面前端抬起，与硬腭前部闭合，使气流从鼻腔里出来。口形由大渐小。

韵母 an 不能和声母 j q x 相拼。

【课堂训练】

按　半　盘　慢　饭　但　谈　难　蓝　干　看　汗　展　产　山　然
攒　残　散　惨　咱　染　站　删　禅　砍　喊　甘　办　潘　满　烦
男　烂　安　感　版　判　懒　漫　占　燃　蝉　闪　赞　餐　伞　暗
栏　盼　搬　战　颤　案　丹　叹　蛋　詹　览　谭　淡　婵　坦　珊
胆　曼　含　三　贪　堪　旦　畔　伴　岸　炭

翻然　斑斓　参半　战犯　胆敢　办案　展览　沾染　暗淡　坦然　栏杆
半盘　贪婪　反感　难堪　烂漫　慢慢　攀谈　篮坛　泛滥　参赞　汗干
寒山　谈判　肝胆　悍然　难缠

2. en

舌尖抵住下齿背，发 e 的同时舌面前端抬起，与硬腭前部闭合，使气流从鼻腔里出来。口形由大渐小。

韵母 en 不能和声母 t l j q x 相拼。

【课堂训练】

恩　本　喷　们　分　嫩　跟　愤　肯　很　人　真　陈　审　怎　岑
森　吩　笨　份　根　恨　啃　镇　晨　神　任　奔　恳　焚　狠　忍
珍　尘　身　针　忿　沉　深　闷　芬　振　趁　沈　仁　刃　纷　刎
盆　痕　垦　认　门　坟　韧　奋

分身　恩人　本本　焚身　神人　沉闷　笨人　深圳　真狠　振奋　愤恨
根本　人们　仁人　根深　认真　门神　身份　粉尘　门诊　审慎　珍本
人参　真人　很深　本身　很嫩

3. in

舌尖抵住下齿背，发前 i 的同时舌面前端抬起，与硬腭前部闭合，使气流从鼻腔里出来。口形保持扁平，几乎没有变化。

韵母 in 不能和声母 f d t g k h z c s zh ch sh r 相拼。

【课堂训练】

音　彬　品　敏　您　林　进　亲　新　因　斌　拼　民　临　金　秦

心　银　贫　琳　近　勤　信　阴　尽　琴　欣　霖　频　宾　引　今
沁　鑫　淋　聘　闽　嶙　寝　紧　辛　印　缤　皿　邻　劲　侵　薪
吟　禽　崟　鬓　滨　荫　斤　淫　隐

仅仅　濒临　金银　近邻　音信　尽心　引进　近亲　姻亲　临近　音频
民心　信心　贫民　辛勤　亲临　印信　薪金　拼音　聘金　频频　殷勤
秦晋　亲信　饮品　新印　林荫

4. ün

舌尖抵住下齿背，发 ü 的同时舌面前端抬起，与硬腭前部闭合，使气流从鼻腔里出来。双唇逐步展开，由撅起到略微扁平。

韵母 ün 只能和声母 j q x 相拼。

【课堂训练】

晕　均　群　训　云　寻　韵　裙　君　勋　运　俊　讯　允　军　芸
逊　郡　蕴　菌　熏　骏　匀　询　钧　孕　旬　峻　循　耘　隽　酝
迅　竣　巡　殉　汛　荀　陨

循循　云云　均匀　军训　醺醺　熏晕　群寻　允运　勋韵　询讯　菌群

5. ian

舌尖抵住下齿背，舌位从 i 向 a 滑落，同时舌尖或舌面前端抬起，与硬腭前部闭合，使气流从鼻腔里出来。口形由大渐小，但不是很明显。

韵母 ian 不能和声母 f g k h z c s zh ch sh r 相拼。

【课堂训练】

言　变　扁　面　点　天　年　连　见　前　先　燕　边　片　免　店
填　念　练　间　钱　线　渐　千　现　脸　粘　骗　便　艳　眼　遍
篇　电　添　莲　辗　签　闲　件　编　翩　棉　垫　田　帘　建　欠
仙　烟　典　甜　剑

电眼　边沿　变天　甜点　编年　免检　鲜艳　渐渐　前线　连绵　垫片
见钱　咽炎　田间　剪片　脸面　年检　牵连　片言　变脸　天仙　艳羡
惦念　现编　腼腆　闲钱　练剑

6. uan

双唇拢圆，舌头后缩，舌位从 u 向 a 滑落，接着舌尖向前上方抬起，接近上齿龈，形成前鼻音。同时唇形由圆形略微展开到成扁平。

韵母 uan 不能和声母 b p m f j q x 相拼。

【课堂训练】

玩 段 团 暖 乱 转 传 栓 软 钻 攒 算 完 断 湍 晚
鸢 端 锻 卵 管 宽 换 川 穿 涮 阮 赚 蹿 酸 万 短
峦 砖 船 拴 篡 蒜 挽 婉 湾 攥 顽 款 丸 欢 串 缓
关 舛 环 銮 腕

软管 断腕 传唤 转弯 乱穿 缓缓 涮碗 玩转 团团 短短 玩完
乱转 万贯 贯穿 宦官 换算 专断 软软 专款 万端 弯弯 全传
全团 婉转 换船 还款 完卵

7. üan

双唇拢圆，舌尖抵住下齿背，从 ü 开始向 a 滑落，紧接着舌位升高，舌面前部抵住硬腭形成前鼻音，使气流从鼻腔里出来。双唇由圆形略微展开到成扁平状。

韵母 üan 只能和声母 j q x 相拼。

【课堂训练】

圆 涓 娟 泉 璇 鹃 圈 玄 犬 眷 卷 全 选 权 宣 元
远 荃 原 倦 拳 旋 员 捐 券 悬 院 源 隽 轩 缘 冤
癣 渊 喧 袁 苑 猿 绚 园 怨 援 鸳 辕 镌 炫

全权 全卷 渊源 轩辕 源远 全院 泉源 全员 全冤 圆圈 选犬
愿捐 劝选 券权 猿苑 鸳园 全怨

8. uen

双唇撮起，舌位从 u 向 e 滑落，接着舌面向前上方快速抬起，抵住硬腭形成前鼻音。同时唇形由圆形略微展开到成扁平。

韵母 uen 只能和声母 d t n l g k h z c s zh ch sh r 相拼。

同声母相拼时，uen 中间的 e 省略，简写为 ui。

【课堂训练】

问　盾　吞　论　滚　困　混　准　春　顺　润　尊　存　孙　文　吨
屯　轮　昆　昏　谆　纯　吮　闰　遵　村　损　稳　伦　顿　臀　坤
浑　唇　瞬　樽　笋　闻　沧　蹲　魂　仑　蠢　舜　温　吻　纹　敦
钝　婚　荤　囵　抡　刎　棍　寸

昆仑　稳准　孙文　伦敦　温润　困顿　温存　论文　混混　春笋　滚轮
温顺　馄饨　昏昏　谆谆　滚滚　纯荤　蠢婚　问准　论稳　混沌　润唇
寸笋　春困　唇纹　敦伦　闰春

自成音节时，ian 写成 yan（烟），uan 写成 wan（弯），üan 写成 yuan（渊）；跟声母 j、q、x 相拼的时候，ü 上两点省写；自成音节时，uen 写成 wen（温），与前面的声母相拼时写成 un。

（二）后鼻韵母

1. ang

嘴巴自然张开，舌头后缩，舌尖离开下齿背，从后 a 开始，发音时，舌根与软腭闭合，使气流从鼻腔里通过。

韵母 ang 不能和声母 j q x 相拼。

【课堂训练】

昂　帮　胖　忙　放　当　唐　囊　狼　刚　抗　行　张　上　脏　仓
桑　糠　盎　榜　旁　茫　方　档　汤　郎　港　康　航　长　唱　伤
嚷　葬　苍　丧　庞　芒　房　党　堂　浪　岗　扛　杭　涨　常　商
绑　仿　盲　芳　朗　钢　让　棒

蟑螂　帮忙　长棒　厂房　榜上　沧桑　浪荡　长房　烫伤　上访　苍茫
盲肠　丧葬　党纲　当场　张榜　方丈　商场　肛肠　朗朗　行当　上涨
纲常　防狼　上岗　螳螂　上当

2. eng

嘴巴半张，舌尖离开下齿背，舌头后缩，从后 e 开始，发音时，舌根与软腭闭合，使气流从鼻腔里通过。

韵母 eng 不能和声母 j q x 相拼。

【课堂训练】

崩　碰　梦　风　等　疼　能　冷　更　坑　横　正　成　生　仍　增
层　僧　彭　猛　封　邓　腾　愣　庚　铿　衡　整　城　胜　曾　蹭
绷　登　萌　风　藤　耿　亨　郑　承　声　扔　迸　孟　峰　灯　耕
证　程　盛　捧　绳　圣　甬

猛增　灯绳　正逢　成风　丰登　吭声　鹏程　声称　恒生　逞能　更正
承蒙　丰盛　耿耿　萌生　风筝　奉承　等等　升腾　乘胜　整风　风冷
省城　增生　圣僧　整层　碰疼

3. ong

双唇收拢成圆形，舌头后缩，舌尖离开下齿背，从后 o 开始，发音时，舌根与软腭闭合，使气流从鼻腔里通过，唇形不变。

韵母 ong 只能和声母 d t n l g k h z c s zh ch r 相拼。

【课堂训练】

拢　弄　共　空　红　东　同　懂　通　龙　农　工　孔　宏　动　痛
浓　葱　董　铜　公　恐　洪　脓　隆　陇　供　控　鸿　桶　冬　送
从　总　中　冲　宫　虹　洞　童　弓　哄　匆　宗　聪　宋　种　充
荣　功　容　纵　融

弄通　从中　共同　总攻　溶洞　匆匆　东宫　轰动　充公　总统　瞳孔
轰隆　恐龙　肿痛　童工　冲动　弄懂　同宗　工农　葱茏　公众　荣功
洪钟　从容　龙宫　空洞　隆重

4. ing

双唇向两边微展，略成扁平状，舌尖先抵住下齿背；发音时舌头后缩，舌尖离开下齿背，紧接着舌根抬起与软腭闭合，使气流从鼻腔里通过。口形几乎没有变化。

韵母 ing 不能和声母 f g k h z c s zh ch sh r 相拼。

【课堂训练】

应　并　平　名　定　听　宁　零　景　请　行　赢　冰　萍　明　顶

挺 凝 另 静 清 性 英 病 凭 命 订 停 拧 玲 经 情
型 影 饼 评 鸣 婷 灵 敬 青 星 莹 炳 瓶 丁 亭 令
净 轻 醒 硬 柄 磬

另行 秉性 英灵 冰凌 命定 影星 定性 平行 清明 宁静 姓名
荧屏 庆幸 病情 精英 请缨 性情 蜻蜓 定情 平顶 惊醒 兴兵
明镜 定陵 听令 请缨 敬请

5. iang

嘴巴自然张开，舌头后缩，舌尖离开下齿背；发音时，从前高 i 开始，舌位向后低 a 滑落，舌根与软腭闭合，使气流从鼻腔里通过。

韵母 iang 只能和声母 n l j q x 相拼。

【课堂训练】

样 两 娘 将 强 想 杨 酿 量 讲 抢 向 养 梁 江 墙
像 阳 凉 蒋 枪 香 扬 亮 奖 腔 象 洋 良 姜 羌 相
羊 辆 匠 项 央 粮 酱 乡 晾 疆 箱 氧 浆 响 秧 僵
谅 祥 殃 翔 湘 嫱

香江 两样 想象 响亮 洋枪 娘娘 向阳 奖项 良将 洋相 江洋
强项 亮相 枪响 洋腔 粮饷 强梁 泱泱 降将 酱香 像样 踉跄
养羊 襄阳 晾凉 强抢 洋将

6. iong

嘴巴略微撮起，舌头后缩，舌尖离开下齿背；发音从前高 i 开始，舌位向 ü 移动，紧接着舌根抬起与软腭闭合，使气流从鼻腔里通过。

韵母 iong 只能和声母 j q x 相拼。

【课堂训练】

用 迥 穷 熊 永 窘 琼 雄 咏 炯 穹 凶 勇 兄 涌 胸
庸 汹 拥 雍 泳 佣 匈 踊 恿

炯炯 琼琼 汹汹 庸兄 汹涌 熊凶

7. uang

双唇收拢成圆形，舌尖离开下齿背；发音从后高 u 开始，舌位向低 ɑ 滑落，舌根抬起，与软腭闭合，使气流从鼻腔里通过。双唇打开，由小圆变成大圆。

韵母 uang 只能和声母 g k h zh ch sh 相拼。

【课堂训练】

王	光	狂	黄	装	床	爽	网	广	慌	矿	往	逛	荒	框	忘
胱	皇	邝	望	晃	况	亡	谎	旷	汪	凰	筐	簧	旺	妄	恍
枉	爽	妆	撞	窗	双	庄	闯	霜	蝗	状	徨	孀	桩	壮

忘光　王庄　黄光　闯王　网状　双簧　状况　狂妄　框框　窗框　双网
矿床　装潢　惶惶　双双　撞窗　往往　创双　窗网　狂逛　双亡　装筐

8. ueng

双唇成圆形，舌尖离开下齿背，舌位从后高 u 开始向 e 方向滑落，紧接着舌根抬起，与软腭闭合，使气流从鼻腔里通过。双唇由圆形逐渐展开。

【课堂训练】

翁　瓮　嗡

渔翁　蕹菜　蓊郁　嗡嗡　瓮城　老翁

【课后训练】

1. 绕口令练习。

ɑ：门前有八匹大伊犁马，你爱拉哪匹马就拉哪匹马。

i：一二三，三二一，一二三四五六七。七个阿姨来摘果，七个花篮儿手中提。七棵树上结七样儿，苹果、桃儿、石榴、柿子、李子、栗子、梨。

b—p；u：鼓上画只虎，破了拿布补。不知布补鼓，还是布补虎。

er：要说"尔"，专说"尔"，马尔代夫，喀布尔，阿尔巴尼亚，扎伊尔，卡塔尔，尼泊尔，贝尔格莱德，安道尔，萨尔瓦多，伯尔尼，利伯维尔，班珠尔，厄瓜多尔，塞舌尔，哈密尔顿，尼日尔，圣彼埃尔，巴斯特尔，塞内加尔的达喀尔，阿尔及利亚的阿尔及尔。

-i（前）：桃子李子梨子栗子橘子柿子榛子栽满院子村子和寨子。

-i（后）：知之为知之，不知为不知，不以不知为知之，不以知之为不知，唯此才能求真知。

ei：贝贝飞纸飞机，菲菲要贝贝的纸飞机，贝贝不给菲菲自己的纸飞机，贝贝教菲菲自己做能飞的纸飞机。

ao：隔着墙头扔草帽，也不知草帽套老头儿，还是老头儿套草帽。

ou：忽听门外人咬狗，拿起门来开开手；拾起狗来打砖头，又被砖头咬了手；从来不说颠倒话，口袋驮着骡子走。

ia：天上飘着一片霞，水上漂着一群鸭。霞是五彩霞，鸭是麻花鸭。麻花鸭游进五彩霞，五彩霞挽住麻花鸭。乐坏了鸭，拍碎了霞，分不清是鸭还是霞。

j—q—x；ie：姐姐借刀切茄子，去把儿去叶儿斜切丝，切好茄子烧茄子，炒茄子、蒸茄子，还有一碗焖茄子。

iao：水上漂着一只表，表上落着一只鸟。鸟看表，表瞪鸟，鸟不识表，表也不识鸟。

üe：真绝，真绝，真叫绝，皓月当空下大雪，麻雀游泳不飞跃，鹊巢鸠占鹊喜悦。

uo（o）：狼打柴，狗烧火，猫儿上炕捏窝窝，雀儿飞来蒸饽饽。

l；iou—ou：六十六岁刘老六，修了六十六座走马楼，楼上摆了六十六瓶苏合油，门前栽了六十六棵垂杨柳，柳上拴了六十六个大马猴。忽然一阵狂风起，吹倒了六十六座走马楼，打翻了六十六瓶苏合油，压倒了六十六棵垂杨柳，吓跑了六十六个大马猴，气死了六十六岁刘老六。

uo—e：坡上立着一只鹅，坡下就是一条河。宽宽的河，肥肥的鹅，鹅要过河，河要渡鹅。不知是鹅过河，还是河渡鹅。

n—l—y；i—ü：这儿天天下雨，体育局穿绿雨衣的女小吕，去找穿绿运动衣的女老李。穿绿雨衣的女小吕，没找到穿绿运动衣的女老李，穿绿运动衣的女老李，也没见着穿绿雨衣的女小吕。

-i（前）；ao—iao：一个大嫂子，一个大小子。大嫂子跟大小子比包饺子，看是大嫂子包的饺子好，还是大小子包的饺子好，再看大嫂子包的饺子少，还是大小子包的饺子少。大嫂子包的饺子又小又好又不少，大小子包的饺子又小又少又不好。

2. 朗读以下单音节字。

穷　恼　辆　吵　鹰　灯　邹　凶　晚　差　往　沈　夏　高　孔　箭
刻　桩　被　颈　纫　籽　若　存　添　孙　棉　拌　丢　干　邪　虐
俎　据　落　攘　裂　秧　榨　陆　垂　蛰　郓　料　份　秦　鳃　膜
挖　掐　非　而　屉　买　质　邵　旬　底　图　假　梗　惫　帅　股

货　响　夸　佘　伐　拗　胆　黑　愿　瞟　从　润　翁　矮　灾　揣
各　忘　喊　悬　湿　姚　想　爷　你　横　起　斤　却　口　澎　放
隋　播　此　膀

第六节　韵母辨正

【练一练·绕口令】

陈庄程庄都有城，陈庄城通程庄城。陈庄城和程庄城，两庄城墙都有门。陈庄城进程庄人，陈庄人进程庄城。请问陈程两庄城，两庄城门都进人，哪个城进陈庄人，程庄人进哪个城？

同方言声母一样，方言的韵母和普通话的韵母相比，也存在数量上与发音上的差别。比如，粤方言的韵母有 68 个，客家方言的韵母有 76 个，而潮州闽方言的韵母更是有 85 个之多，可是普通话的韵母却只有 39 个。所以，韵母的辨正比起声母来，就更困难一些。前面声母辨正时所用到的方法和方式同样也适合韵母辨正使用。另外，韵母辨正的时候，往往是要和声母合起来组成一个完整的音节一起进行。所以，声母和韵母相拼的时候，也要注意方法。因此建议，可以采用先将韵母拼合完，然后再和声母相拼的方法。

例如：船、床这两个字的韵母的辨正，可以按照 an→uan→chuan 的顺序先拼读完"船"，然后再按照 ang→uang→chuang 的顺序拼读完"床"，从而辨正 uan 和 uang 的不同。

下面重点辨析一些容易混淆的韵母。

一、o、e 辨正

这两个韵母发音混淆的原因是发 o 时少做了一个圆唇的动作，结果造成与 e 相混。如把"菠菜"说成"bēcài"，"破坏"说成"pèhuài"，"模范"说成"méfàn"等。辨析时注意发韵母 o 要首先双唇拢圆后不动；而发韵母 e 则是嘴角略向两边展开，不是圆的。

特别要注意的是，韵母 o 只和声母 b、p、m、f 相拼，不和其他声母相拼；韵母 e 不和声母 b、p、m、f、j、q、x 相拼，可以和其他声母相拼。

【课堂训练】

博—惹　泊—歌　波—膊　剥—破　颇—克　魄—割　墨—客　摸—册

模—舍　魔—奢　末—涉　苛—佛　婆—则　伯—特　摩—呢　勃—德
馍—个　钵—格　各—薄　婆—阁　葛—泼　浙—坡　驳—革　课—磨
莫—渴　棵—和　喝—拨　陌—合　河—寞　粕—何　迫—责　伯—择
测—播　色—帛　这—菠　遮—默　哲—驳　辙—摩　摹—车　沫—设
射—搏　禾—社

波折　伯乐　泊车　博得　勃特　博客　薄荷　波色　颇得　破呢　泼了
破格　破壳　颇合　破折　破车　破射　叵测　颇热　薄策　磨得　模特
墨呢　莫乐　墨格　漠河　摸戈　磨合　莫测　墨色　摸着　魔舌　磨车
佛德　佛乐　佛课　佛和　佛者　佛色

村里有个清水河，河岸是个小山坡，小强坡上挖红薯，挖得多来笑呵呵。忽然听得一声响，谁不小心掉下河，不是有人掉下河，是个红薯滚下坡。

二、ie、üe 辨正

有的人将"越南"说成"页南"，"夜色"说成"月色"，"确实"说成"切实"，"决定"说成"节定"等，这是没有分清 ie、üe 韵母的缘故。ie 和 üe 最大的区别在于嘴形的细小变化，üe 发音时有一个撮唇的动作，嘴形有点儿圆，而 ie 则没有撮唇的动作，相反，发音时双唇不圆，且向两边略微展开。

【课堂训练】
别—学　劫—虐　撇—缺　聂—略　跌—月　瞥—觉　捏—穴　贴—确
列—粤　鳖—绝　灭—雀　碟—薛　掘—阙　雪—决　蔑—烈　迭—铁
孽—疟　猎—瘪　页—月　节—倔　歇—靴　写—血　约—椰　撵—掠
妾—鹊　劣—涅　谢—阙

大写—大雪　每月—每页　掠食—劣势　学会—协会　绝境—捷径
血液—歇业　约好—也好　确实—切实　雪景—写景　月色—夜色
决裂—节烈　斜街—学界

新月不是新夜，新叶不是欣悦。月光光照地堂，夜茫茫回家乡，夜回越南真困难。

三、iao、iou 辨正

这两个韵母的区别在于韵腹 a、o 发音时的情况不一样。发 a 的时候，嘴巴张开的幅度比 o 要大，也就是说发 iao 时，整个舌头和唇形的动作都比 iou 要大；否则两者就容易混淆在一起，如将"优秀"说成"妖校"，"姚明"说成"游明"，"妙计"说成"谬计"，"游戏"说成"姚系"等。

【课堂训练】

流—聊　标—有　求—彪　飘—又　跳—柳　瓢—酒　秒—纠　就—妙
庙—谬　裘—侨　友—咬　笑—秀　油—遥　舅—叫　叼—丢　秀—吊
悠—雕　刁—留　潇—修　纽—鸟　六—廖　窈—救　眺—遥　迢—久
萧—休　药—右　胶—究　脚—九　辽—硫　尿—拗　游—姚　遛—料
鸠—浇　丘—瞧　桥—求　球—敲　敲—鳅　优—妖　嗅—校　幼—要
姚—犹　燎—浏　邮—瑶　佑—诱　嘹—榴

旧友—教友　消息—休息　料理—六里　诱骗—药片　又来—要来
铁桥—铁球　悠久—药酒　出游—出窑　咬人—有人　游动—摇动
瞧见—求见　生效—生锈　右眼—耀眼　秀丽—效力　交出—揪出
谣言—油盐　酒楼—角楼　修路—销路

老姥姥问姥姥，姥姥老问老姥姥。小娇娇老吃饺饺，娇娇老吃小饺饺。
一葫芦酒，九斤六，一葫芦油，六斤九，六斤九的油，要换九斤六的酒，九斤六的酒，不换六斤九的油。

四、an、ang 辨正

在南方方言中，这两个韵母经常是混淆不分的。或者将 an 发成 ang，或者将 ang 发成 an。比如把"安全"说成"盎全"，"船上"说成"床上"，"忙活"说成"慢活"等。辨析的关键在于发音时舌头的运动方向不一样。发 an 时，舌头要向前运动，有点儿要伸出去的意思，舌面前部抬起，与硬腭前端或上齿龈接触；发 ang 时，舌头要向后运动，有点儿要咽到肚子里的意思，舌根抬起，与软腭接触。

【课堂训练】

办—帮　板—榜　班—棒　扮—绑　版—邦　半—磅　盘—旁　盼—胖

攀—忙　磐—莽　慢—茫　满—盲　蛮—芒　漫—蟒　曼—氓　饭—方
范—放　烦—房　翻—防　反—访　帆—纺　但—当　胆—裆　难—囊
蓝—郎　干—刚　看—康　汗—航　簪—脏　残—苍　三—嗓　然—让
站—张　禅—昌　山—上　产—唱　蛋—档　谈—糖　南—镶　伞—桑
阑—狼　珊—尚　砍—扛　肝—岗　占—章

泛滥—放浪　航天—寒天　翻番—芳芳　浪漫—烂漫　饭碗—放万
担当—烫伤　返航—饭堂　安康—安放　班长—半响　站岗—肝脏
上班—放慢　当然—方山

张康当董事长，詹丹当厂长，张康帮助詹丹，詹丹帮助张康。

五、en、eng 辨正

有些方言地区的人容易把"奔驰"说成"绷驰"，"棚子"说成"盆子"，"嫩芽"说成"楞芽"，"更生"说成"根生"，"肯定"说成"坑定"，"粉丝"说成"讽丝"等。这是韵母 en、eng 不分造成的。en、eng 的辨析方法基本上和 an、ang 的相同。重点在于加强训练。

【课堂训练】

恩—哼　盆—碰　们—梦　分—封　阵—疼　嫩—能　渗—讽　跟—更
很—横　肯—坑　人—仍　岑—层　森—僧　真—正　陈—成　神—圣
粉—冯　笨—崩　喷—彭　份—疯　门—猛　芬—风　闷—萌　纷—凤
奔—蹦　邓—腾　痕—愣　根—耿　啃—铿　狠—衡　仞—扔　珍—整
晨—城　灯—藤　捧—蒙　朋—盟

朋友　盟友　真诚　文风　本能　纷争　深层　奔腾　门缝　人生　神圣
真正　成本　风尘　成分　缝纫　能人　登门　胜任　承认　城镇　证人
人称　诚恳

姓陈的不能说成姓程，姓程也不能说成姓陈，耳东是陈，禾呈是程，陈晨不是程成，不要认错人。

六、in、ing 辨正

in、ing 的辨析方法基本上和 an、ang 的相同。特别要注意的是两者发音时，舌头的移动是很小的，不明显。发 in 时舌头保持向前的状态不变，不能向后移动，甚至连向后动的意思或感觉都不能有。而发 ing 时，舌面前端抬起来，略微向后移动，但舌位没有降低，保持在原来的高位上。这是发好 ing 的关键，也是两个韵母的区别点。一定要细细品味并掌握好。

【课堂训练】

音—影 斌—并 频—平 民—名 您—宁 贫—听 林—玲 进—京
亲—情 新—型 龈—影 彬—冰 品—评 闽—明 金—京 秦—请
心—行 因—硬 鬓—病 拼—萍 敏—命 佞—陵 近—静 琴—情
信—性 银—应 宾—兵 聘—凭 皿—鸣 尽—经 勤—青 欣—星

心境—行径 人民—人名 金银—经营 亲生—轻声 新星—行星
亲信—庆幸 频繁—平凡 清静—亲近 信服—幸福 平行—平心
尽兴—静心 禁止—静止

同姓不能念成通信，通信也不能念成同姓，同姓可以通信，通信可不一定同姓。

七、uan、uang 辨正

这两个韵母出现混淆的原因和 an、ang 基本上是一样的。比如把"完成"说成"王成"，"管理"说成"广理"，"太宽"说成"太筐"等。辨析方法基本上和 an、ang 的相同。

不仅 uan、uang 容易混淆，它们和 an、ang 也经常混淆。例如，"暖气"说成"南气"，"兰花"说成"峦花"，"钢铁"说成"光铁"，"专家"说成"庄家"等。其中关键就是发音时将韵头 u 给丢掉了。因此，辨析时要注意加上 u，可以先用声母与韵头相拼，然后再和剩下的韵母相拼，也可以先进行韵母的拼读，然后再和声母进行拼读。要通过对比练习掌握它们之间的区别。

【课堂训练】

玩—王 完—网 万—望 晚—往 挽—忘 婉—亡 碗—汪 湾—旺
弯—枉 丸—妄 顽—冈 段—桩 断—疮 暖—霜 乱—妆 端—孀
锻—筐 銮—璜 管—光 关—广 观—逛 官—胱 馆—圹 款—狂
宽—矿 换—框 欢—邝 缓—况 环—黄 宦—荒 幻—慌 患—皇
唤—晃 浣—谎 桓—凰 软—簧 钻—窜 转—装 专—庄 砖—撞

篆—状　穿—床　船—窗　川—创　串—闯　闩—双　拴—爽　缎—眶
孪—壮

观光　光环　灌装　宽广　慌乱　壮观　王冠　端庄　双关　官网　狂欢
光转　装船　矿床　船棺　乱矿　闯关　万贯　万望　观望　晚装

按—万　男—暖　昂—王　乱—烂　站—转　场—闯　航—黄　关—甘
汗—换　刊—宽　散—算　灿—窜　章—装　产—喘　商—双　染—软
刚—光　炕—况

安王　感官　暗黄　断案　帮换　看管　航湾　弹丸　当晚　岗峦　忙乱
散装　半段　判断　膀胱　弹簧　难关　拦网　难忘　感光　汉皇　看暖
黄安　狂喊

床身长，船身长，床身船身不一样长。

八、ian、iang 辨正

这两个韵母出现混淆的原因和 an、ang 基本上是一样的。比如把"首先"说成"首乡"，"有钱"说成"有墙"，"大连"说成"大凉"，"罢免"说成"bàmiǎng"等。辨析方法基本上和 an、ang 相同。

不仅 ian、iang 容易混淆，它们和 an、ang 也经常混淆，特别是和韵母 n、l 相拼的时候更容易出错。例如，将"新郎"说成"新良"，"大娘"说成"大囊"，"莲花"说成"兰花"。除了声母的原因外，其中关键一点就是发音时将韵头 i 给丢掉了。因此，辨析时要注意加上 i，可以先进行韵母的拼读，然后再和声母进行拼读，也可以先用声母与韵头相拼，然后再和剩下的韵母相拼，特别是要通过对比练习掌握它们之间的区别。

【课堂训练】

咽—央　言—杨　燕—样　艳—漾　眼—养　烟—殃　颜—杨　演—痒
妍—恙　严—阳　岩—羊　年—娘　念—酿　粘—酿　连—良　练—亮
脸—两　莲—凉　帘—粮　恋—辆　见—酱　件—降　剑—匠　建—绛
减—蒋　剪—讲　坚—江　奸—姜　兼—僵　尖—疆　煎—浆　前—枪
钱—墙　千—腔　欠—呛　签—羌　浅—抢　潜—墙　先—香　线—向
县—相　闲—祥　仙—乡　显—想　咸—翔　贤—详　限—象　宪—项

冼—响

艳阳	咽炎	渐渐	检验	牵强	前线	先前	健将	变片	变迁	先变
前边	姜片	奖项	乡贤	边线	练剑	年前	现年	强健	江边	相片
演变	演讲	眼前	连线	将相	边疆	强将	想象	免检	凉面	抢粮
扬言	烟枪									

燕子—样子　鲜花—香花　大连—大良　简历—奖励　实验—式样
坚硬—僵硬　发言—发扬　抢险—浅显　消闲—潇湘　老年—老狼
练好—晾好　眼光—仰光

【课后训练】

1. 读绕口令。

üe—ie：打南边来了个瘸子，手里端着个碟子，碟子里盛着茄子。地上有个橛子，橛子绊倒了瘸子，打碎了碟子又撒了茄子。

an—ang：建安诗人命不长，健康诗人写诗忙。班长脸上长斑，去斑之后不难看。

zh—ch—sh—r；en：小陈去卖针，小沈去卖盆。俩人挑着担，一起出了门。小陈喊卖针，小沈喊卖盆。也不知是谁卖针，也不知是谁卖盆。

an—uan：大帆船，小帆船，竖起桅杆撑起船。风吹帆，帆引船，帆船顺风转海湾。

en—uen：孙伦打靶真叫准，半蹲射击特别神，本是半路出家人，摸爬滚打练成神。

en—eng：真冷真冷，真正冷。冷冰冰，冰冰冷，人人都说冷。猛地一阵风，全身更加冷。

ian—iang；uan—uang：那边划来一艘船，这边漂去一张床，船床河中互相撞，不知船撞床，还是床撞船。

ün：军车运来一堆裙，一色军用绿色裙。军训女生一大群，换下花裙换绿裙。

iong：小涌勇敢学游泳，勇敢游泳是英雄。

uang：王庄卖筐，匡庄卖网，王庄卖筐不卖网，匡庄卖网不卖筐。你要买筐别去匡庄去王庄，你要买网别去王庄去匡庄。

d—t；ang—eng—ong—ing—an—en：东洞庭，西洞庭，洞庭山上一根藤，藤条顶上挂铜铃。风吹藤动铜铃响，风停藤定铜铃静。

ch—c—s；ong：冲冲栽了十畦葱，松松栽了十棵松。冲冲说栽松不如栽葱，松松说栽葱不如栽松。是栽松不如栽葱，还是栽葱不如栽松？

in—ing：小芹手脚灵，轻手擒蜻蜓。小青人精明，天天学钢琴。擒蜻蜓，趁天晴，小芹晴天擒住大蜻蜓。学钢琴，趁年轻，小青精益求精练本领。你想学小青，还是学小芹？

en—eng—ing—ang：车上放着一个盆，盆里放着一个瓶。乒乒乒，乓乓乓，瓶碰盆，盆碰瓶，不知是盆碰坏了瓶，还是瓶碰坏了盆。

un—ong：会炖我的炖冻豆腐，来炖我的炖冻豆腐；不会炖我的炖冻豆腐，别胡炖乱炖，炖坏了我的炖冻豆腐。

2. 读诗词。

月落乌啼霜满天，江枫渔火对愁眠。姑苏城外寒山寺，夜半钟声到客船。

日照香炉生紫烟，遥看瀑布挂前川。飞流直下三千尺，疑是银河落九天。

横看成岭侧成峰，远近高低各不同。不识庐山真面目，只缘身在此山中。

飒飒西风满院栽，蕊寒香冷蝶难来。他年我若为青帝，报与桃花一处开。

第七节 声调

【练一练·绕口令】

山上五棵树，架上五壶醋，林中五只鹿，箱里五条裤。伐了山上树，搬下架上的醋，射死林中的鹿，取出箱中的裤。

在普通话水平测试当中，声调是一个非常重要的内容，声调读错了是要扣分的。我们知道，声调有辨别词义的作用，因此，声调出了问题，词义也就变了。比如"an"，读成第一声时是"安"之意，读成第四声时就是"案"的意思。两者差之千里。

普通话的声调只有4个（也有一种观点认为轻声是声调，只是比较特殊而已，这样普通话就有5个声调），而大部分方言的声调都比普通话多。如粤方言有9个，客家方言有6个，潮州闽方言有8个。这些方言的声调和普通话有着很大的差别，学习和辨别起来并不是很容易，需要下一番工夫。

普通话声调的训练主要依靠音节声调的对比来掌握，因为方言声调的影响在于两个方面：一是将声调读错，比如将第一声的字读成其他声的字；二是将调值读错，比如将同是阴平调的55读成了44。这些问题的解决要靠双音节词语进行声调训练。下面就普通话声调的训练作一些具体讲解。

一、第一声的训练

方言中存在的问题主要是调值不够高，也就是不到位，没有达到55。解决的方法是用一个第二声的字在前，一个第一声的字在后，组成一个双音节词语，例如：阳江。然后细细体会读完"阳"的时候声带绷紧的感觉，保持这种绷紧的感觉不变，继续发音读"江"。

【课堂训练】

阳江　阳东　行星　明天　白衣　时光　时间　前天　随听　回音　童星
黄花　黄昏　爬山　图钉　航空　排班　房间　兰花　莲花　民兵　竹筐
狂欢　晴天　存书　笛音　实施　良心　煤灰　毛巾　情歌　峡山　船商
明灯　侨乡　茶筐

训练完上面的词语之后，接着训练下面的单字，看看掌握的情况如何，也可以读一个上面的词语之后对应地读一个下面的单字。如：阳江—江。这样做的目的在于体会第一声的调值。

江　东　星　天　衣　光　间　天　听　音　星　花　昏　山　钉　空
班　间　花　花　兵　筐　欢　天　书　音　施　心　灰　巾　歌　山
商　灯　乡　筐

二、第二声的训练

在方言中存在的问题主要有两个：一是声调上升得不够高，没有达到普通话阳平调值35的5；二是发音时起点偏高，超过了35的3。克服的方法是用去声字加阳平字组成一个双音节词语进行训练，例如：报仇。体会去声"报"发音结束时声带松弛的感觉，在这种松弛状态下接着发阳平音节"仇"。

【课堂训练】

去年　赛船　辨明　菜田　断文　不觉　汽船　爱情　要钱　上房　事前
不凉　大名　去除　对联　化疗　信服　后人　最常　慢行　在前　富国
地勤　念白　论文　便条　面前　后唐　画格　混合　晒图　继承　钓鱼
会谈　俊才　放平

训练完上面的词语之后，接着训练下面的单字，也可以读一个上面的词语之后对应地读一个下面的单字。如：去年—年。

年　船　明　田　文　觉　船　情　钱　房　前　凉　名　除　联　疗
服　人　常　行　前　国　勤　白　文　条　前　唐　格　合　图　承
鱼　谈　才　平

三、第三声的训练

普通话第三声的调值是 214。在方言中，第三声的发音最大的问题是调值降不下去，没有降到 1 就开始上升了。在听觉上给人的感觉就是有点儿像阳平，或者是介于阳平和上声之间，两者都不准。纠正的方法是在上声字前面加上一个去声字，组成一个词语进行练习。例如：暴雨。体会读完"暴"时声音从高到低的走向和声带松弛的感觉，紧接着发上声音节"雨"。

【课堂训练】

圈养　禁止　上品　大使　圣母　入股　句点　跳舞　臭脚　大雨　利齿
地里　带领　制法　怕死　色纸　臂膀　敬请　后悔　药粉　最少　教导
电脑　近景　具有　涉险　盗取　替补　叫喊　摄取　舰艇　劲舞　占有
地址　汽水　露脸

训练完上面的词语之后，接着训练下面的单字，也可以读一个上面的词语之后对应地读一个下面的单字。如：圈养—养。

养　止　品　使　母　股　点　舞　脚　雨　齿　里　领　法　死　纸
膀　请　悔　粉　少　导　脑　景　有　险　取　补　喊　取　艇　舞
有　址　水　脸

四、第四声的训练

有些方言地区的人发第四声时常见的问题是起点不够高，不是从最高的 5 开始的。我们知道，普通话第四声的调值是 51，是个全降调，即从最高的 5 开始，到最低的 1 结束。因此，起点不够的话，声音听起来会短促偏低，不自然。纠正的方法可以用阴平加去声组成一个词语来进行训练，体会阴平的字发音结束时声带紧张和高位的感觉，然后保持这种状态继续发下面的去声字。如：歌唱—唱。

【课堂训练】

公社 平放 三月 私事 开幕 欢笑 侵犯 疏密 消去 春季 观念
黑暗 书册 屋外 桑叶 输送 夸赞 姑丈 封住 新政 疆域 发誓
声线 音乐 闺怨 山寺 欣悦 侦探 桌面 昌盛 听话 吃素 惊艳
开化 黑玉 粗线

训练完上面的词语之后，接着训练下面的单字，也可以读一个上面的词语之后对应地读一个下面的单字。如：公社—社。

社 放 月 事 幕 笑 犯 密 去 季 念 暗 册 外 叶 送
赞 丈 住 政 域 誓 线 乐 怨 寺 悦 探 面 盛 话 素
艳 化 玉 线

普通话声调的训练不仅要按四声分开练习，更重要的是综合运用，接下来进行综合性的训练。

伟大国家 柳绿花红 山重水复 柳暗花明 美丽河山 光明磊落
国强民富 中流砥柱 风调雨顺 非常起落 阴阳上去 人心友善
赴汤蹈火 精神百倍

【课后训练】

1. 读字词。

八 爬 马 卡 辣 青 亏 瓦 法 不 光 非 胡 家 扣 社
靠 牛 破 多 托 尺 使 至 白 美 类 耐 个 酒 我 二
恩 昂 精 庆

参加 百度 歌手 窥探 听觉 回去 实在 测定 色法 留给 水电
反复 核定 啤酒 秋天 舞蹈 氧化 携带 辣椒 不会 预防 异常
磨合 染红

成千上万 一筹莫展 男女平等 按劳分配 识字课本 胜利开幕
判断正确 江河奔流 极其认真 一分不少 依法办事 热情服务
英雄豪杰 欣喜若狂

2．读绕口令。

京剧叫京剧，警句叫警句。京剧不能叫警句，警句不能叫京剧。

路东住着刘小柳，路南住着牛小妞。刘小柳拿着大皮球，牛小妞拿着大石榴。刘小柳把皮球送给牛小妞，牛小妞把石榴送给刘小柳。

磨房磨墨，墨抹磨房一磨墨。小猫摸煤，煤飞小猫一毛煤。

老师老是叫老史去捞石，老史老是没有去捞石。老史老是骗老师，老师老是说老史不老实。

你说一，我对一。一个阿姨搬桌椅，一个小孩不注意，绊一个跟斗，啃一嘴泥。

3．读诗词。

大江东去，浪淘尽，千古风流人物。故垒西边，人道是、三国周郎赤壁。乱石穿空，惊涛拍岸，卷起千堆雪。江山如画，一时多少豪杰。　　遥想公瑾当年，小乔初嫁了。雄姿英发，羽扇纶巾，谈笑间、樯橹灰飞烟灭。故国神游，多情应笑我，早生华发。人生如梦，一樽还酹江月。

上耶！我欲与君相知，长命无绝衰。山无陵，江水为竭，冬雷阵阵，夏雨雪，天地合，乃敢与君绝。

春眠不觉晓，处处闻啼鸟。夜来风雨声，花落知多少。

天街小雨润如酥，草色遥看近却无。最是一年春好处，绝胜烟柳满皇都。

第二章　多音节词语训练

　　普通话水平测试的第二项为读多音节词语，共 100 个音节，包含双音节、三音节、四音节，其中以双音节居多。这一项可看做是由第一项的静态语音系统向第三、第四项的动态语音系统的过渡，语音到了这个层面是半动态的，所以，本项除了继续测查声母、韵母和声调的标准程度外，还新增了对于出现连续语流而带来的音变问题的测查，重点测查应试者对于词语的朗读能力。

　　我们先来解决音变问题，并在此基础上学习怎样读好词语。

　　把音节组成一连串自然的"语流"连续发出时，音节之间、音素之间、声调之间相互影响，就会产生语音变化，这就是音变，也称语流音变，语流音变是语言自如、流畅的基础。普通话语音中常见的音变现象有轻声、变调、儿化、语气词"啊"的音变等。

　　虽然普通话水平测试第二项暂时没有测查语气词"啊"的音变，但是朗读、说话两项中避无可避，我们在此处先一并讲解，以免知识点过于分散。

第一节　轻声

【练一练·绕口令】

屋子里有箱子，箱子里有匣子，

匣子里有盒子，盒子里有镯子；

镯子外面有盒子，盒子外面有匣子，

匣子外面有箱子，箱子外面有屋子。

　　普通话音节都有一个固定的声调，可是某些音节在词和句子中失去了它原有的声调，读成一种又轻又短的调子，这就是轻声。如：招呼、桌子。轻声的特点是发音时语音由强到弱、由长到短。一般来说，新出现的词、学科术语等没有轻声音节，有轻声音节的是口语中的常用词。

　　轻声对某些词或短语有区别词义的作用。例如：

兄弟 xiōngdi（指弟弟）　　　　　　　兄弟 xiōngdì（指哥哥和弟弟）

地道 dìdao（真正的，纯粹）　　　　地道 dìdào（在地面下掘成的交通坑道）

东西 dōngxi（泛指各种具体的或抽象的事物）

东西 dōngxī（方位词，东边和西边）

大意 dàyi（疏忽）　　　　　　大意 dàyì（主要的意思）

拉手 lāshou（家具上便于用手开关的物件）

拉手 lāshǒu（握手）

轻声对某些词有区别词义和词性的作用。例如：

对头 duìtou（仇敌、对手，名词）

对头 duìtóu（正确、合适，形容词）

利害 lìhai（同"厉害"，形容词）

利害 lìhài（利益和损害，名词）

这部分轻声词约有 50 个，占轻声词总数的 10%。

另外，还有一部分双音节词的第二个音节习惯上都读轻声，并没有区别词义或词性的作用。例如：

扁担　　巴结　　粮食　　骆驼　　石榴　　商量　　窗户　　阔气

明白　　柴火　　包袱　　萝卜　　葡萄　　耳朵　　爷爷　　多么

云彩　　风筝　　亮堂　　行李　　蘑菇　　护士　　胳膊　　稀罕

在普通话中，下列一些成分都应读成轻声。

（1）"吧、吗、呢、啊"等语气词。例如：

走吧　　去吗　　怎么呢　　不行啊

（2）助词"的、地、得、着、了、过"。例如：

我的　　兴奋地　　好得很　　说着　　跑了　　做过

（3）名词的后缀，主要有"子、头、巴、么、们"等。例如：

桌子　帘子　石头　泥巴　结巴　要么　什么　多么　咱们

特别要注意的是，词根"子、头"不能读轻声。例如：

瓜子　弟子　天子　王子　鱼头　窝窝头

这些词中的"子、头"都是实语素，不能读轻声。

（4）量词"个"。例如：

三个　　一个人　　一百个

（5）方位词，原调、轻声两可，但轻声语感更好。例如：

家里　　墙上　　地下　　外边

（6）趋向动词，原调、轻声两可，但轻声语感更好。例如：

回来　　干起来　　走出去　　收下

（7）某些重叠形式的名词和重叠动词的末一个音节。例如：

妈妈　叔叔　奶奶　姐姐　星星　狒狒　看看　谢谢　想想

（8）有些词语中的"得""不""一"。例如：

看得起　　差不多　　笑一笑

在普通话水平测试第二项中，轻声词语的出现不少于三个，有的达到了五个，而且轻声不像儿化那样有形态上的标记，所以平时的归纳熟悉很重要，只有这样，在考试准备阶段，我们才不至于手忙脚乱地几乎每个词都去翻查是否为轻声词语。

对于轻声词语，要掌握以下几个要点：

（1）把轻声词读成非轻声词，或把非轻声词读成轻声词，都是语音错误。

（2）轻声音节"轻""短"的程度不够，属语音缺陷。

（3）记住必读轻声词表，查阅工具书。

（4）分辨常用的有区别词义和区分词性作用的轻声词语。如："兄弟、自然、丈夫、大意、利害、地道"等。这种词语一般有两种读法，读轻声与不读轻声意义或词性会截然不同。在考试时，根据要求选择其中一种读音即可。

【课堂训练】

1. 轻声词语训练。

他们	坐着	好吧	休息	使唤	好处	体面	舒服	学生	儿子
馒头	老实	扑腾	亲家	脾气	严实	故事	相声	稳当	三个
凑合	骆驼	闺女	软和	姑父	袋子	报酬	勤快	苗条	名堂

2. 对比辨音训练。

（1）含有一个相同语素的轻声词和非轻声词对比辨音训练。

热乎—热烈	傻子—傻气	首饰—首都	舒坦—舒心
算计—算术	得罪—得到	凉快—凉爽	讲究—研究
快活—快乐	困难—困苦	枕头—枕巾	招呼—招手

（2）含有两个相同语素的轻声词和非轻声词对比辨音训练。

摆设—摆设	对头—对头	废物—废物	合计—合计
精神—精神	开通—开通	人家—人家	眉目—眉目
地道—地道	地方—地方	丈夫—丈夫	地下—地下

【课后训练】

1. 读准并积累下列轻声词语。

麻利　福气　数落　婶婶　猩猩　柴火　风筝　困难　骆驼　先生
马虎　口袋　耳朵　裤子　拳头　嘴巴　名字　别扭　学生　提防
知识　蘑菇　客气　明白　暖和　动弹　衣服　称呼　事情　麻烦

2. 读下面的故事《乌鸦和狐狸》，注意其中的轻声词语。

乌鸦好不容易捡到一块肥肉，叼着它落在一棵大树上，想美美地饱餐一顿。恰好被一只饥饿的狐狸看见了，狐狸很想吃到那块肉，就站在树下奉承起乌鸦来了："哟，乌鸦先生，听说最近哪，要选鸟王了，像您这样好的条件，难道不去参加竞选吗？"乌鸦听了很关心地睁大眼睛看着狐狸，然后摇了摇头。

狐狸接着说："您哪，当选鸟王最有资格了，第一呢，是身材好，长得潇洒英俊；第二啊，是飞得又高又快，勇猛无敌；第三是嗓音圆润动听，谁听谁爱呀！前两条呢，大家是公认的，只是这后面一条，还有的人不怎么相信呢！"

乌鸦听得正高兴，一听到有人怀疑他的嗓子不好，心里可着急了，为了证明自己的嗓音美妙，他就"呱"的一声唱起来了，乌鸦的嘴刚张开，那块肥肉就从嘴里掉了下来，狐狸张口就接上了。狐狸一边香滋滋地吃着，一边奚落着乌鸦："老鸦，你的嗓子可真是不错，如果你的脑子够用的话，那你就一定能当鸟王了！"

3. 读《荷塘月色》片段，体会文中轻声词语运用的妙处。

路上只我一个人，背着手踱着。这一片天地好像是我的；我也像超出了平常的自己，到了另一世界里。我爱热闹，也爱清静；爱群居，也爱独处。像今晚上，一个人在这苍茫的月下，什么都可以想，什么都可以不想，便觉是个自由的人。白天里一定要做的事，一定要说的话，现在都可不理。这是独处的妙处，我且受用这无边的荷香月色好了。

曲曲折折的荷塘上面，弥望的是田田的叶子。叶子出水很高，像亭亭的舞女的裙。层层的叶子中间，零星地点缀着些白花，有袅娜地开着的，有羞涩地打着朵儿的；正如一粒粒的明珠，又如碧天里的星星，又如刚出浴的美人。微风过处，送来缕缕清香，仿佛远处高楼上渺茫的歌声似的。这时候叶子与花也有一丝的颤动，像闪电般，霎时传过荷塘的那边去了。叶子本是肩并肩密密地挨着，这便宛然有了一道凝碧的波痕。叶子底下是脉脉的流水，遮住了，不能见一些颜色；而叶子却更见风致了。

第二节 儿化

【练一练·绕口令】

妹妹要蛐蛐儿，哥哥捉蛐蛐儿；

妹妹要蝈蝈儿，哥哥捉蝈蝈儿；

哥哥带妹妹，妹妹爱哥哥。

儿化现象在广东地区的方言中都没有出现，所以，广东人在说普通话时不习惯读儿化音，读得也不太准确。常犯的毛病是：

（1）"儿"和前面的音节脱开，成为两个音节，如把"花儿"读成"花—儿"。

（2）"儿"没有化在前面的音节上，即发音时韵母的卷舌色彩不够明显或发音生硬。

（3）把"er"读成"a"或"e"音，带有明显的方音。

要发好普通话儿化韵，最关键的一点是要在发韵腹元音的同时把舌头卷起来，也可以说是卷着舌头来发韵腹元音，不能把发韵腹元音和卷舌变成一前一后两个动作。

一、儿化的发音

儿化发音的基本规则，取决于韵母的末尾音素是否便于卷舌。

（1）便于卷舌，是指韵母的末尾音素是舌位较低或较后的元音（a、o、e、ê、u）。儿化时原韵母不变，直接卷舌。如，花儿 huār、兔儿 tùr。

（2）不便于卷舌，是指韵母的末尾音素是前、高元音（i、ü），舌尖元音（-i），或鼻韵尾（n、ng），末尾音素的舌位与卷舌动作发生冲突。

不便于卷舌的儿化韵，其发音要领分别是：

（1）丢掉韵尾 i、n、ng，主要元音卷舌，如：ai→ar 小孩儿，en→er 份儿饭；后鼻韵母丢掉韵尾 ng 后，主要元音同时鼻化，如，iang→iãr 娘儿俩，eng→ẽr 板凳儿。字母上的"～"表示元音鼻化。

（2）主要元音是 i、ü（如 i、ü、in、ün、ing）的，加 er。如 i→ier 玩意儿，in→ier 皮筋儿，ü→üer 闺女儿，ün→üer 短裙儿，ing→iêr 电影儿。

（3）舌尖元音－i（前、后）换成 er，如 ci→cer 没词儿，shi→sher 有事儿。

二、儿化的作用

（1）儿化在有些词里有确定词性的作用。例如：

画（动词）—画儿（名词）　　　　盖（动词）—盖儿（名词）

活（形容词）—活儿（名词）　　　尖（形容词）—尖儿（名词）

零碎（形容词）—零碎儿（名词）

（2）儿化对有些词有区别词义的作用。例如：

头（指脑袋）—头儿（指领头的人）

信（指信件）—信儿（指信息）

眼（眼睛）—眼儿（小孔）

火星（一种行星）—火星儿（极小的火）

（3）儿化对有些同音词有区分词义的作用。例如：

拉链儿（拉锁）—拉练（行军、野营、锻炼）

开火儿（打仗）—开伙（办伙食，供应伙食）

（4）儿化后，有的词表示细小、轻微的意思。例如：

小刀儿　　药丸儿　　一点儿　　树枝儿　　木棍儿　　纸条儿

（5）还有的词表示说话人喜爱、亲切的感情。例如：

小孩儿　　老头儿　　小脸蛋儿　　鲜花儿　　油画儿　　山歌儿

您慢慢儿走。

说说贴心的话儿。

有工夫来玩儿！

儿化韵都是在韵母后加卷舌动作，儿化词的词尾都带一个"儿"字，有外在的形态标志，不用花时间去记忆，关键是要会读。

普通话水平测试第二项中的儿化韵不少于四次，对南方人来说，读这些儿化韵的难度是不一样的，比如"白醭儿、爆肚儿"就比"有点儿、墨水儿"难得多。应试人不必平均用力，要把主要精力放在难读的词上，多听录音，根据儿化音变的规律进行有针对性的发音练习。

【课堂训练】

根据发音提示，读准以下儿化词：

（1）a、o、e、u、ê：直接卷舌。

a：掉价儿　　在哪儿　　找茬儿　　号码儿

o：被窝儿　　大伙儿　　小说儿　　邮戳儿

e：挨个儿　饭盒儿　在这儿　逗乐儿

u：没谱儿　老头儿　棉球儿　泪珠儿

ê：旦角儿　主角儿

（2）i、ü：加 e，卷舌。

i：肚脐儿　垫底儿　针鼻儿

ü：小曲儿　毛驴儿　金鱼儿

（3）丢尾，卷舌。

ai、ei、-ui：名牌儿　鞋带儿　刀背儿　跑腿儿

an：快板儿　脸盘儿　蒜瓣儿　收摊儿

ian：坎肩儿　扇面儿　心眼儿　一点儿

uan、üan：大腕儿　转弯儿　手绢儿　绕远儿

en、uen：哥们儿　纳闷儿　没准儿　冰棍儿

in、ün：送信儿　合群儿　连衣裙儿

（4）zi、zhi：改 e，卷舌。

石子儿　瓜子儿　树枝儿　记事儿

（5）-ng：丢尾，鼻化，卷舌。

钢镚儿　胡同儿　花瓶儿　小葱儿　小瓮儿

【课后训练】

1. 词语练习。

牙刷儿　被窝儿　门洞儿　酒盅儿　小瓮儿　红包儿　逗乐儿　灯泡儿
大褂儿　挨个儿　半道儿　做活儿　开窍儿　抓阄儿　大腕儿　蜜枣儿
线轴儿　纳闷儿　手绢儿　送信儿　坎肩儿　胡同儿　人影儿　脸盆儿
砂轮儿

2. 顺口溜练习。

有个小孩儿叫小燕儿，买了一个小饭碗儿。小饭碗儿，真好玩儿，红花儿
绿叶儿镶金边儿，中间儿还有个小红点儿。

第三节　变调

【练一练·绕口令】

富家村里有个五农户互助组，

组长富老五领导互助组不含糊，

富户助胡户，吴户助邬户，
胡户助吴户，邬户助虎户，
虎户助富户，户户都成余粮户。

由于邻近音节声调的影响，有些音节的声调往往要发生变化，这种现象叫变调。在"多音节词语"中考查的变调包括上声的变调、"一"与"不"的变调。

在普通话水平测试第二项中，该变调的地方一定要变调，否则按错误处理。变调是在语流中很自然地出现的，即使我们以前并没有从理论层面了解这一语言现象，但在发音实践中或多或少都遵从了变调的规则，因此对此考点不必平均用力，在全面了解了变调规律的基础上，专攻自己的"短板"即可。

一、上声的变调

测试纲要中有明确规定：上声与上声相连的词语不少于三个，上声与非上声相连的词语不少于四个。

（1）上声在非上声（阴平、阳平、去声）前面变成半上，即由214变为211。例如：

在阴平前：小说　　首先　　指挥　　紧张　　普通　　主观　　本身
在阳平前：几何　　语言　　总结　　委员　　旅行　　可能　　以前
在去声前：感动　　请假　　美术　　马上　　表示　　美丽　　主动

（2）两个上声相连，前一个上声变成阳平，调值变为35。例如：

了解　　处理　　广场　　所以　　粉笔　　管理
勇敢　　水果　　洗澡　　手指　　厂长　　影响

（3）三个上声相连，根据词语联系的紧密程度来确定其变调，有以下两种情况：

①词语结构是"双单格（××／×）"时变读为"35＋35＋214"。例如：
展览馆　　洗脸水　　虎骨酒　　管理组
②词语结构是"单双格（×／××）"时变读为"211＋35＋214"。例如：
好领导　　厂党委　　柳组长　　纸老虎

（4）三个以上的上声音节相连，则按词或语气先划分为若干部分，再按上述规律变调。例如：

永远友好 yǒngyuǎn yǒuhǎo→yóngyuǎn yóuhǎo
岂有此理 qǐyǒucǐlǐ→qíyóucílǐ
我／很／了解／你　　给／你／两碗／炒米粉
展览馆／里／有／好／几百种／展览品

【课堂训练】

1. 读下面的词语。

（1）上声与非上声相连词语训练：

火车　剪刀　子孙　首都　北京　始终　普通　老师　小说　展开
祖国　海洋　语言　旅行　改良　古文　拱门　赶忙　厂房　美德
感谢　岗哨　翡翠　晚饭　朗诵　准确　解放　法定　景色　海外

（2）上声与上声相连词语训练：

双音节词语：粉笔　稿纸　古典　水果　讲解　鼓掌　稳妥　饱满

三音节词语：

双单格：演讲稿　打靶场　水彩笔　洗脸水　展览馆　勇敢者　草稿纸

单双格：好总理　老古董　小两口　冷处理　买礼品　党小组　纸老虎

2. 朗读诗歌，注意下划线词语的变调。

也许我们的心事
总是没有读者
也许路开始已错
结果还是错
也许我们点起一个个灯笼
又被大风一个个吹灭
也许燃尽生命烛照别人
身边却没有取暖之火
也许泪水流尽
土地更加肥沃
也许我们歌唱太阳
也被太阳歌唱着
也许肩上越是沉重
信念越是巍峨
也许为一切苦难疾呼
对个人的不幸只好沉默
由于不可抗拒的召唤
我们没有其他选择

——舒婷《也许》

二、"一、不"的变调

（一）"一"的变调

单念或在词句末尾时念原调（阴平）。如：

不管三七二十一　　全国第一　　一、二、一

在阴平、阳平、上声前面时，变为去声。如：

在阴平前：一般　一边　一天　一生　一瞥　一心　一端　一丝

在阳平前：一头　一直　一行　一时　一连　一齐　一团　一条

在上声前：一统　一手　一体　一起　一览　一早　一举　一己

在去声前面变为阳平。如：

一道　一半　一并　一定　一度　一律　一再　一贯　一切　一致

夹在词语中间读轻声。如：

看一看　　走一走　　说一说　　跳一跳　　读一读　　乐一乐

（二）"不"的变调

单念或在词句末尾时念原调（去声），如"不，我不"。

在阴平、阳平、上声前面也念去声。如：

在阴平前：不安　不单　不支　不堪　不公　不屈　不惜　不消

在阳平前：不成　不曾　不迭　不凡　不符　不及　不才　不然

在上声前：不齿　不逞　不等　不法　不轨　不久　不朽　不许

在去声前面变为阳平。如：

不外　不幸　不论　不愧　不但　不肖　不逊　不屑　不适　不日

夹在词语中间读轻声。如：

好不好　行不行　跑不跑　差不多　睡不着　打不开　醒不了

"一、不"变调规律表

	一	不
单说或在词句末尾	阴平	去声
在阴平、阳平、上声前面	去声	去声
在去声前	阳平	阳平
在词语中间	轻声	轻声

【课堂训练】

1. 按变调规律读准词语。

一两　一辆　一笔　一些　一趟　一次　一旁　一角　一群　一心　一致
一溜儿

不行　不仅　不朽　不许　不准　不是　不公　不易　不测　不愧　不要
不错

拍一拍　跳一跳　想一想　试一试　红不红　冷不冷　成不成　好不好

2. 成语练习。

一唱一和　一石三鸟　一反常态　一箭双雕　一模一样　一窍不通
一颦一笑　一呼百应　一朝一夕　一成不变　一网打尽　一言为定
不即不离　不屈不挠　不三不四　不卑不亢　不伦不类　不偏不倚
不翼而飞　不胫而走　不速之客　不见经传　不寒而栗　不知所措

3. 儿歌练习。

一帆一桨一渔舟，一个渔翁一钓钩。
一俯一仰一场笑，一江明月一江秋。

4. 对话练习。

<h3 style="text-align:center">修　表</h3>

甲：师傅，我这手表出了一点儿毛病，一慢就是一个多小时，请您修一修。

乙：让我看一看。哦，该换一个电池了。

甲：换一个电池得多少钱哪？

乙：七块一毛钱。

甲：能快一点儿吗？我还得赶路。

乙：稍等一会儿就行了。好了，您拿去用吧。有问题再来。

甲：好的，谢谢！

【课后训练】

1. 读准下列人名。看看同学们的名字有没有类似的情况，应该怎样读。

李铁　孔子　蒋伟　冉有　柳颖　许勇　孔乙己　李广美

2. 短文朗读练习。

我得不到答复，不得已只好待在小屋里。不久，他们送来了吃的，也不知道是些什么东西。本不想吃，可肚子不答应，勉强吃了一点儿，不甜不咸，不酸不辣，说不出是什么味儿。这样过了几天，每天不是听海浪的呼啸，就是遥望大海，不仅没人能够交谈，也不敢随便走动。

第四节　语气词"啊"的音变

【练一练·绕口令】

虎哇，豹哇，一块街上跑哇！兔哇，鼠哇，孩子啊，一块上窗台儿啊！

"啊"兼属叹词与语气助词，作叹词时读"a"，而在句末或句中停顿处作语气词时，因受语流中前一字（音节）末尾音素或韵母的影响，往往会发生音变现象。

语气词"啊"的音变规律如下：

（1）前面音素是 a、o（ao、iao 除外）、e、ê、i、ü 时读 ya，汉字写作"呀"。例如：

①快来吃西瓜呀！　　②好多呀！　　　　③原来他是你哥哥呀！
④好大的雪呀！　　　⑤多好的设计呀！　　⑥又在下雨呀！

（2）前面的音素是 u（含 ao、iao，实际是稍紧的 u）时读成 wa，汉字写作"哇"。例如：

①弹得多好哇！　　　②明明的手多巧哇！　③真是一本好书哇！
④不能吃太多油哇！　⑤我们激动的心潮哇！⑥有没有哇？

（3）前面的音素是 n 时读成 na，汉字写作"哪"。例如：

①这才是正品哪！　　②今年是羊年哪。
③小李多认真哪！　　④商场十点钟才开门哪！

（4）前面的音素是 ng 时读成 nga，汉字仍写作"啊"。例如：

①快来一齐唱啊！　　②记得下午劳动啊！
③你别光在那儿哼哼啊！④我真的听不清啊！

（5）前面的音素是 -i（舌尖后元音）、er 时读成 ra，汉字仍写作"啊"。例如：

①你的人生才刚刚开始啊！　　　②这是什么纸啊？

③我才刚满二十二啊！

（6）前面的音素是 -i（舌尖前元音）时读成 za，汉字仍写作"啊"。例如：

①多漂亮的字啊！　　　②你到底在哪家公司啊？

③听说离退休人员要涨工资啊！　　　④今天应该是星期四啊！

"啊"的音变情况归纳表

"啊"前面音节的韵母	"啊"前面音节末尾的音素	"啊"的音变	汉字写法
a ia ua o e ie üe	a o e ê	ya	呀
i ai uai ei uei ü	i ü	ya	呀
u ou iou ao iao	u	wa	哇
an ian uan üan en in uen ün	n	na	哪
ang iang uang eng ing ueng ong iong	ng	nga	啊
-i er	-i（舌尖后音） er	ra	啊
-i	-i（舌尖前音）	za	啊

　　语气词"啊"的音变是一种自然而然的变化，发音时只要把前面的字音读准，归音到位，然后延长，顺势就能把"啊"的音变读出来，切忌刻板地用条条框框去硬套。

【课堂训练】

一、根据注音提示读下列句子。

1. ①这是往哪儿拉（lā）啊（ya）？

　②就等你回家（jiā）啊（ya）！

　③她是你外婆（pó）啊（ya）？

　④你别发火（huǒ）啊（ya）！

　⑤快来唱歌（gē）啊（ya）！

　⑥同学们多快乐（lè）啊（ya）！

　⑦多漂亮的车（chē）啊（ya）！

　⑧好大的雪（xuě）啊（ya）！

⑨实在抬不起（qǐ）啊（ya）！

⑩怎么还没来（lái）啊（ya）？

⑪好大的鱼（yú）啊（ya）！

2. ①你在这儿住（zhù）啊（wa）！

②还不快走（zǒu）啊（wa）？

③多好（hǎo）啊（wa）！

④你胆子可不小（xiǎo）啊（wa）！

3. ①下楼梯可要当心（xīn）啊（na）！

②真是好人（rén）啊（na）！

③大家快来看（kàn）啊（na）！

4. ①真忙（máng）啊（nga）！

②好冷（lěng）啊（nga）！

③不行（xíng）啊（nga）！

5. ①我可没心思（sī）啊［za］！

②才去过一次（cì）啊［za］！

6. ①什么事（shì）啊（ra）？

②今天不是星期二（èr）啊（ra）！

③多好的女儿（ér）啊（ra）！

二、读下面的句子，看谁读得流利自然。

1. 你赶快去啊。

2. 谁知道这是怎么回事啊？

3. 去年啊，去年这会儿啊，我还在广州呢！

4. 这里的山啊、水啊、树啊，都是我从小熟悉的。

5. 要是我啊，就不会去的。

6. 他们找啊找啊，终于找到了妈妈。

7. 小鸟唱啊唱，嘤嘤有韵。

三、同学们两两一组进行对话，体会语气词"啊"的音变规律。

【课后训练】

一、朗读下面的句子，并写出"啊"音变后的汉字写法。

1. 真多啊！

2. 多新的车啊！

3. 好大的雨啊！

4. 在哪儿住啊？

5. 真好玩啊！

6. 大家跳啊！

7. 怎么办啊？

8. 加油干啊！

9. 大家唱啊！

10. 认真听啊！

11. 往上冲啊！

12. 这是一件大事啊！

13. 赶快吃啊！

14. 去过几次啊！

15. 他才十四啊！

16. 今天的成绩可是来之不易啊。

17. 你说什么？我没听清楚啊。

二、"啊"的短文朗读练习。

他这时高兴得不知说什么好啊！他还说什么呢？人类的语言的确有不够表达情感的时候……他觉得生活多么有意思啊！太阳多红啊！天多蓝啊！庄稼人多可爱啊！他心里产生了一种向前探索的强烈欲望。

第五节　怎样读好多音节词语

【练一练·绕口令】

一朵粉红大荷花，趴着一只活蛤蟆。

八朵粉红大荷花，趴着八只活蛤蟆。

活蛤蟆，叫呱呱，呱呱叫着爬上大荷花。

一、以词为单位进行朗读

这是读多音节词语与单音节字词的根本性区别，也是读多音节词语的最基本要求。我们在读的时候不能按读单音节字词的方式一字一顿，而应该以词为单位，一词一顿，要注意掌握多音节词语内在的节奏感和构词规律，养成以词语为单位进行朗读的习惯。

二、读准词的轻重格式

在词语结构中，并非每个音节都应读得一样重，各个音节的轻重分量、强弱程度不尽相同，大致可以分为重、中、次轻、轻四级。重音是词语的重读音节；中音是不强调重读也不特别轻读的一般音节；轻音是特别轻读的音节，比重读音节的音长短得多，也完全失去了原有声调的调值，依照前一个音节的调值形成轻声特有的调值；次轻音是与轻音相比，声调依稀可见的音节。

词的轻重格式是一种比较稳定的语音现象，是指多音节词语音节之间的音强比较。多数情况下词的轻重格式在语流中是不变的，即相对稳定。这是受语音规律限制的。朗读词语时，如果不能基本正确地掌握普通话的轻重格式，听起来语感上会不自然，普通话也就不纯正了。

下面对双音节词语和三音节词语的轻重格式进行介绍。至于四音节词语，可先根据语意或气息自然划分为节拍群，再按照以下介绍进行朗读，注意节拍群之间不要读得断开了。

1. 双音节词语

（1）中·重格式：这类词占大多数，朗读时第二个音节比第一个音节重一些、长一些。如：人民、大家、生活、广播、走路、广东、古董、国家、开会、代表。

（2）重·中格式：这类词不太多，朗读时第一个音节比第二个音节重一些、长一些。如：毛病、药品、责任。

（3）重·轻格式：第二个音节又短又弱，即轻声。如：石榴、凳子、爷爷、咱们。

（4）重·次轻格式：后面的音节是次轻音。这种格式的词语词典中并没有标注轻声，口语中习惯读作重·次轻格式，显得更纯正自然。如：新鲜、客人、制度、教育。

根据《普通话水平测试大纲》普通话常用词语表（表1），可以列出以下"重·次轻"格式的词语。

A

阿门　爱护　爱惜　安顿　安排　安生　安慰　安稳　安置　暗下　傲气

B

巴望　把柄　把握　霸气　白菜　摆弄　拜望　斑鸠　搬弄　办法　扮相
帮助　包庇　宝贝　报务　倍数　鼻涕　比喻　编辑　便利　表示　别是
病人　博士　布置

C

才气　材料　财神　参与　操持　岔口　差役　产物　产业　长度　敞亮
车钱　成绩　成全　乘务　程度　程序　尺度　充裕　仇人　臭虫　处分
处置　春天　绰号　次数　次序　刺激　聪明　错误　参谋

D

答复　打开　待遇　担待　倒换　倒是　敌人　嫡系　地步　地势　地位
冬瓜　冬天　董事　动物　动作　斗笠　督促　读物　肚量　度量

E

恩人

F

翻译　反映　犯人　方便　方式　防备　分析　风气　凤凰　缝隙　伏天
服务　福利　富裕

G

干预　干部　根据　工程　购置　估计　观望　工人

H

寒战（寒颤）　行业　和睦　会务　贿赂　货物　豁亮

J

吉他　纪律　技术　季度　家务　家业　价目　建筑　将军　讲求　匠人
将士　交代　交际　交涉　较量　教育　接济　节目　节日　解释　界线
界限　今天　进度　进士　近视　经济　韭菜　救济　局势　剧目　觉悟
爵士　军人　军事　娇气

K

客人　刊物　控制

L

老虎　礼数　里面　力度　利益　利用　联络　烈士　猎物　邻居　吝惜
灵气　零碎　伦巴　拉拢　老鼠

M

埋怨　面积　名分　命令　摩托　模样　目的

N

男士　男子　南瓜　南面　能手　女儿　女士　女子

O

偶尔

P

牌坊　喷嚏　批评　僻静　篇目　破费　菩萨

Q

蹊跷	气氛	气候	气量	气质	器物	器重	恰当	迁就	牵涉	牵制
前天	轻便	轻快	清静	请示	穷人	秋季	秋千	秋天	去处	趣味
权利	权力	劝慰								

R

人物	荣誉	容易

S

杀气	伤势	商议	设计	设置	射手	深度	甚至	生计	生物	声势
声音	省份	圣人	诗人	时务	实惠	食物	士气	世道	事故	事务
适应	嗜好	手气	手势	手艺	熟悉	树木	数目	要弄	税务	顺序
硕士	私下	素质	速度	算是	书记	设备				

T

太监	太阳	探戈	堂上	体会	天气	天上	添置	条理	调剂	统计
痛处	头目	腿脚	退伍							

W

威风	围裙	维护	卫士	文凭	文书	文艺	武士	物质	误会

X

西瓜	习气	席位	戏弄	系数	细致	下午	嫌弃	显示	羡慕	乡里
乡亲	香椿	项目	销路	孝敬	孝顺	效率	效益	效应	心计	信任
信用	信誉	刑具	刑事	形式	形势	兴致	性质	休克	序数	学问
新鲜	现象									

Y

烟囱　延误　盐分　掩饰　样式　药材　药物　要不　业务　医务　仪器
仪式　贻误　遗弃　义务　艺术　意气　印台　印象　影壁　应承　勇士
犹豫　油性　右面　幼稚　于是　院士　愿望　月份　月季　乐器　意义
意志　运动（物质～、体育～）

Z

杂货　杂种　责任　债务　战士　账目　障碍　招待　这里　这样　珍惜
政治　职务　植物　制度　质量　秩序　智慧　智力　重量　重视　装饰
装置　壮士　姿势　滋味　字据　组织　左面　作物　作用

2. 三音节词语

（1）中·次轻·重格式：在读的时候，第三个音节重于第一个音节，而第一个音节又要重于第二个音节。如：共产党、东方红、展览会、西红柿。

有人习惯将这种格式读成中·轻·重，这样轻读容易吃字，语意不够明显，要改正过来。

（2）中·重·轻：第二个音节比第一个音节重，末音节是轻声。如：打拍子、小姑娘、老头子、硬骨头、儿媳妇。

（3）重·轻·轻：后两个音节是轻声。如：飞起来、投进去、望过去、看下去。

值得注意的是，受轻重格式的影响，在读多音节词语时，其最后一字字调的调值一定要到位，不然的话将会按照评分标准中的"缺陷"进行扣分。

三、看清语序，读准词语

在连续读几十个词语时，看错字、词的情况屡有发生，某些应试者读双音节词语时会把 AB 读成 BA，例如把"典雅"读成"雅典"，"计算"读成"算计"，甚至有人把"顶点"读成了"点顶"。

在考试时一定要不慌不忙，看清每一个词，避免犯下这样的"低级错误"。另外，通过有针对性的练习，可以提高读词语的准确度。

下面列出一些相关练习：

（1）读同音词语，增强对语素不同之词语的敏感度。

报道—报到　包含—包涵　保健—宝剑　预言—寓言

笔力—比例　　标志—标致　　笔记—笔迹　　病例—病历
裁剪—裁减　　财务—财物　　期中—期终　　暴力—暴利

（2）读同素异序词，增强对语素相同、词序不同之词语的敏感度。

雪白—白雪　　　兄弟—弟兄　　斗争—争斗　　来往—往来
代替—替代　　　式样—样式　　阻拦—拦阻　　喜欢—欢喜
蜜蜂—蜂蜜　　　国王—王国　　证人—人证　　人为—为人
青年—年青　　　火柴—柴火　　发挥—挥发　　吞并—并吞
妒忌—忌妒　　　觉察—察觉　　灵魂—魂灵　　上课—课上
子女—女子　　　子孙—孙子　　焰火—火焰　　墨水—水墨
含辛茹苦—茹苦含辛　　刻骨铭心—铭心刻骨　　雷鸣电闪—电闪雷鸣
大名鼎鼎—鼎鼎大名　　中流砥柱—砥柱中流
清心明目—心明目清—明目清心—目清心明

四、念对词语中的多音字

现代汉语里，大部分的字只有一个读音，但是，有 10% 左右的字具有一个以上的读音，这类字一般称为多音字。对这些多音字如果只知其一不知其二，就会读错。如应试者常常把"撇开"中的"撇"误读作 piě，把"创伤"中的"创"误读作 chuàng。

为了便于大家学习、查找，把常用的多音字归纳如下：

A

1. 阿 ① ā　阿罗汉　阿姨
　　 ② ē　阿附　阿胶
2. 挨 ① āi　挨个　挨近
　　 ② ái　挨打　挨饿
3. 拗 ① ào　拗口
　　 ② niù　执拗

B

1. 扒 ① bā　扒开　扒土
　　 ② pá　扒手　扒草
2. 把 ① bǎ　把握　把持　把柄

　　　　② bà　印把　刀把　话把儿

3. 蚌　① bàng　蛤蚌
　　　　② bèng　蚌埠

4. 薄　① báo　（口语单用）　纸薄
　　　　② bó　（书面组词）　单薄　稀薄

5. 堡　① bǎo　碉堡　堡垒
　　　　② pù　瓦窑堡　十里堡
　　　　③ bǔ　堡子　吴堡

6. 暴　① bào　暴露
　　　　② pù　一暴十寒（同"曝"）

7. 背　① bèi　脊背　背静
　　　　② bēi　背包　背枪

8. 奔　① bēn　奔跑　奔波
　　　　② bèn　投奔

9. 臂　① bì　手臂　臂膀
　　　　② bei　胳臂

10. 辟　① bì　复辟
　　　　 ② pì　开辟

11. 扁　① biǎn　扁担
　　　　 ② piān　扁舟

12. 便　① biàn　方便　便利
　　　　 ② pián　便宜

13. 骠　① biāo　黄骠马
　　　　 ② piào　骠勇

14. 屏　① bǐng　屏息　屏气
　　　　 ② píng　画屏　屏风

15. 剥　① bō　（书面组词）　剥削（xuē）
　　　　 ② bāo　（口语单用）　剥皮

16. 泊　① bó　淡泊　停泊
　　　　 ② pō　湖泊　血泊

17. 伯　① bó　老伯　伯父
　　　　 ② bǎi　大伯子（夫兄）

18. 簸　① bǒ　颠簸
　　　　 ② bò　簸箕

19. 膊 ① bó　赤膊
　　 ② bo　胳膊
20. 卜 ① bo　萝卜
　　 ② bǔ　占卜

C

1. 藏 ① cáng　矿藏
　　 ② zàng　宝藏
2. 差 ① chā　（书面组词）偏差　差错
　　 ② chà　（口语单用）差点儿
　　 ③ chāi　出差
　　 ④ cī　参差
3. 刹 ① chà　刹那
　　 ② shā　刹车
4. 禅 ① chán　禅师
　　 ② shàn　禅让　封禅
5. 颤 ① chàn　颤动　颤抖
　　 ② zhàn　颤栗　打颤
6. 场 ① chǎng　场合　冷场　一场（比赛）
　　 ② cháng　场院　场屋
7. 嘲 ① cháo　嘲讽　嘲笑
　　 ② zhāo　嘲哳（zhā）
8. 车 ① chē　车马　车辆
　　 ② jū　象棋棋子的一种
9. 称 ① chèn　称心　对称
　　 ② chēng　称呼　称道
10. 澄 ① chéng　（书面）澄清（问题）
　　 ② dèng　（口语）澄清（使液体变清）
11. 匙 ① chí　汤匙
　　 ② shi　钥匙
12. 冲 ① chōng　冲锋　冲击
　　 ② chòng　冲床　冲子
13. 臭 ① chòu　遗臭万年

②　xiù　乳臭　铜臭

14. 处　①　chǔ　（动作义）处罚　处置
　　　　②　chù　（名词义）处所　妙处

15. 畜　①　chù　（名物义）畜生　畜力
　　　　②　xù　（动作义）畜养　畜牧

16. 创　①　chuàng　创作　创造
　　　　②　chuāng　重创　创伤

17. 绰　①　chuò　绰绰有余
　　　　②　chāo　绰起棍子

18. 伺　①　cì　伺候
　　　　②　sì　伺机　窥伺

19. 枞　①　cōng　枞树
　　　　②　Zōng　枞阳（地名）

20. 攒　①　cuán　攒动　攒射
　　　　②　zǎn　积攒

21. 撮　①　cuō　一撮儿盐
　　　　②　zuǒ　一撮毛

D

1. 答　①　dā　答应
　　　②　dá　回答　报答

2. 大　①　dà　大夫（官名）
　　　②　dài　大夫（医生）　山大王

3. 逮　①　dài　（书面组词）逮捕
　　　②　dǎi　（口语单用）逮蚊子　逮小偷

4. 单　①　dān　单独　孤单
　　　②　chán　单于
　　　③　Shàn　单县　姓氏

5. 当　①　dāng　当天　当时　当年（均指已过去）
　　　②　dàng　当天　当日　当年（同一天、日、年）

6. 倒　①　dǎo　颠倒　倒戈　倒嚼
　　　②　dào　倒粪　倒药　倒退

7. 提　①　dī　提防　提溜

② tí　提高　提取

8. 得 ① dé　得意洋洋

　　　② de　好得很

　　　③ děi　得喝水了

9. 的 ① dí　的当　的确

　　　② dì　目的　众矢之的

10. 都 ① dōu　都来了

　　　② dū　都市　大都

11. 囤 ① dùn　粮囤

　　　② tún　囤积

12. 度 ① duó　忖度　揣度

　　　② dù　程度　度量

F

1. 发 ① fà　理发　结发

　　　② fā　发表　打发

2. 坊 ① fāng　牌坊　坊巷

　　　② fáng　粉坊　染坊

3. 分 ① fēn　区分　分数

　　　② fèn　分量　分内

4. 缝 ① féng　缝合

　　　② fèng　缝隙

5. 服 ① fú　服毒　服药

　　　② fù　（量词，也作"付"）

G

1. 杆 ① gān　旗杆　栏杆（粗、长）

　　　② gǎn　枪杆　烟杆（细、短）

2. 葛 ① gé　葛巾　瓜葛

　　　② Gě　姓氏

3. 革 ① gé　革命　皮革

　　　② jí　〈书〉（病）危急

4. 合 ① gě　（容量单位）
　　　② hé　合作　合计

5. 给 ① gěi　（口语单用）给……
　　　② jǐ　（书面组词）补给、配给

6. 更 ① gēng　更换　更事
　　　② gèng　更加　更好

7. 颈 ① jǐng　颈项　颈联
　　　② gěng　脖颈儿

8. 供 ① gōng　供给　供销
　　　② gòng　口供　上供

9. 枸 ① gǒu　枸杞
　　　② gōu　枸橘

10. 估 ① gū　估计　估量
　　　② gù　估衣（唯一例词）

11. 骨 ① gū　骨碌　骨朵（仅此两例）
　　　② gǔ　骨肉　骨干

12. 谷 ① gǔ　谷子　谷雨
　　　② yù　吐谷浑（族名）

13. 冠 ① guān　（名物义）加冠　弹冠
　　　② guàn　（动作义）冠军　沐猴而冠

14. 桧 ① guì　树名
　　　② huì　用于人名，如秦桧

15. 过 ① Guō　姓氏
　　　② guò　经过

H

1. 虾 ① há　虾蟆
　　　②xiā　对虾

2. 哈 ① hā　哈萨克族　哈腰
　　　② hǎ　哈达　哈巴狗
　　　③ hà　哈什蚂

3. 汗 ① hán　可汗　大汗
　　　② hàn　汗水　汗颜

4. 巷 ① hàng　巷道
　　　② xiàng　街巷

5. 吭 ① háng　引吭高歌
　　　② kēng　吭声

6. 号 ① háo　呼号　号叫
　　　② hào　称号　号召

7. 和 ① hé　和睦　和谐
　　　② hè　应和　和诗
　　　③ hú　（麻将牌戏用语，意为赢）
　　　④ huó　和面　和泥
　　　⑤ huò　和药　和弄
　　　⑥ huo　掺和　搅和

8. 貉 ① hé　（书面）一丘之貉
　　　② háo　（口语）貉绒　貉子

9. 喝 ① hē　喝水
　　　② hè　喝彩　喝令

10. 横 ① héng　横行　纵横
　　　② hèng　蛮横　横财

11. 虹 ① hóng　（书面组词）彩虹　虹吸
　　　② jiàng　（口语单用）义同"虹 hóng"

12. 划 ① huá　划船　划算
　　　② huà　划分　计划

13. 晃 ① huǎng　明晃晃　晃眼
　　　② huàng　摇晃　晃动

14. 会 ① huì　会合　都会
　　　② kuài　会计　财会

15. 混 ① hún　混浊　混话
　　　② hùn　混合　混沌

16. 哄 ① hōng　哄堂
　　　② hǒng　哄骗
　　　③ hòng　起哄

17. 豁 ① huō　豁口
　　　② huò　豁亮　豁达

J

1. 奇 ① jī 奇偶
   ② qí 奇怪 奇异
2. 缉 ① jī 通缉 缉拿
   ② qī 缉鞋口
3. 几 ① jī 茶几 几案
   ② jǐ 几何 几个
4. 济 ① jǐ 济宁 济济
   ② jì 救济 共济
5. 纪 ① Jǐ 姓氏
   ② jì 纪念 纪律
6. 偈 ① jì 偈语
   ② jié （书面）勇武
7. 系 ① jì 系紧缰绳 系好缆绳
   ② xì 联系
8. 茄 ① jiā 雪茄
   ② qié 茄子
9. 夹 ① jiā 夹攻 夹杂
   ② jiá 夹裤 夹袄
10. 假 ① jiǎ 真假 假借
    ② jià 假期 假日
11. 间 ① jiān 中间 晚间
    ② jiàn 间断 间谍
12. 将 ① jiāng 将军 将来
    ② jiàng 将校 将兵
13. 嚼 ① jiáo 嚼舌
    ② jué 咀嚼
14. 佼 ① jiǎo 侥幸
    ② yáo 僬佼（传说中的矮人）
15. 角 ① jiǎo 角落 号角 口角（嘴角）
    ② jué 角色 角斗 口角（吵嘴）
16. 脚 ① jiǎo 根脚 脚本
    ② jué 脚儿（角儿，角色）

17. 剿 ① jiǎo　围剿　剿匪
　　　 ② chāo　剿袭　剿说

18. 教 ① jiāo　教书　教给
　　　 ② jiào　教导　教派

19. 校 ① jiào　校场　校勘
　　　 ② xiào　学校　院校

20. 解 ① jiě　解除　解渴
　　　 ② jiè　解元　押解
　　　 ③ xiè　解数

21. 结 ① jiē　结果　结实
　　　 ② jié　结网　结合

22. 芥 ① jiè　芥菜　芥末
　　　 ② gài　芥蓝

23. 藉 ① jiè　枕藉　慰藉
　　　 ② jí　狼藉

24. 矜 ① jīn　矜夸　矜持
　　　 ② qín　古代指矛柄
　　　 ③ guān　同"鳏"，同"瘝"

25. 仅 ① jǐn　仅有
　　　 ② jìn　（书面）将近，如：士卒仅万人

26. 劲 ① jìn　干劲　劲头
　　　 ② jìng　强劲　劲草

27. 龟 ① jūn　龟裂
　　　 ② guī　乌龟
　　　 ③ qiū　龟兹

28. 咀 ① jǔ　咀嚼
　　　 ② zuǐ　"嘴"义

29. 菌 ① jūn　细菌　霉菌
　　　 ② jùn　香菌　菌子（同"蕈 xùn"）

K

1. 卡 ① kǎ　卡车　卡片
　　　 ② qiǎ　关卡　卡子

2. 看 ① kān　看守　看管
　　　② kàn　看待　看茶

3. 坷 ① kē　坷垃
　　　② kě　坎坷

4. 壳 ① ké　（口语）贝壳　脑壳
　　　② qiào　甲壳　地壳

5. 可 ① kě　可恨　可以
　　　② kè　可汗

6. 克 ① kè　克扣　克服
　　　② kēi　（口语，申斥义）

7. 空 ① kōng　领空　空洞
　　　② kòng　空白　空闲

8. 溃 ① kuì　溃决　溃败
　　　② huì　溃脓

L

1. 烙 ① lào　烙印　烙铁
　　　② luò　炮（páo）烙

2. 勒 ① lè　（书面组词）勒令　勒索
　　　② lēi　（口语单用）勒紧点儿

3. 擂 ① léi　擂鼓　自吹自擂
　　　② lèi　擂台　打擂（仅此两词）

4. 累 ① lèi　（受劳义）劳累
　　　② léi　（多余义）累赘
　　　③ lěi　（牵连义）牵累

5. 蠡 ① lí　管窥蠡测
　　　② Lǐ　范蠡　蠡县

6. 俩 ① liǎ　（口语，不带量词）咱俩　俩人
　　　② liǎng　伎俩

7. 量 ① liáng　丈量　量杯
　　　② liàng　量入为出

8. 踉 ① liáng　跳踉（跳跃）
　　　② liàng　踉跄（走路不稳）

9. 潦 ① liáo　潦草　潦倒
　　　② lǎo　（路上的雨水、积水）

10. 淋 ① lín　淋浴　淋漓
　　　② lìn　淋病　淋盐

11. 馏 ① liú　蒸馏
　　　② liù　（口语单用）馏馒头

12. 镏 ① liú　镏金（涂金）
　　　② liù　金镏（金戒）

13. 碌 ① liù　碌碡
　　　② lù　庸碌　劳碌

14. 笼 ① lóng　（名物义）笼子　牢笼
　　　② lǒng　（动作义）笼络　笼统

15. 偻 ① lóu　佝偻
　　　② lǚ　伛偻

16. 露 ① lù　（书面）露珠　雨露
　　　② lòu　（口语）露头　露马脚

17. 捋 ① lǚ　捋胡子
　　　② luō　捋袖子

18. 绿 ① lǜ　（口语）绿地　绿茵
　　　② lù　（书面）绿林　鸭绿江

19. 络 ① luò　络绎　经络
　　　② lào　络子

20. 落 ① luò　（书面组词）落魄　着落
　　　② lào　（常用口语）落枕　落色
　　　③ là　（遗落义）丢三落四　落下

M

1. 脉 ① mò　脉脉（仅此一例）
　　　② mài　脉络　山脉

2. 埋 ① mái　埋伏　埋藏
　　　② mán　埋怨

3. 蔓 ① màn　（书面）蔓延
　　　② wàn　（口语）瓜蔓　压蔓

4. 氓 ① máng　流氓

　　② méng　（古指百姓）

5. 蒙 ① mēng　蒙骗

　　② méng　蒙昧

　　③ měng　蒙古

6. 眯 ① mí　眯了眼

　　② mī　眯缝

7. 靡 ① mí　靡费　奢靡

　　② mǐ　委靡　披靡

8. 秘 ① mì　秘密　秘诀

　　② bì　秘鲁　秘姓

9. 泌 ① mì　（口语）分泌

　　② bì　（书面）泌阳

10. 模 ① mó　模范　模型

　　② mú　模具　模样

11. 摩 ① mó　摩擦　摩挲（用手抚摸）

　　② mā　摩挲（轻按着并移动）

12. 缪 ① móu　绸缪

　　② miù　纰缪

　　③ Miào　（姓氏）

N

1. 难 ① nán　难易

　　② nàn　责难　难兄难弟（共患难的人）

2. 宁 ① níng　安宁　宁静　姓氏

　　② nìng　宁可　宁缺毋滥

3. 弄 ① nòng　玩弄

　　② lòng　弄堂

4. 疟 ① nüè　（书面）疟疾

　　② yào　（口语）发疟子

5. 娜 ① nuó　袅娜　婀娜

　　② nà　（用于人名）安娜

P

1. 排 ① pái　排除　排行
　　 ② pǎi　排车
2. 迫 ① pǎi　迫击炮
　　 ② pò　逼迫
3. 胖 ① pán　心广体胖
　　 ② pàng　肥胖
4. 刨 ① páo　刨除　刨土
　　 ② bào　刨床　刨冰
5. 炮 ① páo　炮制　炮烙
　　 ② pào　火炮　高炮
6. 喷 ① pēn　喷射　喷泉
　　 ② pèn　喷香
7. 片 ① piàn　片断
　　 ② piān　唱片儿
8. 缥 ① piāo　缥缈
　　 ② piǎo　（青白色的丝织品）
9. 撇 ① piē　撇开　撇弃
　　 ② piě　撇嘴　撇置脑后
10. 仆 ① pū　前仆后继
　　 ② pú　仆从
11. 朴 ① pǔ　俭朴　朴质
　　 ② pō　朴刀
　　 ③ pò　朴硝　朴树
　　 ④ Piáo　姓氏
12. 瀑 ① pù　瀑布
　　 ② Bào　瀑河（水名）
13. 曝 ① pù　一曝十寒
　　 ② bào　曝光

Q

1. 栖 ① qī　两栖　栖息

②xī　（书面）栖栖

2. 蹊 ①qī　蹊跷

　　 ②xī　蹊径

3. 稽 ①qǐ　稽首

　　 ②jī　滑稽

4. 荨 ①qián　（书面）荨麻

　　 ②xún　（口语）荨麻疹

5. 镪 ①qiāng　镪水

　　 ②qiǎng　（古代称成串的钱）

6. 强 ①qiáng　强渡　强取　强制

　　 ②qiǎng　勉强　强迫　强词夺理

　　 ②jiàng　倔强

7. 悄 ①qiāo　悄悄儿的　悄悄话

　　 ②qiǎo　悄然　悄寂

8. 翘 ①qiào　（口语）翘尾巴

　　 ②qiáo　翘首　连翘

9. 切 ①qiē　切磋　切割

　　 ②qiè　急切　切实

10. 趄 ①qiè　趄坡儿

　　 ②jū　趔趄

11. 亲 ①qīn　亲近　亲密

　　 ②qìng　亲家

12. 曲 ①qū　神曲　大曲　弯曲

　　 ②qǔ　曲调　曲艺　曲牌

13. 雀 ①què　雀跃

　　 ②qiāo　雀子

　　 ③qiǎo　家雀儿

R

任 ①Rén　任丘（地名）　姓氏

　②rèn　任务　任命

S

1. 散 ① sǎn　懒散　零散（不集中、分散）
　　② sàn　散布　散失

2. 丧 ① sāng　丧乱　丧钟
　　② sàng　丧失　丧权

3. 色 ① sè　（书面）色彩　色泽
　　② shǎi　（口语）掉色　套色

4. 塞 ① sè　（书面，动作义）堵塞　阻塞
　　② sāi　（口语，名动义）活塞　塞车
　　③ sài　塞翁失马　边塞　塞外

5. 煞 ① shā　煞尾　煞车
　　② shà　煞白　恶煞

6. 厦 ① shà　广厦　大厦
　　② xià　厦门

7. 杉 ① shān　（书面）红杉　水杉
　　② shā　（口语）杉篙　杉木

8. 苫 ① shān　（名物义）草苫子
　　② shàn　（动作义）苫屋草

9. 折 ① shé　折本
　　② zhē　折腾
　　③ zhé　折合

10. 舍 ① shě　舍弃　抛舍
　　② shè　校舍　退避三舍

11. 什 ① shén　什么
　　② shí　什物　什锦

12. 葚 ① shèn　（书面）桑葚
　　② rèn　（口语）桑葚儿

13. 识 ① shí　识别　识字
　　② zhì　标识　博闻强识

14. 似 ① shì　似的
　　② sì　相似

15. 螫 ① shì   螫针
     ② shì   （书面语，同"蜇（zhē）"）有毒腺的虫子刺人或动物；某
             些物质刺激皮肤或黏膜使发生微痛
16. 熟 ① shú   熟人   熟练
     ② shóu   （口语）义同"熟"（shú）
17. 说 ① shuì   游说   说客
     ② shuō   说话   说辞
18. 数 ① shuò   数见不鲜
     ② shǔ   数落   数数（shǔshù）
     ③ shù   数字   数目
19. 遂 ① suí   半身不遂
     ② suì   遂心   遂愿
20. 缩 ① suō   缩小   收缩
     ② sù   缩砂密（植物名）

T

1. 沓 ① tà   杂沓   复沓   纷至沓来
    ② dá   沓子
2. 苔 ① tái   （书面）苍苔   苔藓
    ② tāi   舌苔
3. 调 ① tiáo   调皮   调配（调和、配合）
    ② diào   调换   调配（调动、分配）
4. 帖 ① tiē   妥帖   伏帖
    ② tiě   请帖   喜帖
    ② tiè   碑帖   字帖

W

1. 瓦 ① wǎ   瓦当   瓦蓝   砖瓦
    ② wà   瓦刀
2. 委 ① wēi   委蛇（同"逶迤"）
    ② wěi   委员   委屈
3. 圩 ① wéi   圩田

② xū　圩场

4. 尾 ① wěi　尾巴

　　② yǐ　马尾罗

5. 尉 ① wèi　尉官　太尉

　　② Yù　尉迟（姓氏）　尉犁（地名）

6. 乌 ① wū　乌黑　乌金

　　② wù　乌拉（东北地区冬天穿的鞋，用皮革制成，里面垫乌拉草）

X

1. 吓 ① xià　吓唬　吓人

　　② hè　威吓　恐吓

2. 鲜 ① xiān　鲜美　鲜明

　　② xiǎn　鲜见　鲜为人知

3. 纤 ① xiān　纤尘　纤维

　　② qiàn　纤夫　拉纤

4. 相 ① xiāng　相当　相对

　　② xiàng　照相　相貌

5. 行 ① xíng　举行　发行

　　② háng　行市　行伍

　　③ hàng　树行子

　　④ héng　道行

6. 省 ① xǐng　反省　省亲

　　② shěng　省份　省略

7. 宿 ① xiù　星宿　二十八宿

　　② xiǔ　半宿（用以计夜）

　　③ sù　宿舍　宿主

8. 削 ① xuē　（书面）剥削　瘦削

　　② xiāo　（口语）切削　削皮

9. 血 ① xuè　（书面组词）贫血　心血

　　② xiě　（口语常用）鸡血　流了点儿血

10. 熏 ① xūn　熏染　熏陶

　　② xùn　被煤气熏着了（中毒）

Y

1. 哑 ① yā　哑哑（拟声词，形容学语）
　　② yǎ　哑然　哑场

2. 殷 ① yān　殷红
　　② yīn　殷实　殷切　殷朝
　　③ yǐn　殷殷（拟声词，形容雷声）

3. 咽 ① yān　咽喉
　　② yàn　狼吞虎咽
　　③ yè　呜咽

4. 钥 ① yào　（口语）钥匙
　　② yuè　（书面）锁钥

5. 叶 ① yè　叶落归根
　　② xié　叶韵（和谐义）

6. 艾 ① yì　自怨自艾　惩艾
　　② ài　方兴未艾　艾草

7. 应 ① yīng　应届　应许
　　② yìng　应付　应承

8. 佣 ① yōng　雇佣　佣工
　　② yòng　佣金　佣钱

9. 熨 ① yù　熨帖
　　② yùn　熨烫

10. 与 ① yǔ　给与
　　② yù　参与

11. 吁 ① yù　呼吁　吁求
　　② yū　（叹词，吆喝牲口的声音）
　　③ xū　长吁短叹　气喘吁吁

12. 晕 ① yūn　晕倒　头晕
　　② yùn　月晕　晕车

Z

1. 载 ① zǎi　登载　转载　千载难逢
　　② zài　装载　载运　载歌载舞

2. 择 ① zé　选择　抉择

　　② zhái　择菜　择席　择不开（仅此三词）

3. 扎 ① zhā　扎根　扎实

　　② zhá　挣扎

　　③ zā　扎染　一扎啤酒

4. 轧 ① zhá　轧钢　轧辊（挤制义）

　　② yà　倾轧　轧花　轧场（碾压义）

5. 粘 ① zhān　（动词义）粘贴　粘连

　　② nián　（形容词）粘稠　粘土（同"黏"）

6. 涨 ① zhǎng　涨落　高涨

　　② zhàng　泡涨　头昏脑涨

7. 着 ① zháo　着急　着迷　着凉

　　② zhuó　着落　着重　着手

　　③ zhāo　失着　着数　高着（招）

8. 正 ① zhēng　正月

　　② zhèng　正常　正旦（戏中称女主角）

9. 殖 ① zhí　繁殖　殖民

　　② shi　骨殖

10. 中 ① zhōng　中国　人中（穴位）

　　② zhòng　中奖　中靶

11. 种 ① zhǒng　种类　种族　点种（种子）

　　② zhòng　耕种　种植　点种（播种）

12. 轴 ① zhóu　画轴　轮轴

　　② zhòu　大轴戏　压轴戏

13. 属 ① zhǔ　属望　属文　属意

　　② shǔ　种属　亲属

14. 著 ① zhù　著名　著述

　　② zhe　同"着"，助词

　　③ zhuó　穿著　附著（同"着"，动词）

15. 转 ① zhuǎn　转运　转折

　　② zhuàn　转动　转速

16. 幢 ① zhuàng　一幢楼房

　　② chuáng　经幢

17. 综 ① zèng　织机零件之一

　　　　　② zōng　综合　错综
18. 钻 ① zuān　钻探　钻孔
　　　② zuàn　钻床　钻杆
19. 作 ① zuō　作坊　石作
　　　② zuò　工作　习作
20. 柞 ① zuò　柞蚕　柞丝绸
　　　② zhà　柞水（在陕西）

以上从四个方面谈了如何读好词语，希望大家抓住重点，突破难点，进行强化训练，把知识转化为技能，使技能越来越熟练。

除了知识性的讲解与辅导外，关于应试习惯方面，要特别提醒各位：不要轻易放弃。

从普通话水平测试的试卷编制和评分系统来看，多音节词语不是按词评分，而是按照词语中单字的字音评分，所以，遇到词语中有单个字音节不会读的，一定要把另外会读的字读出来，力求得分最大化。在测试实践中，不少应试者由于某个字不会而放弃了整个词语，这样一下子就被扣掉了两个或多个音节的分数，非常可惜。

【课堂训练】
一、平翘舌声母训练。
【提示】
平舌音声母 z、c、s 发音的要点是舌尖的前端接触下门齿齿背，发音时舌尖有振感。保持以舌尖前端成阻是发平舌音的要领。

翘舌音声母 zh、ch、sh、r 的发音成阻位置是舌尖后，发音时，后舌尖连同整个舌身要适当翘起，舌尖与上腭的成阻位置不能太前，这是南方方言区的应试者应当特别注意的地方。

1. 双音节平舌音训练。
存在　早餐　才子　赠送　操作
色彩　遵从　色泽　沧桑　粗俗
2. 双音节翘舌音训练。
住宅　山水　软弱　出差　首长
郑重　长城　始终　忍让　书生
3. 综合练习。
制造　初次　水色　春蚕　贮藏

沼泽　尺寸　疏散　种族　师资
采摘　四周　松树　自治　丧失
随时　尊重　丝绸　损失　自主
数字　暂时　称颂　早晨　珍藏
措施　沉醉　素质　纯粹　市长

二、n—l声母训练。

【提示】

发 n 声母音时，舌尖中部与上齿龈成阻，完全封闭口腔气流通道，声音与气流由鼻腔送出；发 l 声母音时，舌尖中部的成阻位置比 n 稍后一点儿，完全封闭鼻腔通道，声音与气流由口腔送出，这是两个声母发音的主要区别所在。

1. n 声母练习。

忸怩　恼怒　南宁　能耐　奶娘　泥泞　牛奶

2. l 声母练习。

联络　料理　拉拢　来历　凌乱　老练　浏览

3. 综合练习。

李宁　奶酪　连年　能力　烂泥　努力　耐劳
尼龙　冷凝　牛郎　老农　奴隶　年龄　来年

三、j、q、x 声母训练。

【提示】

南方方言没有规范的舌面前音 j、q、x，只有舌尖前的 z、c、s 与近似于舌面音音色而发音位置完全不同的舌叶音，两者形成互补。音色的近似给南方方言区的人发 j、q、x 声母造成了干扰，尤其是粤语区的人对这组声母缺少音质特点的辨识，往往用舌尖前声母 z、c、s 加 i 来代替 j、q、x 声母，甚至还不知错在哪里。这组声母的发音也是一个难点，常常是语音矫正的重点。

要读准 j、q、x 声母，首先要能正确地区别 z、c、s 与 j、q、x 两组声母的音色特点，音色之所以不同，是由于两组声母发音部位不同。z、c、s 由舌尖的最前端接触上门齿龈成阻发音；j、q、x 由前舌面贴近硬腭的前方成阻发音，其要领是：发 j、q、x 时，舌尖前端要自然、松弛地垂于下门齿背后，一定不能参与成阻，让前舌面贴紧（发擦音时贴近）上腭的前方形成阻碍点。注意，如果舌尖紧张，参与发音动作，发出的一定是 z、c、s，而不是 j、q、x。对这两组声母的练习不但要常读，而且要常听，细心地辨别两组音的差异。

1. j 声母练习。

焦急　究竟　即将　聚集　寂静

2. q 声母练习。

亲戚　齐全　情趣　秋千　蹊跷

3. x 声母练习。

消息　新鲜　纤细　兴修　小徐

4. 综合练习。

精细　情绪　尽心　急切　谢绝

俊俏　即席　前时　选集　情景

四、宽窄韵母训练。

1. ai（uai）—ei（uei）韵母练习。

（1）海带　拍卖　开怀　晒台　白菜　财会　奶奶　太太　外快　衰败

　　　皑皑　败坏　采摘　还在　买卖　快来

（2）北美　累赘　回归　追随　委培　妹妹　魁伟　配备　美味　水碓

　　　捶背　肥美　会费　汇兑

（3）开会　来回　海味　百倍　暧昧　再会　海龟　败北　栽培　悔改

　　　来回　排队　开胃　拆毁

2. ao（iao）—ou（iou）韵母练习。

（1）跑道　牢骚　高潮　照料　小巧　叫嚣　骚扰

　　　报告　唠叨　号啕　犒劳　号召　操劳　嫂嫂

（2）谋求　逗留　走狗　手头　漏油　瘦肉　悠久

　　　抖擞　狗肉　优秀　球友　绸缪　舅舅　猴头

（3）高楼　烧酒　老六　要求　扫帚　交流　校友

　　　手套　口罩　厚道　油条　牛毛　手铐　柳条

五、前后鼻韵母辨正训练。

1. an（ian uan üan）—ang（iang uang）韵母练习。

（1）邯郸　安源　南山　班禅　繁难　艰险

　　　连绵　眼前　元件　捐献　演员　干练

（2）商量　刚强　莽撞　上当　堂皇　将相

　　　帮忙　乡长　上访　慌张　香港　湘江

（3）勉强　反抗　典当　擅长　涵养　健康

　　　项链　强健　莽原　航天　方便　常年

（4）年长　防线　闲逛　向前　天亮　想念

　　　　上天　现场　商店　坚强　长篇　繁忙

2. in（un）—ing 韵母练习。

（1）薪金　濒临　仅仅　亲信　进军　阴云

（2）行星　兵丁　清静　秉性　命令　精灵

（3）引擎　进行　心灵　银屏　金星　巡警

　　　　迎新　命运　陵寝　行军　青筋　挺进

3. en（un）—eng 韵母练习。

（1）粉尘　身份　沉沦　本人　深圳　瘟神

（2）升腾　更正　逞能　风筝　生成　耿耿

（3）奔腾　春耕　本能　纷争　人生　奋争

　　　　成本　胜任　冷门　承认　真正

4. 综合练习。

精神　拼命　精心　引领　行人　品行

银杏　冰镇　神圣　清真　门庭　声音

六、上声连读变调练习。

1. 上声 + 上声练习。

舞蹈　典雅　水果　手表　起码　美好

了解　小姐　火种　检讨　首领　奖赏

2. 上声 + 非上声练习。

小心　假装　铁钉　水兵　武松

永恒　小陈　简明　省城　可怜

典当　马路　韭菜　狡辩　酒店

七、轻声词语练习。

跟头　巴掌　多么　熟了　石头　学过　云彩　省得　本子　里头

打算　姐姐　坐着　衣裳　嘱咐　豆腐　枕头　困难　商量　钥匙

指甲　窝棚　应酬　庄稼

【课后训练】

一、词语轻重格式训练。

1. 花草（huācǎo）　　　北京（běijīng）　　　广播（guǎngbō）

　　清澈（qīngchè）　　　专家（zhuānjiā）　　　配乐（pèiyuè）

流水（liúshuǐ）	索要（suǒyào）	到达（dàodá）
远足（yuǎnzú）	蓝天（lántiān）	白云（báiyún）
田野（tiányě）	封存（fēngcún）	教室（jiàoshì）

【提示】以上为中·重格式词语。

2.
刺激（cìjī）	编辑（biānjí）	意义（yìyì）
参谋（cānmóu）	意志（yìzhì）	现象（xiànxiàng）
质量（zhìliàng）	错误（cuòwù）	工人（gōngrén）
书记（shūjì）	正月（zhēngyuè）	教育（jiàoyù）
设备（shèbèi）	天气（tiānqì）	艺术（yìshù）

【提示】以上为重·次轻格式词语。

二、朗读诗歌。

村 居

高鼎

草长莺飞二月天，拂堤杨柳醉春烟。

儿童散学归来早，忙趁东风放纸鸢。

第三章　朗读训练

朗读是一种口头语言艺术，需要创造性地把作品的思想感情准确地表达出来，将无声的文字转化为活生生的有声语言。如果说写作是一种创造，朗读就是一种再创造。

国家语委普通话培训测试中心编制、教育部语用司审定的《普通话水平测试实施纲要》中的朗读作品共 60 篇，测试时由抽签确定篇目朗读。《普通话水平测试大纲》规定了普通话水平测试 100 分中，第三部分朗读项为 30 分，朗读时间为 4 分钟，以应试者所读作品的前 400 字为检测范围（注：每篇作品第 400 字后均有"//"标志），分值占整个测试的 30%。

朗读测试是对应试者普通话运用能力的一种综合检测，是整个测试中非常重要的一项内容。朗读项既是大部分测试者的"失分项"，也是能够提前准备、确保成功的"得分项"，如果明确了朗读项要注意的基本问题，掌握了朗读的感情态度和运用技巧，则能以一驭十、功省效宏。

第一节　朗读应试应注意的基本问题

【练一练·绕口令】

圆圈圈，圈圆圈，圆圆娟娟画圆圈。娟娟画的圈连圈，圆圆画的圈套圈。娟娟圆圆比圆圈，看看谁的圆圈圆。

普通话水平测试中的朗读项，除了要求应试者忠于作品原貌，不添字、漏字、改字、回读外，还要求朗读时在语音、轻声、儿化、连读音变以及语句的表达方式等方面都符合普通话语音的规范。本项测试是从错漏增音节、声母或韵母的系统性语音缺陷、语调偏误、停连不当、流畅度和限时六个方面进行评判，应试者事先必须投入精力，认真准备。

朗读项应注意以下几个方面：

一、注意读音准确

测试评分规定：每错 1 个音节，扣 0.1 分；漏读或增读 1 个音节，扣 0.1 分。声母或韵母的系统性语音缺陷，视程度扣 0.5 分或 1 分。

朗读测试要求读音（声、韵、调）准确，吐字清晰。测试中影响这方面分数的主要是平翘舌音、f—h、n—l、i—ü、前后鼻尾音等，其中平翘舌音和前后鼻尾音的区分特别重要。例如，1 号作品前 400 个音节中涉及翘舌音的音节共有 80 个，涉及平舌音的音节共有 17 个。这组音节如果全读成平舌音，将被扣 80 个音节的语音错误分计 8 分；如果全读成翘舌音，将被扣 17 个音节的语音错误分计 17 分。所以，朗读练习时应根据自己方言的特点，对容易读错的声母、韵母或字词进行正音练习。

此外，要注意多音字的读音。一字多音是容易产生误读的重要原因之一，要着重弄清楚各个不同读音所蕴涵的意义，根据各个不同的意义去识记不同的读音。

注意由字形相近或由偏旁类推引起的误读。字形相近容易张冠李戴，将甲字读成乙字，这种误读十分普遍，如："湍""荼""堤""狙"。所谓"秀才认字读半边"，由偏旁本身的读音去类推一个生字的读音而引起的误读也很常见，如："糙""酵""阄""喟"。

注意异读词的读音。在普通话词汇中，有一部分词音义相同或基本相同，但在习惯上有两个或几个不同的读法，这些词被称为"异读词"。1985 年，国家公布了《普通话异读词审音表》，要求所涉及的普通话异读词的读音、标音均以此表为准，从而达到规范读音的目的。如："卓"，取消 zhuō 音，统读 zhuó。"框"，取消 kuāng 音，统读 kuàng。"凿"，取消 zuò 音，统读 záo 音。

努力克服声母或韵母的系统性语音缺陷，注意吐字归音，即发音要到位：字头清晰，字腹响亮，字尾收全。

二、修正方言语调

测试评分规定：语调偏误，视程度扣 0.5 分、1 分或 2 分。

朗读短文要自然流畅，不要带朗诵腔、播音腔、港台腔等，尤其要重视方言语调的修正。朗读语调的构成比较复杂，一般来说，跟语调相关的因素有语流字调、上声连读、"一"和"不"的变调、轻声、语气词的使用、句末的升降调、轻重格式等。其中语流字调和词的轻重音格式尤为关键。

首先，语流中的字调不准确会影响普通话的语调，其中调形错误是主要因素；另外，调值高低与普通的差异也会影响普通话的语调，故要读准普通话四声。

其次，普通话词的主要轻重音格式处理错误也会直接影响普通话的语调，必须掌握其中要领。

因为语调的考查是贯穿全篇的，所以要整合练习，即以句子以至句群为单位进行练习。有人单独说某一个词语没有问题，但念整篇文章时，就会出现明显的方言特点，因此要清楚普通话和自己方言在语音上的差异，练习时应从整体上严格要求，加强记忆，时刻注意培养普通话的语感。

三、掌握停连要领

测试评分规定：停连不当，视程度扣0.5分、1分或2分。

应试者朗读时既不能一字一停、断断续续地进行，也不能字字相连、一口气念到底。无论是朗读者还是听众，无论是生理要求还是心理要求，朗读中的停连都是必不可少的；它既是显示语法结构的需要，更是明晰表达语意、传达情感的需要。停连不当或造成词语肢解，或产生一句话、一段话的歧义。所以顿连位置的确定，应根据义群以及句子成分的划分，以不割裂句子的完整性为前提，精当处理；否则，在测试时将被认为停连不当而扣分。

四、重视自然流畅

测试评分规定：朗读不流畅（包括回读），视程度扣0.5分、1分或2分。

朗读时避免漏字、添字、错字，如果发现自己出现了漏读或错读，也不要回头再读。按测试评分要求，回读一个音节，按读错一个音节扣分。不少应试者理论上明白这一点，可一到测试还是会回读。因此，在训练时要养成不回读的习惯。

五、力使语速恰当

测试评分规定：读一篇短文，400个音节，时限为4分钟，超时要适当扣分。

作为普通话水平测试的朗读，以中速为宜，一般情况下以每分钟朗读160～180个音节的语速为宜。朗读速度过快会影响朗读的准确和清晰，过慢也将直接影响朗读的得分，因此，在练习时应注意语速要适中。

语速的考查贯穿全文，因此，应试者在准备过程中应把每篇作品作为一个整体来练习和掌握。熟能生巧，做到与示范朗读的速度大致相同，这样的语速就是恰当的。

【课堂训练】

朗读以下句子，注意"/"所标示的需要停顿的地方。

1. 春天/像刚落地的娃娃，从头到脚都是新的，它/生长着。（表示主谓间停顿）

2. 离它们不远的那颗星，叫/北极星。（表示动宾间停顿）

3. 莫高窟是华夏文明的早期屏障，早得/与神话分不清界线。（表示动补间停顿）

4. 多么温暖/多么明亮的/火焰啊，简直像一支小小的/蜡烛。（表示修饰被修饰间的停顿）

5. 这些石狮子，有的/母子相抱，有的/交头接耳，有的/像倾听水声，千姿百态，惟妙惟肖。（表示总分关系，分别列举）

6. 这是虽在北方的风雪的压迫下/却保持着倔强挺立的一种树！（表转折关系）

7. 我禁不住想："因"/已转化为/"果"。（表因果之间的转换关系）

8. 与其说/它是一种情绪，不如说/它是一种智慧。（固定格式）

【课后训练】

一、朗读以下句子，注意加了着重号的部分要读重音。

1. 她的名字叫翁香玉。（宾语）

2. 这些彩塑个性鲜明，神态各异。（短句里的谓语部分常常重读）

3. 捧着作文本，他笑了，蹦蹦跳跳地回家了，像只喜鹊。（比喻词和喻体）

4. 植物种子的力量之大，如此如此。（承前特指不一般的状况）

5. 它是心理的，更是生理的。（有层递关系的谓语部分）

6. 假如安排两座以上的桥梁，那就一座一个样，决不雷同。（假设关系复句的结果部分常常需要重读）

二、熟读普通话水平测试作品1—20号。

第二节　朗读应试的情感态度和技巧运用

【练一练·绕口令】

八十八岁公公门前有八十八棵竹，八十八只八哥要到八十八岁公公门前的八十八棵竹上来借宿。八十八岁公公不许八十八只八哥到八十八棵竹上来借宿，八十八岁公公打发八十八个金弓银弹手去射杀八十八只八哥，不许八十八只八哥到八十八岁公公门前的八十八棵竹上来借宿。

在普通话测试中的朗读虽不像朗诵那样需要充沛的感情与多样的技巧，但并不等于可以忽略情感态度与技巧运用，下面我们就来谈谈有关问题。

一、朗读情感态度

（一）对作品的态度

60 篇朗读作品，是编选者们淘珠滤金、层层筛选出来的适合朗读的精品。每一篇所表达的意思、所蕴涵的意义、所创造的意境、所表现的主题、所流露的感情等都需要我们细细品味、准确评价。其中既有让我们开阔眼界的外国作品，又有国内的名家经典；既有科普作品，又有饱含情感的记叙作品；既有作者对于人生的感悟，又有催人奋进的昂扬旋律；既有让我们品味生活幸福的提醒（作品 40 号），又有让大家感悟生命与工作中快乐的情感体验（作品 46号）。这些都是不可多得的人生教材，朗读者要力求做到对作品内容有深切体味，不要误解作者的心意，不要歪曲作者的感情。有了这种态度，对作品的表达才不至于分寸模糊、牵强附会、以偏概全。

（二）对听众的态度

不管是测试员还是微机都是应试者的听众，必须给予足够的重视。应试者要把对作者、作品的理解和情感原原本本、真真实实地传达给听众，在注意观点正确的同时，必须认真考虑听众的可接受性，所言所语、所感所悟、所举所动都应与听众达成最佳交流，产生最强烈的共鸣，自觉地把听众带入情感世界。

【课堂训练】

落花生

我们家的后园有半亩空地①，母亲说："让它荒着怪可惜的，你们那么爱吃花生，就开辟出来种花生吧。"我们姐弟几个都很高兴，买种②，翻地，播种③，浇水，没过几个月，居然收获了。

母亲说："今晚我们过一个收获节，请你们父亲也来尝尝④我们的新花生，好不好？"我们都说好。母亲把花生做成了好几样食品，还吩咐⑤就在后园的茅亭里过这个节。

晚上⑥天色不太好，可是父亲也来了，实在很难得。

父亲说："你们爱吃花生吗?"

我们争着答应⑦："爱!"

"谁能把花生的好处说出来?"

姐姐说："花生的味美。"

哥哥说："花生可以榨油。"

我说："花生的价钱便宜⑧，谁都可以买来吃，都喜欢吃。这就是它的好处。"

父亲说："花生的好处很多，有一样最可贵，它的果实埋在地里，不像桃子、石榴⑨、苹果那样，把鲜红嫩绿的果实高高地挂在枝头上，使人一见就生爱慕之心。你们看它矮矮地长在地上，等到成熟了，也不能立刻分辨出来它有没有果实，必须挖出来才知道。"

我们都说是，母亲也点点头。

父亲接下去说："所以你们要像花生，它虽然不好看，可是很有用，不是外表好看而没有实用的东西⑩。"

我说："那么，人要做有用的人，不要做只讲体面，而对别人没有好处的人了。"

父亲说："对。这是我对你们的希望。"

我们谈到夜深才散。花生做的食品都吃完了，父亲的话却深深地印在我的心上。

【提示】

①空地 kòngdì	②买种 mǎizhǒng
③播种 bōzhòng	④尝尝 chángchang
⑤吩咐 fēn·fù	⑥晚上 wǎnshang
⑦答应 dāying	⑧便宜 piányi
⑨石榴 shíliu	⑩东西 dōngxi

这篇文章以对话为主，朗读时要运用语气、语速的变化来区分角色：孩子的话要读得争先恐后，母亲的话要读得温柔可亲，父亲的话则要读得语重心长，勾连上下文线索作用的语言可以读得平静和缓，恰如其分地形成对比衬托。

二、朗读技巧运用

朗读一篇文章时，在读准字音、读准声调的基础上，还要注意作品的停连、重音、语调、节奏等技巧运用。

（一）停连

停连是指朗读过程中声音的暂时休止和接续。一方面，停连是作品思想感情发展变化的需求，在适当的地方利用停连造成声音的暂时间歇和延读，可帮助听者更好地理解和感受作品的思想内容；另一方面，它也是朗读者生理上的需要。

目前测试中常见的停连不当主要表现为：

（1）念字式的"朗读"。朗读变成单纯的念字，把按词分读变成按字分读，一字一顿，只简单地将音节读出来，缺乏语言的流畅感。

（2）念经式的"朗读"。四平八稳，一板一眼，匀速前进。听起来好像字字清楚，但没有美感，如同听老和尚念经，让人乏味，几欲昏睡。

（3）八股式的"朗读"。只刻意追求声音的形式，而忽略不同的文本内容，表现为朗读节奏僵化，顿连千篇一律、呆板单调。

正确的停连应遵循以下规律：

第一，根据作品的标点符号处理停连。

标点符号是书面语言的停顿符号，也是朗读者进行停连安排的重要依据，朗读停连必须服从标点符号。标点符号的停顿规律一般是，段与段之间停顿最长，句号、问号、感叹号、省略号的停顿略长于分号、破折号、连接号；分号、破折号、连接号的停顿时间又长于逗号、顿号、冒号。以上停顿也不是绝对的。有时为表达感情的需要，在没有标点的地方也可以停顿，在有标点的地方也可以不停顿。如《最后一课》结尾句："放学了，——你们走吧！"朗读时应该处理为"放学了，——你们……走吧！""你们"后面作适当的停顿是为了表现乡村教师韩麦尔痛苦和不舍的复杂情感。

比较好的办法是在练习时将应该停顿的地方打上停顿记号"/"或"//"或"///"，分别表示较短、较长、最长的停顿；而在延续的地方打上记号"⌣"。

第二，根据作品的语法需要处理停连。

朗读时，有些句子较长，结构比较复杂，句中又没有标点符号，有些应试者朗读起来就像是开机关枪，从头到尾直读得上气不接下气。其实这时要根据语法需要处理停连。这种中途的自然停顿是为了强调、突出句子中主语、谓语、宾语、定语、状语或补语而作的短暂停顿，可以正确、清楚地表达作品的思想内容，但是，如果停顿不当，就会破坏句子结构，这就叫读破句。朗读测试中忌读破句，应试者要格外注意。

要想提高自身的朗读水平，对语法的学习必不可少，它有助于我们在朗读中正确地处理停连。

第三，根据作品的感情需要处理停连。

一般来说，感情停连不受标点符号和句子语法关系的制约，完全是出于感情或心理的需要而作的停连处理。作品中的一些特殊地方受感情支配决定停与不停，它的特点是声断而情不断，也就是声断情连。例如，作品 27 号《麻雀》第四小节"发出绝望、凄惨的叫声"中的顿号不停顿，以便于表达惊险、恐怖的情状。

而作品每个自然小节开头，以单音节"我""在"起头的，出于韵律的需要，延长为两个音节时值的较多。例如作品 43 号《我的信念》第四节"我/永远追求安静的工作"，作品 41 号第一节"在/里约热内卢的一个贫民窟里"。

【课堂训练】

枯藤/老树/昏鸦，小桥/流水/人家，古道/西风/瘦马。夕阳西下，断肠人/在天涯。

小时候，乡愁/是一枚/小小的/邮票，我/在这头，母亲/在那头。长大后，乡愁/是一张/窄窄的/船票，我/在这头，新娘/在那头。后来啊，乡愁/是一方/矮矮的/坟墓，我/在外头，母亲/在里头。而现在，乡愁/是一湾/浅浅的/海峡，我/在这头，大陆/在那头。

（二）重音

在朗读中，为了准确地表达语意和思想感情，有时需强调那些起重要作用的词或短语，被强调的这个词或短语通常要读重音。重音是通过强调声音来突出意义的，它是体现语句内容的重要手段。在朗读中，重音不同，语意也不同。它能给色彩鲜明、形象生动的词增加分量，是体现文章节律的一种很重要的朗读技巧。

在朗读过程中如何确定重音的位置？分述如下：

1. 语法重音

在朗读中，有些句子成分较其他句子成分往往会读得稍重一些，这就是语法重音，它是根据语法结构特点读出的重音。

语法重音是有规律的，位置比较固定。一般来讲，需要重读的有：

（1）短句中的谓语。如朱自清的《春》："山朗润起来了，水涨起来了，太阳的脸红起来了。"

（2）动宾结构或介宾结构中的宾语，如谢冕的《读书人是幸福人》："人们从《论语》中学得智慧的思考，从《史记》中学得严肃的历史精神，从《正气歌》中学得人格的刚烈，从马克思学得人世的激情，从鲁迅学得批判精神，从托尔斯泰学得道德的执著。"

（3）定语、状语、补语和中心词相比，读音要重些。如本杰明·拉什《站在历史的枝头微笑》："这可真是一种潇洒的人生态度，这可真是一种心境爽朗的情感风貌。"张玉庭的《一个美丽的故事》："就是这篇作文，深深地打动了老师。"朱自清的《春》："树叶儿却绿得发亮，小草儿也青得逼你的眼。"

此外，有些代词、比喻拟声词、指示代词和疑问代词也常重读，如"这本书是哪儿买的？"。值得注意的是，语法重音的强度不必过分强调，只是同语句的其他部分相比较，读得重些罢了。

2. 逻辑重音

有些句子或由于构造复杂，或由于表意曲折，或由于感情特殊，它的重音往往不能一下子确定，必须联系上下文对其细加观察，进行认真推敲，尤其要把它放到特定的语言环境中加以考察，才能确定其重音，通常把这类重音叫做逻辑重音。它没有固定的位置，需根据表意的内容和需要来确定。例如：

很早很早以前，猫并不吃老鼠。

有一只猫和一只老鼠住到了一起。

冬天快到了，它们买了一坛子猪油准备过冬吃。老鼠说："猪油放在家里，我嘴馋，不如藏到远一点儿的地方去，到冬天再取来吃。"猫说："行啊。"它们趁天黑，把这坛子猪油送到离家十里远的大庙里藏起来。

有一天，老鼠突然说："我大姐要生孩子，捎信让我去。"猫说："去吧，路上要小心狗。"

天快黑时，老鼠回来了，肚子吃得鼓鼓的，嘴巴油光光的。猫问："你大姐生了啥？""生个白胖小子。"猫又问："起个什么名字？"老鼠转一转眼珠说："叫，叫一层。"

又过了十来天，老鼠又说："我二姐又要生孩子，请我去吃饭。"猫说："早去早回。"老鼠边答应边往外走。

对以上文段中的这句"我二姐又要生孩子，请我去吃饭"的处理，如果把此句的重点放在"又"字上，就成了"我二姐以前生过一次孩子，现在又要生孩子"，这显然是错误的，因为上文有"我大姐要生孩子，捎信让我去"一句，据文意，"我二姐又要生孩子，请我去吃饭"一句的重音理应放在"二"字上，意思是别的姐姐曾生过孩子，现在该二姐生孩子了。由此可见，如果重音处理得不对，语意就不可能正确。

逻辑重音同语法重音有时是一致的，有时则是不一致的。当逻辑重音和语法重音不一致时，后者必须服从前者。

（1）并列性重音。

朗读作品中的时间、地名、人名、事物名称、形状、颜色、结构等并列性成分应处理成并列性重音。

例如作品 45 号《西部文化和西部开发》第三节："敦煌莫高窟是世界文化史上的一个奇迹，它在继承汉晋艺术传统的基础上，形成了自己兼收并蓄的恢宏气度，展现出精美绝伦的艺术形式和博大精深的文化内涵。秦始皇兵马俑、西夏王陵、楼兰古国、布达拉宫、三星堆、大足石刻等历史文化遗产，同样为世界所瞩目，成为中华文化重要的象征。"

（2）对比性重音。

例如作品 2 号《差别》第二节："可是一段时间后，叫阿诺德的那个小伙子青云直上，而那个叫布鲁诺的小伙子却仍在原地踏步。"

（3）呼应性重音。

问答式呼应性重音在朗读中经常遇到，所答必须针对所问，才能显出呼应关系。要抓住问话的重点，答话的重音需要准确。例如作品 7 号《二十美金的价值》第三节：小孩儿问："爸，您一小时可以赚多少钱？""这与你无关，你为什么问这个问题？"表示父亲生气；第四节："假如你一定要知道的话，我一小时赚二十美金"全句重读，表现父亲生气加剧，怒不可遏。

还有排比性重音、突出句子关系的重音、转折性重音、突出修辞色彩的重音等。逻辑重音的表现方法为加强音量、拖长音节、重音轻读（一般表现复杂而又细腻的感情）。

【课堂训练】

一、朗读以下句子，注意体会重音的使用。

1. 并列性：坐着，躺着，打两个滚，踢几脚球，赛几趟跑，捉几回迷藏。
2. 对比性：我爱热闹，也爱冷静；爱群居，也爱独处。
3. 呼应性：他还有一个小名，叫"狗剩子"。
4. 递进性：起先，这小家伙只在笼子四周活动，随后就在屋里飞来飞去。
5. 转折性：我们都以为她会和从前一样，谁知这一回，她撅起嘴来生气了。

二、朗读《狼和小羊》，体会一下重音的使用。

狼来到了小溪边，看见小羊正在那儿喝水。狼非常想吃小羊，就故意找碴儿，说："你把我喝的水弄脏了！你安的什么心？"

小羊吃了一惊，温和地说："我怎么会把您喝的水弄脏呢？您站在上游，水是从您那儿流到我这儿来的，不是从我这儿流到您那儿去的。"

狼气冲冲地说："就算这样吧，你总是个坏家伙！我听说，去年你在背地里说我的坏话！"

可怜的小羊喊道："啊，亲爱的狼先生，那是不会有的事，去年我还没有生下来哪！"

狼不想再争辩了，龇着牙，逼近小羊，大声嚷道："你这个小坏蛋！说我坏话的不是你就是你爸爸，反正都一样。"说着就往小羊身上扑去。

（三）语调

为适应思想感情表达的需要，说话或朗读时，句子总是要有高低升降的变化，这种变化就形成了语调。语调是有声语言所特有的，它是句子的语音标志，任何句子都带有一定的语调。我们在朗读时，如能注意语调的升降变化，语音就有了动听的腔调，听起来便具有音乐美，也就能够更细致地表达不同的思想感情。

语调是千变万化的，它的基本类型主要有以下四种：

（1）平调（用"→"表示）。

语调平缓、平稳。一般的叙述、说明，以及表示庄重、悲痛、迟疑、深思、冷淡、追忆等思想感情的句子用这种语调。朗读时语调始终平直舒缓，没有什么重读或强调的显著变化。

（2）升调（用"↗"表示）。

语调前低后高。升调多在疑问句、反诘句、短促的命令句子里使用，或者是在表示愤怒、紧张、警告、号召、惊诧的句子里使用。朗读时，注意语调由低逐渐升高，语气上扬。

（3）曲调（用"∨↘"或"∧↗"表示）。

语调先升后降或先降后升。曲调用于表达特殊的感情，出现在如讽刺、厌恶、讥笑、夸张、强调、双关、反语、惊异等句子里。朗读时把句子中某些特殊的音节特别加重、加高或拖长，形成一种升降曲折的变化。

（4）降调（用"↘"表示）。

语调前高后低。降调一般用在感叹句、祈使句或表示坚决、自信、肯定、赞许、祝愿等感情的句子里。表达沉痛、悲愤的感情时，一般也用这种语调。朗读时，注意调子由高逐渐降低，句末字声调应低而短。

【课堂训练】

一、朗读以下句子，注意根据句子的含义把握不同的声调：

1. 其实你在很久以前并不喜欢牡丹，（→）因为它总被人作为富贵膜

拜。（→）

2. 在浩瀚无垠的沙漠里，（→）有一片美丽的绿洲，（→）绿洲里藏着一颗闪光的珍珠。（→）

3. 他不就是被大家称为"乡巴佬儿"的卡廷吗？（↗）

4. 胡先生，难道说白话文就毫无缺点吗？（↗）

5. 小学的老师也太倒霉了吧。（↘）

6. 给水，不喝！（↘）喂肉，不吃！（↘）

7. 明天也许就是春天了吧？（↘）这样的温暖，（→）今天夜里山草也许就绿起来了吧？（↘）

8. 啊，（∧↗）亲爱的狼先生！（∨↘）那是不会有的事。（↘）去年（→）我还没生下来啦！（∧↗）

二、朗读叶挺的《囚歌》，注意句调的处理。

为人进出的门紧锁着，（→）

为狗爬出的洞敞开着，（→）

一个声音高叫着：（↗）

——爬出来吧，给你自由！（↘）

我渴望自由，（→）

但我深深地知道——（→）

人的身躯怎能从狗洞子里爬出！（↗）

我希望有一天，（→）

地下的烈火，（↗）

将我连这活棺材一齐烧掉，（↘）

我应该在烈火与热血中得到永生！（↘）

朗读测试中的语调考查部分很容易失分，应引起足够的重视，主要原因是带有明显的方言特征。尽管目前对"方言语调"内涵的界定还有待进一步完善，但"方言语调"的外在表征所涵盖的基本范围还是可以表述清楚的。

方言语调主要表现为：

（1）未能掌握好字调。在普通话语调诸多因素中，声调（字调）是最为敏感的，"字调"是"语调"的基础或灵魂。其中调形是首要因素，另外，在调形正确的前提下，调值是否到位，也会影响到普通话的语调。因此，方言声调（字调）的遗留表现在语句中一定会影响普通话语调的准确，是构成方言语调的重要特征之一。

（2）未能掌握好词的轻重格式。一个词的几个音节在实际呼读时，音量并不是均衡的。这种不均衡是有规律可循的，我们将这种规律称为词的轻重音格式。朗读时，不注意词语的轻重音格式，会造成声调的缺陷，轻重音的方言模式则是方言语调的另一个重要特点。

（3）未能掌握好音变规律。由音变错误或缺陷而形成的方言语调主要表现为该念儿化音的没念或卷舌色彩不够，上声在上声前未作变调处理，"一""不"在其他音节前一律读成原调，该音变的"啊"没有音变等，这种种表现均意味着带有方言语调。

为了正确把握语调，应试者要特别注意以下问题：

（1）词语轻重音格式。

一般来说，普通话词语的轻重音格式可以细分为四个等级，即重音、中音、次轻音、最轻音。

双音节词的轻重音格式可以是：①"中·重"格：后一个音节的朗读比前一个音节稍微强一些。如"国家""伟大""蝴蝶"等，双音节词绝大多数是这个格式，这是双音节词朗读的基本格式。但是，在方言中却有人把"中·重"格式的词语读作"重·中"或是"重·轻（次轻、最轻）"格式，把第一个音节读得重而长，把第二个音节读得轻而短。这种念法与普通话的轻重音格式明显形成听感上的差异，因而就带有方言语调了。②"重·次轻"格：后一音节的朗读比前一音节稍弱。如"艺术""作用""目的"等，这部分即所谓的"可轻可不轻"的情况。③"重·最轻"格：后一音节的朗读比前一音节弱。如"行家""记性""委屈"等，这部分即所谓的"必读轻声词"的情况。

三音节词的轻重音格式可以是：①"中·次轻·重"格：朗读时中间的音节最弱，重音应该落在末一音节上。如"辩证法""创造性""殖民地"等，这是绝大多数三音节词的轻重音格式。②"中·重·最轻"格：朗读时，中间音节是重音，末一音节最弱。如"胡萝卜""好家伙""同学们"等。③"重·最轻·最轻"格：朗读时，后两个音节声音很弱，重音落在前一音节上。如"姑娘们""朋友们""娃娃们"等。

四音节词的轻重音格式可以是：①"中·次轻·中·重"格：朗读时，第二音节声音较弱，最末音节为重音。如"自力更生""不动声色""层出不穷""此起彼伏"等，这个格式在四音节词中占绝大多数，是四音节词的基本格式。②"中·次轻·重·最轻"格：此类四音节词语往往是由两个轻声词语结合而成。朗读时，第二音节较弱，最末音节最弱，重音是第三音节。如

"如意算盘""外甥媳妇（儿）"等。

朗读短语和句子，可先将其划分为双音节、三音节、四音节词，然后确定朗读时的轻重音格式。

（2）语流音变现象。

以1号作品为例，前400个音节中涉及语流音变的音节数共计134个，约占总音节数的三分之一。其中上声变调72个，"一"的变调9个，"不"的变调12个，必读轻声词31个，两可轻声词9个，儿化词1个。由此可见，语流音变掌握正确与否也是衡量语音面貌是否符合普通话标准语调的主要内容。语流音变现象主要有：

第一，语气词"啊"的音变。

共有以下作品涉及语气词"啊"的音变：3号作品"原来是天上的啊！"中的"啊"读 ya（呀）。5号作品"嗬！好大的雪啊！"中的"啊"读 ya（呀）。22号作品"唱啊唱，嘤嘤有韵。"中的"啊"读 nga；"是啊，我们有自己的祖国。"中的"啊"读 ra。25号作品"但这是怎样一个妄想啊。"中的"啊"读 nga；"这才这般的鲜润啊！"中的"啊"读 na（哪）。27号作品"狗该是多么庞大的怪物啊！"中的"啊"读 wa（哇）；"是啊，请不要见笑。"中的"啊"读 ra。39号作品"应该奖励你啊！"和"而是自己的同学啊！"中的"啊"都读 ya（呀）。

第二，"一""不"的变调。

"一""不"在语流中出现要变调，应试者在测试时因为注意力较多地集中在字音的准确上，往往会忽视"一""不"的变调问题，所以平时训练要多加关注，"一""不"的变调比较集中在1号、6号、14号、15号、17号、22号作品中。

"一""不"的变调规则可用四句话概括："单说句末念本调"，"去声前面念阳平"，"非去声前念去声"，"夹在词中念轻声"。

（3）准确辨读轻声词。

朗读这一项测试，需要应试者平时不断地积累、特别地记忆轻声词。根据规律掌握轻声词，熟悉《普通话水平测试用必读轻声词语表》。此外，还需分类巧记没有规律的轻声词。

【人体、器官】	头发	脑袋	耳朵	眉毛	眼睛	嘴巴	舌头	胳膊
	指甲	指头	脊梁	骨头	尸首	屁股	喉咙	
【动物、植物】	畜生	刺猬	蛤蟆	狐狸	骆驼	牲口	八哥	苍蝇
	跳蚤	扁豆	萝卜	高粱	蘑菇	芝麻	庄稼	

【感受、感情】	别扭	迷糊	糊涂	快活	凉快	舒服	疏忽	爽快
	委屈	喜欢	在乎	自在	憋闷	恶心	脾气	
【物品】	棒槌	包袱	簸箕	柴火	灯笼	铺盖	扫帚	帐篷	算盘
	篱笆	钥匙	衣服	招牌	扁担	抽屉		
【称呼】	裁缝	大爷	大夫	道士	姑娘	喇嘛	朋友	师傅	特务
	学生	先生	丫头	少爷	闺女	寡妇	街坊	邻居	铁匠
	祖宗	状元	媳妇	女婿	亲家			

（4）恰当读好儿化词。

朗读时是否读儿化，不像判断是否轻声词语那样困难，其关键是怎么样读好。60篇朗读作品中共有以下篇目涉及儿化词：作品3号、5号、9号、27号、28号、30号、33号、35号、38号、41号。

要读好儿化词语，要注意以下三点：

第一，不要把"儿"音节与前面的音节割裂开来，像"加塞儿"，它是三个汉字代表两个音节，朗读时，只要在发"sāi"韵母的同时加上一个卷舌动作即可，"er"与韵母"ɑi"不能脱落，应该连成一个音节，读成"sāir"。

第二，注意儿化词语末一音节儿化后的声调应与原声调一致。如"纳闷儿"，末一音节"闷 mèn"是去声调，调值是51，儿化"闷儿 mènr 也应该为去声，朗读时，受"儿"原阳平声调35的影响，容易造成儿化韵音节声调的缺陷，把 mènr 降调误读成降后又上扬的趋势，即调值由原来的51变为513。

第三，朗读儿化词语，因为平时运用不多，舌头不听使唤，读起来特别生硬，因此往往会不自觉地用重读来强调儿化韵。其实，儿化韵不能重读，儿化重读会造成声调缺陷。朗读儿化词语时，应该语气轻快，在词末一带而过，给人以活泼的感觉。除了多听《普通话水平测试用儿化词语表》的示范朗读外，还要多做"体力活"——多读、多练、多说。

（四）节奏

苏联戏剧家古里耶夫对节奏有这样的阐述："任何一种运动为了完成它自己的使命，都必须有规则、有秩序。运动中的这种秩序，也就是节奏。"

"嘈嘈切切错杂弹，大珠小珠落玉盘。"朗读节奏是指朗读过程中由声音抑扬顿挫、轻重缓急而形成的回环往复的形式。它是朗读时不可或缺的技巧，作品朗读的节奏，应以朗读者对作品内容生发的思想感情波澜为依据。

常见的节奏类型如下：

1. 轻快型

这种节奏语速较快，轻多重少，扬多抑少，语流活泼流畅，词语密度大，总体偏于轻快，有时有跳跃感，多用来描绘欢乐、诙谐的生活场景。例如：

①我爱看天上的一片云，那片白白的、会变的云。瞧它一会儿变成只小黄狗，摇着尾巴，追着太阳跑；一会儿变成只小灰羊，在草原上撒欢儿跳高。

②小草偷偷地从土里钻出来，嫩嫩的，绿绿的。园子里，田野里，瞧去，一大片一大片满是的。坐着，躺着，打两个滚，踢几脚球，赛几趟跑，捉几回迷藏。风轻悄悄的，草绵软软的。

③从未见过开得这样盛的藤萝，只见一片辉煌的淡紫色，像一条瀑布，从空中垂下，不见其发端，也不见其终极。只是深深浅浅的紫，仿佛在流动，在欢笑，在不停地生长。紫色的大条幅上，泛着点点银光，就像迸溅的水花。仔细看时，才知那是每一朵紫花中的最浅淡的部分，在和阳光互相挑逗。

2. 沉稳型

这种节奏语速较为缓慢，抑多扬少，重多轻少，为突出浓重感而较为着力，词语密度疏，常用来表现庄重肃穆的气氛、悲痛抑郁的情感和沉思严肃的意味。例如：

①灵车队，万众心相随。哭别总理心欲碎，八亿神州泪纷飞。红旗低垂，新华门前洒满泪。日理万机的总理啊，您今晚几时回？

②新年的早晨，人们看到小女孩仍坐在墙角里，她双颊通红，脸上带着幸福的微笑。可是，她已经死了，冻死在圣诞节的夜晚，她手里仍握着一把烧过的火柴梗。

③再也读不到传世的檄文，只剩下廊柱上龙飞凤舞的楹联。再也找不到慷慨的遗恨，只剩下几座既可凭吊也可休息的亭台。再也不去期待历史的震颤，只有凛然安坐着的万古湖山。

3. 舒缓型

这种节奏语速从容舒畅，语势较平稳，起伏不大，音色柔和甜美，常常用来描绘幽静的场面和美丽的景色，也可以表现舒展的情怀。例如：

①大海上一片静寂。在我们的脚下，波浪轻轻吻着岩石，像朦胧欲睡似的。在平静的深黯的海面上，月光劈开了一款狭长的明亮的云汀，闪闪地颤动着，银鳞一般。

②漓江的水是那样的澄澈、静美，深吸一口仿佛能荡涤人的五脏六腑，叫人怎么忍心去惊动它呢？

③轻轻的，我走了，正如我轻轻的来；我轻轻的招手，作别西天的云彩。

那河畔的金柳，是夕阳中的新娘；波光里的艳影，在我的心头荡漾。软泥上的青荇，油油的在水底招摇；在康河的柔波里，我甘心做一条水草！那榆荫下的一潭，不是清泉，是天上虹；揉碎在浮藻间，沉淀着彩虹似的梦。寻梦？撑一只长篙，向青草更青处漫溯；满载一船星辉，在星辉斑斓里放歌。但我不能放歌，悄悄是别离的笙箫；夏虫也为我沉默，沉默是今晚的康桥！悄悄的我走了，正如我悄悄的来；我挥一挥衣袖，不带走一片云彩。

4. 强疾型

这种节奏语速较快，声音强劲有力，句中停顿较短，常用来表现激动难控的心情和紧张急迫的场景，或用于鼓动性的演说和抒发激越的情怀。例如：

①在苍茫的大海上，狂风卷集着乌云。在乌云和大海之间，海燕像黑色的闪电，高傲的飞翔。一会儿翅膀碰着波浪，一会儿箭一般地直冲向乌云，它叫喊着，就在这勇敢的叫喊声里，乌云听出了欢乐。

②望长城内外，惟余莽莽；大河上下，顿失滔滔。山舞银蛇，原驰蜡象，欲与天公试比高。须晴日，看红装素裹，分外妖娆。

③浩瀚的太空从此写下了中国人的名字，留下了中国人的脚印。中华民族千年的飞天梦想，今朝终于成真了！

以上四种只是节奏的基本类型，具体到每一作品中不可能只有一种节奏，往往是侧重一种，辅以多种，互相渗透融合。但这种融合必须立足于作品的全篇和整体，不能随心所欲。此外，还要练习词、词组和句子成分的节奏，因为这些也会影响整个语流的节奏。

【课后训练】

一、朗读《雷雨》中周朴园和鲁侍萍的对话片段，注意根据人物心情的变化调整语速。

周：梅家的一个年轻小姐，很贤惠，也很规矩。有一天夜里，忽然地投水死了。后来，后来——你知道吗？（慢速。周朴园故作与鲁侍萍闲谈状，以便探听一些情况。）

鲁：这个梅姑娘倒是有一天晚上跳的河，可是不是一个，她手里抱着一个刚生下三天的男孩，听人说她生前是不规矩的。（慢速，侍萍回忆悲痛的往事，又想极力克制怨愤，以免周朴园认出。）

鲁：我前几天还见着她！（中速。）

周：什么？她就在这儿？此地？（快速。表现周朴园的吃惊与紧张。）

鲁：老爷，您想见一见她么？（慢速。鲁故意试探。）

周：不，不，不用。（快速。表现周朴园的慌乱与心虚。）

周：我看过去的事不必再提了吧。（中速。）

鲁：我要提，我要提，我闷了三十年了！（快速，表现鲁侍萍极度的悲愤以至几乎喊叫。）

二、熟读普通话水平测试作品 21—40 号。

第三节　朗读专题训练

【练一练·绕口令】

杨家养了一只羊，蒋家修了一道墙。杨家的羊撞倒了蒋家的墙，蒋家的墙压死了杨家的羊。杨家要蒋家赔杨家的羊，蒋家要杨家赔蒋家的墙。

一、单项训练

孔子云："工欲善其事，必先利其器。"朗诵之器在嘴上。要练就一张嘴皮子，要在以下几项下足工夫。

（一）停连训练

1. 标点符号停连训练

停顿时间的长短一般为顿号 < 逗号 < 分号 < 冒号 < 句号、问号、叹号。例如：

①正像达尔文发现有机界发展规律一样，马克思发现了人类历史发展规律，即历来为纷繁芜杂的意识形态所掩盖的一个简单事实：///人们首先必须吃、喝、住、穿，/然后才能从事政治、科学、艺术、宗教等等；//所以，直接的物质生活资料的生产，从而一个民族或一个时代的一定的经济阶段，便构成了基础，人们的国家制度，法的观点、艺术以至宗教观念，/就是从这个基础上发展起来的，因而也必须由这个基础来解释。而不是像过去那样做得相反。（恩格斯《在马克思墓前的讲话》）

②山是墨一般的黑，//陡立着，//倾向江心，//仿佛就要扑跌下来；///而月光，//从山顶上，//顺着深深的、/直立的谷壑，//把它那清冽的光

辉，//一直泻到江面。(方纪《三峡之秋》)

③她一手提着竹篮，/内中一个破碗，/空的；//一手拄着一支比她更长的竹竿，/下端开了裂：///她分明已经纯乎是一个乞丐了。(鲁迅《祝福》)

④南来的钢筋、花布，北往的柑橙、家禽，绘出交流欢跃图……(郑莹《家乡的桥》)

【提示】

例①、②、③、④中凡是有标点的地方，朗读时都必须根据不同的点号进行长短不同的停连。

2. 感情需要停连训练

①桌子放在堂屋中央，系长桌帷，她还记得照旧去分配酒杯和筷子。"祥林嫂，你放着吧，我来摆。"四婶慌忙地说。她讪讪地缩了手，又去取烛台。"祥林嫂，你放着吧，我来拿。"四婶又慌忙地说。(鲁迅《祝福》)

②始终微笑的和蔼的刘和珍君//确是//死掉了。(鲁迅《记念刘和珍君》)

③落光了叶子的柳树上/挂满了毛茸茸亮晶晶的银条儿。(峻青《第一场雪》)

④在这叫喊声里，乌云听出了/愤怒的力量，热情的火焰和胜利的信心。

(高尔基《海燕》)

【提示】

例①画线的地方可以不停顿，一气读出，这样处理，可以突出四婶的紧张心理——"千万不要碰"，反映出对吃人封建礼教的深刻揭露和鞭挞。例②中的停顿潜藏着作者为一个年轻的生命就这样陨灭而感到的极度哀痛。例③在"落光了叶子的柳树上"后面"挫"一下——抑扬顿挫的挫，就不至于在读到"亮"字后边的时候喘不过气来，只得停顿读成"落光了叶子的柳树上挂满了毛茸茸亮——晶晶的银条儿"，"亮晶晶"这个词读成了"亮——晶晶"，成了破词。当然，这种停顿也不能太长，要注意上下语意的连接。例④中的"乌云听出了"是呼，后面的三个短语"愤怒的力量""热情的火焰""胜利的信心"是应。在"听出了"后面要停顿明确，后面三个短语之间要紧凑，如果机械地按标点符号停顿，成为"在这叫喊声里，乌云听出了愤怒的力量，/热情的火焰和胜利的信心"，这样朗读就破坏了句子内部的对应关系，造成语义不清。

（二）重音训练

1. 语法重音训练

①忽然，小鸟张开翅膀，在人们头顶盘旋了几圈儿，"噗啦"一声落到了船上。（王文杰《可爱的小鸟》）

②我心里，有着说不出的兴奋和愉快。（峻青《海滨仲夏夜》）

③花生的价钱便宜，谁都可以买来吃，都喜欢吃。这就是它的好处。（许地山《落花生》）

④这就是白杨树，西北极普通的一种树，然而决不是平凡的树！（茅盾《白杨礼赞》）

【提示】

语法重音是由语句的结构自然表现出来的重音，有规律可循。位置也比较固定。例①中的谓语部分，例②中心语的修饰成分，例③中的指示代词，例④中带有强调色彩的程度副词等都是语法重音。

2. 逻辑重音训练

①那儿是寂寞的、孤独的、忧郁的，这儿却是热闹的、昂扬的、欢快的。（林非《高楼远眺》）

②远远望去，既像一簇洁白的贝壳，又像一队扬帆的航船。（司徒一凡《悉尼歌剧院》）

③如果美是专指"婆娑"或"横斜逸出"之类而言，那么，白杨树算不得树中的好女子；但是它却是伟岸，正直，朴质，严肃，也不缺乏温和，更不用提它的坚强不屈与挺拔，它是树中的伟丈夫！（茅盾《白杨礼赞》）

④和新朋友会谈文学、谈哲学、谈人生道理等等，和老朋友却只话家常，柴米油盐，细细碎碎，种种琐事。（杏林子《朋友和其他》）

【提示】

例①表示对比的词语，例②表示比喻性的词语，例③表示并列的词语，例④表示递进关系、因果关系、假设关系、条件关系、转折关系的偏正复句，一般正句重读；而且重音常常落到"然而""但是""却""所以""才""就""也""都"等虚词上。

（三） 语调训练

语调运用的一般规律是：喜则声高，悲则调沉，爱则声柔，憎则调硬，急则声短，冷则调平，惧则声抖，怒则调重，疑则声粘，静则调舒。感情上有千变万化，语调上呈现出千差万别。

①世界上还有比这样在敌人刑场上举行的婚礼更动人的吗？（↗）（反诘）

②沉默啊，沉默！（↘）不在沉默中爆发，（→）就在沉默中灭亡！（↗）（愤怒）

③艾奇逊的历史知识等于零。（↗）他连美国独立宣言也没有读过。（∨↘）（讽刺）

④怒发冲冠，（↗）凭栏处、潇潇雨歇。（↘）抬望眼、仰天长啸，壮怀激烈。（↘）三十功名尘与土，八千里路云和月。莫等闲、白了少年头，空悲切！（↗）靖康耻，犹未雪。（↘）臣子恨，何时灭！（↗）驾长车，踏破贺兰山缺。壮志饥餐胡虏肉，笑谈渴饮匈奴血。（↗）待从头、收拾旧山河，朝天阙。（↗）

【提示】

例④选自岳飞的《满江红》，这首向来以忠愤著称，洋溢着爱国主义激情的词篇，言辞壮烈，感情豪迈。无疑要以高昂激越的声调，厚实饱满的声音，充实酣畅的气息，表达词人报仇雪恨、收复河山的壮怀壮志。

（四） 语速训练

语速是朗读时每个音节的长短及音节之间连接的松紧。若要正确地表现各种不同的生活现象和人们的思想感情，就必须采取与之相适应的不同的朗读速度。朗读的速度取决于作品的内容和体裁。

1. 根据内容掌握语速

朗读时的语速须与作品的情境相适应，根据作品的思想内容、故事情节、人物个性、环境背景、感情语气、语言特色来处理，例如，孙悟空与唐僧、王熙凤与林黛玉就是鲜明的对照。当然，语速的快慢在一篇作品中并不是一成不变的，它要根据具体的内容作相应的变化。通常表现高兴、紧张、害怕、激动、愤怒等内容时语速较快，表现悲伤、失望、生病、哭泣等内容时语速较慢。

2. 根据体裁掌握语速

一般来说，说明文语速最慢，议论文稍快一点儿，记叙文较快。国家《普通话水平测试大纲》在选编朗读测试材料时，为了保证作品难易程度和评分标准的一致性，所选的 60 篇作品几乎都是记叙文。记叙文有记事、记言。

相对来说，记事要读得快些，记言要读得慢些。

①随着一声惊叫，我和其他游客一块涌上前去，看个究竟。原来里面竟然是耀眼闪光的紫水晶。（爱薇《一言既出》）

②可小鸟憔悴了，给水，不喝！喂肉，不吃！细亮的羽毛失去了光泽。（王文杰《可爱的小鸟》）

③巴尼拿起手边的斧子，狠命朝树身砍去。可是，由于用力过猛，砍了三四下后，斧子柄便断了。巴尼觉得自己真的什么都完了。（《难以想象的抉择》）

④可万万没有想到，这么一位在艺术上日趋辉煌、前途不可估量的小"猴娃"，竟然被白血病这个病魔无情地夺走了生命，年仅16岁。他的英年早逝，着实令人痛惜不已。（新凤霞《生命在于奉献——电视连续剧〈猴娃〉观后》）

【提示】

例①的语速应该稍快一些，因为它所反映的内容是参观者急于知道衣服下盖着什么的急切心情。例②语速则应适当放慢一些，表现小鸟的思乡之情。例③表示情况紧急，用稍快语速朗读。例④表达痛惜的心情，用较慢语速朗读。

二、综合训练

综合训练是按朗读要求，运用朗读技巧对文章进行练习。需注意以下两点：

1. 阅读理解，把握作品的基调

基调是指作品的基本情调，即作品的总的态度感情，总的色彩和分量。要把握好基调，首先要熟悉作品，深入理解作品的精神实质，力求从作品的体裁、作品的主题、作品的结构、作品的语言等方面入手，进行充分有效的解析，在此基础上，朗读者才能产生出真实的感情，才能准确地掌握作品的情调与节奏，产生出内在的、急于要表达的朗读欲望。同时，只有经历这样一个复杂的过程，作品的思想才能成为朗读者的思想，作品的感情才能成为朗读者的感情，作品的言语表达才能成为朗读者的言语表达。也只有经历这样一个复杂的过程，朗读者才能把握住基调。可从以下三个方面入手：

（1）了解作者的思想和作品的时代背景。

（2）深入揣摩作品的主题，这是理解作品的关键。

（3）根据不同体裁作品的特点，熟悉作品的内容和结构。

2. 设计方案，认真充分练读

就是要在深刻理解作品内容的基础上，设计如何通过语音的具体形象把原作的思想感情表达出来。

（1）要根据不同题材、不同文体、不同语言风格，以及不同听众对象等因素来确定朗读的基调。

对于记叙性作品，应着重熟悉作品的情节与人物性格；对于议论性作品，应着重抓住中心论点和各分论点；对于说明性作品，应着重了解事物、事理的特征和规律；对于抒情性作品，应着重梳理其抒情线索和感情格调。总之，只有掌握了不同作品的特点、具体内容，才能准确地把握不同的朗读方法。

（2）对整个作品的朗读方案应有总体考虑。例如，作品中写景的地方怎么读，作品的高潮在什么地方，怎么安排快慢、高低、重音和停顿等。

下面以作品53号——《语言的魅力》为例进行综合训练，注意把握其基调。

《语言的魅力》讲述了法国著名诗人让·彼浩勒帮助一位盲老人的故事。文章通过对盲老人在巴黎大街上乞讨由失败到成功过程的记叙，让读者看到了诗意语言的魅力和人类情感的力量。同样的一天，同样繁华的巴黎大街，同一个双目失明的老人在做着同一件事——乞讨，结果却有着天壤之别，是什么原因使事情的结果发生了如此的变化呢？是因为上午的情态让行人只是感到老人眼睛瞎了，而下午的情态，诗人只是轻松地加了"春天到了，可是"这几个字，但是对盲老人的意义就不同了，因为在正常人眼里，春天是美丽的，有蓝天白云，有绿树红花，有莺歌燕舞，有流水人家，可是，盲老人一辈子都没看见过这么美的景色，怎能不让人产生同情之心呢？诗人用"春天到了，可是"几个字触动了那些无动于衷的行人内心美好的一面，唤醒了行人藏在深处的同情心，拨动了其感情深处的心弦，行人们于是纷纷解囊相助。当然，这一过程与诗人让·彼浩勒不无关系，实际上是让·彼浩勒一颗晶莹剔透的爱心呼唤着行人心底的爱。这篇课文的叙述层次很清晰，前后的对比分明，最后一个自然段揭示出语言产生如此大的魅力的原因。

有了对文章这样的认识，朗读就有了依托。本文朗读的基调应是舒缓中含有激情，读叙述部分应平稳而不平淡，读议论部分应感叹而富有节奏。

【提示】

在繁华的巴黎大街的路旁，站着一个衣衫褴褛、头发斑白、双目失明的老人。他不像其他乞丐那样伸手向过路行人乞讨，而是在身旁立一块木牌，上面写着："我什么也看不见！"街上过往的行人很多，看了木牌上的字都无动于衷，有的还淡淡一笑，便姗姗而去了。

文章第一节叙写盲老人上午的乞讨情景。朗读时要注意将老人的凄苦和行人的不屑一顾形成对比，语气要沉重些。首句缓起，语势平稳，"褴褛""斑白""失明"读得稍重些，以突出老人生活的悲凉。次句为偏正复句，写老人乞讨的特殊情态，前面偏句语势上行、气息稍紧，后面正句语势下行、气息偏松，木牌上的话"我什么也看不见！"朗读时口腔积极敞开，气沉声缓，以读出悲伤的语气。第三句用复句写行人，语调偏高，前三个分句的语势都由低到高，"无动于衷""淡淡一笑"为感情重音，要读出漠然的语气，最后一个分句语势下抑、缓收。

这天中午，法国著名诗人让·彼浩勒也经过这里。他看看木牌上的字，问盲老人："老人家，今天上午有人给你钱吗？"

盲老人叹息着回答，"我，我什么也没有得到。"说着，脸上的神情非常悲伤。

让·彼浩勒听了，拿起笔悄悄地在那行字的前面添上了"春天到了，可是"几个字，就匆匆地离去了。

晚上，让·彼浩勒又经过这里，问那个盲老人下午的情况。盲老人笑着回答说："先生，不知为什么，下午给我钱的人多极了！"让·彼浩勒听了，摸着胡子满意地笑了。

第二至第五节叙写诗人让·彼浩勒巧帮盲老人成功乞讨的情形。朗读这一部分要注意人物身份不同会导致其语言的语气不同，同一人物的情绪发生变化，其语言的语气也要随着发生变化。

诗人让·彼浩勒中午问盲老人的话，气息要深长，声音要轻柔，语速要放慢，"钱"可读得稍重些，以表现让·彼浩勒是一个充满爱心的诗人以及他对盲老人窘境的关切。盲老人的回答，气息空弱，声音低沉，要读出无可奈何的叹息语气，语速放慢一些会更合适。晚上盲老人乞讨到了钱，当让·彼浩勒问及时，其回答应和中午的形成鲜明的对比，"先生，不知为什么，下午给我钱的人多极了！"句子的气息要饱满，声音偏高偏快，尤其是词语"多极了"，最能凸现老人兴奋而意外的高兴心情。

朗读第四小节时内心要展示让·彼浩勒做了好事没有声张的崇高形象，语调平稳坚定，要读出敬佩的语气，"悄悄"为感情重音，可采用低缓而坚实的声音形式来处理。

"春天到了，可是我什么也看不见！"这富有诗意的语言，产生这么大的作用，就在于它有非常浓厚的感情色彩。是的，春天是美好的，那蓝天白云，那绿树红花，那莺歌燕语，那流水人家，怎么不叫人陶醉呢？但这良辰美景，对于一个双目失明的人来说，只是一片漆黑。当人们想到这个盲老人，一生中竟连万紫千红的春天都不曾看到，怎能不对他产生同情之心呢？

文章最后一节是感叹性议论。读这一节声音要富有感染力，语调宜高扬。首句为陈述句，引号里的话强起，稍快上行，重读"春天""什么"，接着语势稍抑平行，至句末渐缓稍顿平收，"诗意""这么""感情"为呼应重音。次句为感叹反问句，低起缓行，至排比短语处因要尽情赞美春天，故语势转为上行，声音拉紧，至第四个短语处语势转抑，声音放松，蓄势后语势又转为上行，声音渐紧渐高，要读出反问的语气。第三句为陈述句，语调平稳，重读"良辰美景""失明""漆黑"。一个"但"字把人们从春天的美景中拉了回来，春天如此美好，大自然如此多姿多彩，然而这个老人却连享受春天、享受大自然的基本权利都没有，实在令人叹息和同情！要注意其间的呼应感，把握一种失望的情感。最后一句为感叹反问句，平起缓行，至"春天"处稍许停顿，以突出其后"不曾看到"，进而引出人们对盲老人的"同情之心"。"同情之心"为感情重音，声音无须高强，可采用低缓含蓄加一字一顿的声音形式来处理，这样可引发听者心灵的震颤和对全文主旨的思考。

【课后训练】

一、阅读以下文段，在理解文意的基础上谈谈在朗读中应如何处理其停连、重音、节奏、语调等问题。

文段一

曾经有一位医生替一位成绩卓越的实业家诊疗，劝他多多休息。实业家愤怒地抗议："我每天承担巨大的工作量，没有一个人可以分担一丁点儿的业务，大夫，你知道吗？我每天都得提着一个沉重的手提包回家，里面装的是满满的文件呀！"

"为什么晚上还要批那么多文件呢？"医生很诧异地问道。

"那些都是当天必须处理的急件。"实业家不耐烦地回答。

"难道没有人可以帮你的忙吗？你的助手、副总呢？"

"不行啊！这些只有我才能正确地批示呀！而且我还必须尽快处理，要不然公司怎么办？"

实业家一副不屑的样子。

"这样吧，我现在给你开个处方，你能否照办？"医生没有理会实业家，似乎心里已经有了决定。

实业家接过处方——"每个星期抽空到墓地走一趟，每天悠闲地散步两小时。"

"每个星期抽空到墓地走一趟？这是什么意思？"实业家看到处方很是惊讶。

"我知道你会很惊讶，"医生不慌不忙地回答，"我希望你到墓地走一走，看看那些与世长辞的人的墓碑。他们中有多少人生前与你一样，甚至事业做得比你更大，他们中也有许多人跟你现在一样，什么事都放心不下，认为什么事都得自己扛，如今他们全都长眠于黄土之中，然而整个地球的活动还是永恒不断地进行着。我建议你每个星期站在墓碑前好好想想这些摆在你面前的事实，也许会有所解脱。"

实业家安静了下来，悄悄与医生道别。他按照医生的指示，释缓生活的步调，试着慢慢转移一部分权力和职责。一年后，他只控制全局，把自己的大部分工作分摊给了下属，然而让他想不到的是这一年企业业绩比以往任何一年都好。

其实，人要学会悠闲地生活，学会"每个星期抽空到墓地走一趟"的精神，什么事都得拿得起放得下。没有你，地球仍然会旋转，没必要把自己搞得紧紧张张的，什么事都自己扛。虽说正常的紧张可以让你保持奋发，不断刺激你，让你在高效率之下创造性地工作，但我们如果能够学会控制紧张，那未尝不是一件好事，或许还会有意想不到的效果。

文段二

每年秋天，候鸟勇往直前地循着心中的路，朝南方温暖的湿地飞去时，我总望着天空发呆，总在想：南方的候鸟，他是否忘记了那片出生的树林和那片遗落在巢中的羽毛。可是，来年的春天，他又出现在枝头呼朋引伴。

这时，我想到了感恩，难道候鸟的回归不是对树林的感恩吗？是的，鲜花感恩雨露，因为雨露滋润他成长；苍鹰感恩长空，因为长空让他飞翔；高山感恩大地，因为大地让他高耸。因为感恩才会有这个多彩的世界，因为感恩才会有真挚的亲情，因为感恩才让我们懂得了生命的真谛！

从婴儿的呱呱坠地到哺育我们长大成人，父母的关心和爱护是最博大最无私的，父母的养育之恩是永远也诉说不完的：吮着母亲的乳汁离开襁褓；揪着父母的心迈出了人生的第一步；在甜甜的儿歌声中酣然入睡，在无微不至的关怀中茁壮成长。父母为我们不知花费了多少心血与汗水，编织了多少个日日夜夜，才使我们在这个五彩缤纷的世界里，体会着人生的冷暖，享受着生活的快乐。父母的爱柔如水，轻如烟，深沉如海，恩重如山。对这种比天高、比地厚的恩情，我们又能体会到多少呢？我们又报答了多少呢？

　　当我们用很酷的方式把吃剩的烟头弹出时，当我们用很轻松的口吻说自己蹉跎时光时，当我们用很浪漫的心情与朋友闲逛时，当我们用很自豪的态度逃课上网时，当我们用很潇洒的姿态应付生活时，而我们的父母呢？总是以很富裕的方式给我们掏钱，总是以很轻松的口气对我们说上班不累，总是以很奢侈的方式让我们吃顿饺子，总是以一种很幸福的口吻对我们说拥有我们这样的孩子，他高兴。

　　翻开历史的画卷，感恩的故事举不胜举：古有子路养亲远负米，陆绩念母怀丹橘，今有田世国为母捐肾脏，邹尊喜背父上大学……

　　这一个个故事让我们感动，更让我们惭愧。

　　朋友们，感恩我们的父母吧！

　　父母的一生可能是平凡的，平凡得让我们无法在别人面前谈起；父母的一生可能是清贫的，清贫得让我们不愿在众人面前夸赞炫耀；父母的一生可能是普通的，普通的就像一块随处可见的鹅卵石。可就是这样的双亲，在你跌倒的时候，扶你起来，教你站立，指引你一步步走向成功。

　　朋友们，让我们铭记父母的恩情，感恩父母的养育。风雨人生路，让感恩与你我同行！

文段三

　　一次，一个朋友来访，聊了很久。

　　忽然，他停下话题，说：你用了香水？我笑：怎么会！你知道，我是从来不用的。他疑惑地看着周围，那是哪儿来的香味儿啊？

　　我也疑惑起来，我从来不用香水，自然不会有香味儿。我的房间最近也没有女孩子来过，自然也不会有香味遗留。这倒是件奇怪的事了。

　　放缓了呼吸，仔细地分辨，似乎真的有那么一丝淡淡的香气，却无法确定来自哪里。朋友和我更加安静、用心去搜寻那丝淡淡香味的来源。一时间空气中有了极度的静默，原本若有若无的味道开始清晰起来。

　　我下意识地拍着自己的衣袋，转着身，环顾四周，不留神触到了什么。伸手进去，一下子恍然大悟：原来，在很久以前，去另一位朋友家做客，她正要扔掉一束花，说是一个不喜欢的人送的。我无可奈何地笑，得到太多爱心的人，总是不怎么在乎别人的心意。我对朋友说：好啊，不过留一朵给我吧，反正没有人送我，沾你点儿光。于是我揪了一朵，随手放进了衣袋，然后就把这事儿抛到了脑后。没想到，今天造成了这样的疑惑。

那朵花在衣袋里放了许久，早已干枯成了碎片，香味儿居然还在，虽然已经淡了很多。在这之前，我从来不知道一朵花的味道可以留存得这么久，甚至在干枯了以后。而且，那味道仿佛较之盛开时更好闻些，少了慑人的浓香，变成了似有似无的淡雅，反而多了些回味悠长的蕴藉。想想也是，大约也只有那么淡的味道才能维持得那么久，浓烈如鲜，怕早就挥发殆尽了吧。

有时候，人也如这花，年轻就像正鲜活的时候，香浓似酒，熏人欲醉，却无法持久，挥霍了青春的活力，剩下的也许就无几了。老了，就会淡一些，味道变得若有若无，不留心根本不会注意到。然而，那清淡的背后，却是岁月的记忆，往事的浓酽，漫漫长路中点点滴滴蕴成的安然。

在我们的心里，我们的过去，一定有许多的美好，只是被太多尘俗的贪欲、太多的索求、太多的烦恼所掩盖，使我们忘却了去体会、回味那些美好。在生命中，一定还有许许多多的东西，也如这花香般早已由浓转淡，由绚烂归于平淡，要我们用安静的心灵去领会。我们常常觉得世界不够美好，或许只是我们的心还不够安静，还体会不到那些美好。大约只有心灵宁静了，对美好事物的感觉才会敏锐起来，才能感受到生命的赠与吧。

生命的美好，往往不由外在，而许多的生命奥秘，也如这花香般淡淡地在那里，并不起眼，只有安然的心才能发觉。

但愿我们能有一颗宁静的心，能常常体会到生命中的那些美好，能常常感受到那隐藏在繁杂、喧嚣背后，平淡却真切的花香。

二、熟读普通话水平测试作品41—60号。

第四章　说话训练

第一节　语流与语调训练

【练一练·绕口令】

进了门儿，倒水儿，喝了两口儿运运气儿。顺手拿起小唱本儿，唱一曲儿，又一曲儿，练完嗓子我练嘴皮儿。绕口令儿，练字音儿，还有单弦儿，牌子曲儿，小快板儿，大鼓词儿，越说越唱我越带劲儿。

有这么一个故事：一个雨天，主人不想让来客投宿，于是在一张纸上写了几个字"下雨天留客天留我不留"，主人的意思是："下雨，天留客，天留我不留。"客人看了，偷偷加了标点呈回："下雨天，留客天，留我不？留！"见此，主人再也不好意思赶客人走了。

这个故事除了说明标点符号的重要性之外，还说明在普通话口语交际中，把握说话的语流也是必要的。一个人在说话过程中如果未能表现出一定的语流，缺乏轻重音的对比，不讲究语调的处理，就很容易让听者产生误解。可见，普通话的口语表达，不仅要准确，还要自然，而这个自然，就是要大家学会在说话的过程中如何通过一定的语流与语调来准确地传情达意。这一节，我们主要探讨普通话口语中语流、语调的处理。

在普通话水平等级测试中，我们发现许多考生在这一题上失分较多。他们中不少人其实在前面三题中失分较少，但到了这一题，却往往将其语言缺陷暴露无遗。归结起来，问题是多方面的，但主要表现在如下几个方面：

1. 心理素质不过关

有相当多的考生在进行到这一题时，变得结结巴巴，出现大量的语言空白，甚至有人无法坚持下去，提出要终止考试。在计算机辅助测试中，这一题的录音也表现出相当多的空白，或是"无效话语"，即与考题毫不相干的话语，如背诵歌词、演唱歌曲，不断地语无伦次地重复某些与话题无关而零碎的语言片段等，这些现象的存在或多或少地说明考生在这一题上信心不足，因而导致思维混乱、口齿不清，更不用说做到表达自然流畅了。而自然流畅，恰恰是说话题最基本的要求之一。

2. 语调生硬，背稿现象严重

很多考生在考试前都经过了"认真"的准备阶段，为了较好地完成第四题，不少人预先准备了"演讲稿"，或自己撰写，或上网搜索，总之，面对教材中提供的众多话题，不少人采取了"以一备万"的策略，希望能通过熟记某篇现成的讲稿，最终达到顺利完成说话项目的目的。但是，我们都知道，书面语与口语之间毕竟存在着较大的差距。许多用书面语书写出来的相当顺畅的语句，到了口语中却显得不自然；并且，一旦进入考试的紧张氛围之中，许多人会出现短暂的"失忆"现象，因此，无论他在考试前做了多么细致周密的准备，到了真实的考试时，却往往无法顺畅自然地"背诵"出所有的文字内容。文字稿非但不能有效地帮助其流畅地说话，反而会成为其圆满完成考试的一种巨大的阻碍。

3. 未能做到扬长避短

有些考生的感情控制能力并不好，但在说话题目的选择上，却偏偏要选择非常感性的话题，结果有时是泣不成声，根本无法将考试继续下去；有时是忘乎所以，"原形毕露"，身不由己地将自己语音中的弱点暴露无遗。其实，虽然我们不主张为说话准备相对固定的文字底稿，但在考试前，考生还是有必要将所有的说话题目都浏览一遍，想一想自己能说什么，自己的语音劣势在哪里，什么样的语音是应该避免的，在临场发挥的时候应理性地进行规避。应该认识到，考试中的说话，也是要接受很强的理性的约束的。什么可以说，什么不应该说，自己在考前都应做到心中有数。比如认识到自己的感情容易失控、比较容易伤感的考生，就不应选择"我的爸爸"一类的题目来讲；同时，说话的过程其实也是人的思维急速运转的过程，一旦意识到自己对某些词汇的读音没有把握的时候，就不应该勉强为之，而应随机应变，及时更换其他的表述形式。

由以上种种在考试中容易出现的问题，我们不难看到，如何"自然流畅"地展开说话是这道题成功的关键。但对于母言是方言的考生来说，普通话的表达毕竟"隔了一层"，很多思想感情似乎都无法用普通话"自然"地表达出来。其实，应该看到，在我们日常的交际中，语言是一种媒介，在某一语音、语调与某一情感之间，经过我们相对稳定的使用，是能够建立起一一对应的关系的。我们之所以会觉得两者之间缺乏自然的联系，是因为这样的联系并未能有效地建立起来。因此，我们所要做的是在熟悉普通话、熟练使用它的基础上建立起一个完整的语言—表意相对应的体系，即当我们在表达内心的感受时能够非常自如而恰当地选择普通话的语汇与语调，这便意味着这种对应关系的成功建立。因此，可以说，说话题是最能反映考生普通话水平的，因为没有使用普通话习惯的人，必将无法在自我的情感与普通话之间建立起恰当的联系，也就必然无法"自然流畅"地进行表达。虽然背熟一份讲稿也有可能表现出考生较好的语言面貌，但这种生硬的"读书腔"实际上始终无法满足说话题最基本的要求。况且，随着计算机辅助测试这种方式的推广，这道题在评分标准上对"自然流畅"提出了更高的要求。面对考试要求的不断细化与标准化，身为考生，有必要根据考试标准加强说话训练，并最终通过大量的训练达到能自如、准确地运用普通话进行口语表达、交际的目的。我们有能力用方言传达自己的思想情感，同样，在对症下药的反复操练之后，我们也必定能让我们嘴里说出来的普通话"活"起来。

在前面几章中，我们讲到了普通话的发音、朗读的技巧，如语流、音变、重音等。这些训练都是依托现有的文字来展开的。在实际的测试中，前三项完全可以"照本宣科"，因此，要在考试中正常发挥并不困难。但到了说话题的时候，考生必须在考官面前"自言自语"三分钟（如果是计算机辅助测试，则面对计算机），且不能借助任何文字辅助，完全是凭借自己的思考来说。应该看到，这一题不仅考查考生的语音面貌，而且涉及他们的心理、知识面等多方面的能力，另外，在语音面貌中，不仅要求读准字音，还要求对语流、语调的处理符合普通话口语的规范。这对来自方言区的考生来说，自然是有一定难度的。

【课堂训练】

1. 请尝试用普通话不同的语气与语调表达以下句子。

你好。（日常问候）

你好。（愤恨地）

你好。（嘲讽地）

你好。（开心地）

【提示】

以上练习中"好"字在不同语境中的实际读音，与它的理论读音并不完全相同。实际读音起到区分情感的作用，这是普通话字音在口语交际中实际状态的表现之一。事实上，除了字音的层面，词句、语段都会根据传情达意的需要呈现出不同的"临时状态"。

2. 思考与讨论：普通话的日常口语表达与朗读有何区别？

【提示】

两者的依据有所不同，这也必将导致它们在语流与语调的处理上存在着不同。

在上文有关朗读的章节中，我们曾谈过朗读的技巧问题。而在说话中，如何注重语流的划分与语调的表现，同样是非常重要的。但两者对于这一系列问题的处理方式，是存在明显区别的，这体现在：

第一，朗读是"有据可依"的，但说话则无文字依据。也就是说，在朗读的时候，人们可以通过快速地阅读文字、理解文字来把握语流与语调，朗读的目的不是为了人际交往，而是为了鲜明地传达自己对文段的理解，因此，有关语流、语调的选择全是按照相对稳定的语境来展开的（因为有一定的文字作为限制），而且，在处理上，朗读需要表现出一定的艺术感染力，因此在语调上会比说话更高昂些；而在说话中，人们所面对的语境是不固定的，因此对语流、语调的选择也必然呈现出更多样化的样式。在普通话水平测试的说话中，许多考生往往用高八度的朗读腔来说话，非常不自然，这一问题的出现源于他们在很大程度上混淆了朗读与说话的界限。

第二，朗读的材料多用书面语，而说话所使用的多为口语词汇，在语法上也不见得非常规范、严密。使用口语词与书面语在表达效果上也必然是有所区别的，口语的表述趋向于活泼、通俗易懂，短句较多，而书面语的表达则较为严谨、庄重，长句相对较多。例如：

口语表达：下车，开门，要迟到了。还不开门！

书面语表达：我们要下车，司机请开门，否则我们要迟到了，您怎么还不开门啊！

不难看出，口语的表达速度一般较书面语迅速，说话人往往来不及对语言进行大量的修饰与加工，省略成分、倒装的情况都比较多，因而不像书面语那么重视语法严谨，修饰语繁多。

第三，朗读与说话在语调、气息方面都存在着一定的区别。朗读是有备而读，又往往面对书面语体，因此时常要读出完整、饱满的字音，但在说话时，因为具有更迫切的传情达意的需要，音节之间往往会相互影响，"吞音""音变"等现象比较普遍，这便影响到说话的语调：它虽然有高低起伏、抑扬顿挫，但相对于"朗读腔"来说，却较为低沉与平滑；在重音的设置上，会根据具体语境及表意的需要，落在自己想要强调的意思上，灵活地加以处理，因而语调变化快，层次丰富。当意思随语境而改变时，重音的落点也会随之改变，这就不像朗读那样：根据一篇既定的文稿，在分析清楚中心意思之后，在某些比较固定的位置上设置重音。因此，口语比朗读更多"变"，假如我们在普通话水平测试时"以不变应万变"，先熟记一篇稿子，临场背诵，那必将令口语表达失去灵动的特色，显得呆板僵硬，这显然非明智之举。

　　对于习惯以方言作为自己的母言的说话者来说，往往更容易把自己在方言口语中的语调带入普通话的口语表达中，这是因为朗读毕竟是有文字可循的，经过反复训练，学习者也许能在一定的规范约束下获得较好的朗读效果，但说话往往需要随机应变、灵活处理，没有一定的文字依据可以遵循，因而在表达中更容易受母言表达的影响而显示出较多的方言语调的问题。

　　例如，虽然广东地区三大方言分属不同的语系，但均呈现出声调远多于普通话的特点（如粤方言就有 9 个音调，客家话有 6 个音调，均远超过普通话的 4 个音调），学习者在音调的把握上不容易准确掌握，一旦到了自由说话的环节，就容易将方言中的音调带入话语中，他们所说的普通话，四声表达是不分明甚至是错误的，在连串的语流中，表现为每个字音的节奏、力度比较平均，缺乏标准普通话的那种高低起伏分明的特点。也就是说，这些学习者在说话时无法根据表意的需要准确地凸现话语重音，语流不明显。

　　要解决这个问题，除了要加强语音方面的基础训练之外，还要多听标准的普通话口语，让自己的耳朵"熟悉"那些错落有致的语调，并模仿别人用一定的语调来表达情感，进而能自己"创造"出自然、合乎规范的语调来。

　　测试中的"说话"虽然不同于日常的许多以交谈为主体的交际口语，也不同于依托现有文字的朗读，但它们之间是有共同规律可以把握的。如处理重音的各种技巧等，这些在朗读训练中已详加论述，就不赘言了。

　　3. 一位同学说出以下话语，其他同学说说他表达了怎样的情感，在语流的划分及语调的使用上对不对。
　　①风停了，雨住了，太阳又出来了。
　　②我是中国人。
　　③这是我的书。
　　④啊，你对别人可真关心呀！
　　⑤我不能陪你玩儿，还有很多功课要做呢。
　　⑥真对不起，你走吧。
　　⑦这条路可长啦！
　　⑧啊，你来了！
　　⑨干什么呀，还不走？
　　⑩冬天来了，春天还会远吗？
　　【提示】
　　应先为这些句子设立一些语境，说话者才能根据语境的限制确定要表达的意思，在这个基础上，语流的划分与语调的选择才有可能是合理的。

4. 有感情地说出以下句子。
①你还没做完功课啊！
②你什么时候才出发呢？
③明天就出发吗？
④你总该小心一点儿了吧！

【提示】

在普通话里面，句末语气词虽然可以承载强烈的感情，但如果是轻声字，须处理为轻读。语气主要体现在句内表示实意的部分中。如第一句，强调的是"还没"，对句调的处理是先升后降，到句末的"啊"时，则须轻读，整句话表现出说话人对事实不满的情绪。在第二句中，句调的处理类似于第一句，"呢"的处理同样要弱化，表现的是稍有不满的情绪。第三句是表达求证的心理，第四句表达的是一种希望，句调均可处理为降调，但句末的语气词则一概用轻声表现。

对于句末语气词的弱化处理，普通话与很多方言的习惯是不同的。如在粤方言中，句末的语气词本身往往带有一定的声调，句中的情感也往往借助于语气词来表现。如：
①你仲未做完功课啊！
②你几时先出发啊！
③听日就出发咩？
④你要小心啲了呱！

在这些句子中，语气词的表现承载着一定的情感，是句中需要重读的一个部分，而无法被弱化处理。中国其他地方的一些方言，如山西话，无论句子要表达何种语气，往往都将句末的字处理为升调；近年来，也许是受港台地区方言的影响，出现了在普通话口语中强调语气词的倾向，如喜欢在句末加上一个被强调的"哦"，虽说语言是在不断演变之中，但对于还没有被规范化的语言现象，我们暂无法认定其为标准。而这些情况容易使习惯于说相应方言的普通话学习者在处理语气词的调值乃至整个句调的时候，受方言影响而出现处理不当的情况。因此，学习者有必要认识到这些规律，有意识地在普通话的学习中避免出现偏差。

5. 将以下文段改写为小剧，分小组进行对话。
桥墩上激起了朵朵浪花，美丽动人。

于是，浪花对大桥说："你干吗成天呆头呆脑地趴在这儿，任人踩踏……你也像我一样，在这汹涌奔腾的江河里翻滚跳跃、欢快地生活一番，让人们用最美的诗来赞颂你！"

大桥低头看了看浪花，说："我生来不会哗众取宠，更不是为了取得人们的赞颂而生；我的终生任务就是挺直腰板，让人们平平安安、踏踏实实地从我身上走过去，去工作、去学习、去创造各种财富！"

"你这是为什么？"浪花看不懂大桥的心思，转而乜斜着眼睛，眼角挂着讥诮的笑意问。

"为了免遭你的伤害！"

浪花听了后满脸羞愧，立即打个旋涡潜逃了。

【提示】

注意对话的设计应符合不同角色身份、性格的要求，并具有日常口语化的特点。表演时要将感情融入其中，正确地划分语流，选择好语调。

6. 就手边的一个物件向同学介绍它的特性、使用方法等。请分两种方式：

①请同学提问，你来回答。

②你独自向对方作介绍，直到对方认为清楚了为止。

比较：用这两种方法说话，对你自己来说，有些什么不同的感受？你分别用了什么方法来组织你的语言？

【提示】

在上面的练习中，对话与独白显然带来了不同的心理与思考的感受。在对话中，双方都会注意到彼此的反应，并且根据反应来调节自己说话的速度、内容等。而在独白中，你的目的很明确，就是要尽可能地让对方明晓器物的特色与用途，因此，你应该集中全力寻找物品最吸引人的地方，并尽量用翔实生动的语言来表述。其中，在组织语言中所出现的变化，是你在揣摩对方的反应乃至心理后所做出的策略调整。相比之下，独白需要更多的对外界细枝末节的把握、分析以及判断、回馈，因而涉及较为复杂的思维反应，而通过这个环节来测试普通话口语，则不仅要把握好字词的音准，更要学会通过高低起伏的语流来表达一定的情感，准确地传达说话者的意思。

7. 设计一张简易地图，尽可能地以简洁、清晰、准确的口语告诉你的同学，到某些地方去，分别应该怎样走。

【提示】

在指路的过程中，很显然，方位名词是其中的重点。因此，在说话的过程中，应有意识地突出它们。

8. 与同学模拟买东西的场景，体会一下每个表示价钱的词组中重音所落的位置。

【提示】

在具体的交际语境中，需要强调的内容往往是重音的落点。在涉及买卖的语境中，价钱的多少自然成为重点。而在表述这些价钱的时候，也并非将力气平均地用在每个字上面，数字的部分是重点，中间的"块"，或者后面的"角"（毛）、"分"就应该轻读甚至被省略掉。

9. 将以下文字用普通话复述出来。

曾有人做过实验，将一只最凶猛的鲨鱼和一群热带鱼放在同一个池子里，然后用强化玻璃隔开，最初，鲨鱼每天不断冲撞那块看不到的玻璃，奈何这只是徒劳，它始终不能过到对面去，而实验人员每天都放一些鲫鱼在池子里，所以鲨鱼也没缺少猎物，只是它仍想到对面去，想尝试那美丽的滋味，每天仍是不断地冲撞那块玻璃。它试了每个角落，每次都是用尽全力，但每次都是弄得伤痕累累，有好几次都浑身破裂出血，持续了好些日子，每当玻璃一出现裂痕，实验人员马上加上一块更厚的玻璃。

后来，鲨鱼不再冲撞那块玻璃了，对那些斑斓的热带鱼也不再在意，好像它们只是墙上会动的壁画，它开始等着每天固定会出现的鲫鱼，然后用它敏捷的本能进行狩猎，好像恢复了在海中不可一世的凶狠霸气。但这一切只不过是假象罢了，实验到了最后的阶段，实验人员将玻璃取走，但鲨鱼却没有反应，每天仍是在固定的区域游着，它不但对那些热带鱼视若无睹，甚至当那些鲫鱼逃到那边去，它就立刻放弃追逐，说什么也不愿再过去，实验结束了，实验人员讥笑它是海里最懦弱的鱼。

【提示】

要用口语复述这段文字，尤其要注意的是，说话所使用的应为较通俗易懂的口语词汇，句式不可过于复杂，并能根据要表达的意思分清语流，每句话中都应有主要传达的信息，对这些信息则需加以强调，利用重音、停顿等各种技巧，都是可取的。

10. 阅读以下文字，谈谈你的看法。

从前有个猎人，在上山打猎的途中捡到了一只没有妈妈照顾的小鹰。猎人把小鹰带回了家。猎人家里有只母鸡刚刚生了一窝小鸡。于是猎人就把这只小鹰和小鸡们一起养在了院子里。小鹰和小鸡在一起一天天长大了，它以为自己是只鸡，整天在院子里捉虫吃菜叶子。猎人想让长大的鹰和他一起打猎，想让它高高地飞翔，做个真正的猎鹰，但无论如何尝试，小鹰就是不会飞。

无奈之下，猎人把小鹰带上了高高的山顶，把小鹰向山下抛了下去。惊慌的小鹰开始拼命扇动翅膀，一下、两下……终于，小鹰找到了平衡，找到了飞翔的感觉，在天空中展翅高飞了。

【提示】

观点要明确，运用口语表达，在语言方面要突出重点，通俗易懂，条理清晰。

【课后训练】

一、试用不同的语调说出下面的话，注意要表达出不同的情感。

1. 讨厌。

【提示】

这句话在不同的语境中可以用来表达截然不同的感情，可以是厌恶，也可以是撒娇，还可以是没有敌意的责备等。说话者在语调的处理上，应有明显的区别。

2. 你真好。

【提示】

这句话可以表达衷心的谢意，也可以表达讽刺之意，在日常交流中，我们除了可以通过上下文来明确意思之外，还应在语调、重音上有所区别。

二、用普通话的不同语气与语调表述以下句子，力求尽可能多地表达出不同的感情色彩。

1. 你的钱包丢了。

【提示】

注意说话者要强调的内容可能是不同的，可以是"你的"或"钱包"，也可以是"丢"。

2. 他忘记吃药了。

【提示】

说话者要强调的内容可以是"他""忘记"或"吃药"。

3. 他还在看这本书。

【提示】

说话者要强调的内容可以是"他""还在"或"这本书"。

三、借鉴一段以标准普通话进行对话的影视视频，与同伴模仿其对话并演示。

【提示】

先学会"听"，再模仿。

四、分析以下这一文段中对话部分各句的语调。

一个二十出头的小伙子急匆匆地走到路上，对周边的景色与过往的行人全然不顾。一个人拦住了他，问道："小伙子，你为何行色匆匆？"

小伙子头也不回，飞快地向前奔跑着，只冷冷地甩了一句："别拦我，我在寻找机会。"

转眼二十年过去了，小伙子已经变成了中年人，他依然在路上疾驰。

又一个人拦住他："喂，伙计，你在忙什么呀？"

"别拦我，我在寻找机会。"

又是二十年过去了，这个中年人已经变成了面色憔悴、两眼昏花的老人，还在路上挣扎着向前挪动。

一个人拦住他："老人家，你还在寻找你的机会吗？"

"是啊。"

当老人回答完这句话后，猛地一惊，一行眼泪掉了下来。原来刚才问他问题的那个人，就是机遇之神。他寻找了一辈子，可机遇之神实际上就在他的身边。

【提示】

同样一句话在不同的语境中应有不同的表达方式。

五、朗读普通话水平测试作品 11 号。

第二节 词汇与语法训练

【练一练·绕口令】

白庙外蹲着一只白猫，

白庙里有一顶白帽。

白庙外的白猫看见了白帽，

叼着白庙里的白帽跑出了白庙。

　　清朝的时候，有一天，纪昀因为体胖，经不起炎热酷暑，于是脱掉上衣，打着赤膊，把辫子也盘到头顶，坐在桌子旁校阅书稿。不巧，这时乾隆皇帝慢慢走进馆来，当纪昀发觉时，已经来不及穿衣服了，于是赶忙把脖子一缩，钻到书桌下，并随手用窗帘布裹住身体。过了好一会儿，纪昀以为乾隆皇帝已经走了，便探起身子问："老头子已经走了吗？"话音刚落，却发现皇帝就坐在他的身旁！皇帝听到"老头子"的称呼，一时大怒，便喝问："这三个字作何解释？"纪昀从容地回答道："万寿无疆之谓老，顶天立地之谓头，父母君王又谓天之子，简称'老头子'。"皇帝听了纪昀的解释，转怒为喜。

　　这则故事让我们联想到，言语与其所表述的真正含义之间其实是有距离的，在人们利用言语对事物进行阐释与理解的过程中，就有可能出现许多偏差。同理，方言与普通话属于不同的语言系统或支系统，要表达同样的意思，它们却各自产生不同的词汇与语法现象，这是情理之中的事。因此，要说好普通话，掌握其规范的词汇与语法是关键之一。在这一节里，我们就来学习这方面的内容。

【课堂训练】
请指出以下句中不符合普通话表述规范的地方，并加以改正。
1. 这次旅游，我们都是踩单车去的。
2. 冬天的时候，我们都要戴上厚厚的手袜。
3. 他还在路上呢，我们食饭先吧。
4. 这两个细佬个子差不多，但其实男仔大过女仔好几岁。
5. 落雨了，还不快收衫！
6. 这么大的日头，就不要出门了吧。
7. 夏天太热，我要经常冲凉才觉得凉爽点儿。
8. 他几不讲道理，霸住这房间不让我入。
9. 这本书新出的，我无看过。
10. 我同他讲了半日道理都是白讲。

【提示】
　　在以上例子中，如"踩单车""手袜""食"等词都属于方言词汇，用在普通话里面是不规范的；另外，像"食饭先"这样将表示时间先后的"先"放在动词的后面，同属不规范，类似的问题就属于语法范畴了。
　　方言与普通话的区别，不仅在于语音、语调，也在于词汇与语法。语言在产生与发展的过程中，是既循着自己的道路，也相互影响着的。举例来说，

"的士"一词，在 20 世纪 80 年代初由香港进入内地，由粤语进入普通话，并逐渐为普通话所接受，如今，这个词已为中国人广泛使用，成为正式用语了，由这个词，还派生出"面的""的哥"等词语，可见其在普通话中的使用已非常频繁、普遍。同理，随着现代人之间的交往日益密切，普通话对方言的渗透，甚至是某种方言对另一种方言的渗透，也不是什么稀罕事了。比如东北方言中的"忽悠"一词，就随着某个小品而流行于大江南北，逐渐融入到各地的方言中去，成为一个流行用语。

虽然语言之间的影响不可避免，但普通话水平等级测试毕竟是一种标准化的考试，要求考生必须使用普通话中的标准词汇与语法来进行口语表述，因此，一些虽然流行而并不规范的用语，或者直接取自方言，但还未成为普通话中正式用语的，考生都应尽量避免使用，以免因在自己说话的过程中出现"方言词汇、语法"而白白地丢分。

以下是部分方言词汇与普通话词汇的对照（黑体标示的才是规范的普通话用语）：

1. 手袜　　**手套**　　手囊　　手套子
2. 粟米　　包粟　　**玉米**　　包谷
3. **姑姑**　　阿姑　　姑姐
4. 挨夜边子　　临暗晡　　暗头　　煞黑　　**黄昏**
5. 香肥皂　　香枧　　**香皂**　　芳雪丈
6. 两旁边　　两片爿　　**两边**　　两爿
7. 斗木佬　　整房桶个　　**木匠**　　木师
8. 台型　　**时髦**　　行时
9. 围领　　颈巾　　**围巾**
10. 刁皮　　翻灿　　**调皮**
11. **掉**　　跌撇　　漏脱
12. 草蜢　　蚱蚂　　**蝗虫**
13. 老豆　　爷老子　　阿爸　　**父亲（爸爸）**
14. 走闪　　**回避**　　闪阿开
15. 连牢　　接等　　**接连**　　连世
16. 角落头　　角弯　　角下里　　**角落**
17. **上面**　　上便　　高头　　上背
18. 一生人　　一世人　　**一辈子**　　一世侬
19. 馅头　　**馅儿**　　馅子
20. **眼睛**　　眼乌珠　　目珠

21. 如崭　　**现在**　　而家　　今下　　目下
22. 瞒人　　边个　　**谁**　　啥侬　　啥人
23. 为么子　　做脉个　　**为什么**　　为什里　　**为啥**　　为怎样
24. 细小　　细粒　　幼细　　异细
25. 后生子　　后生崽里　　后生家　　后生仔　　**小伙子**
26. 日里向　　日里　　**白天**　　日上　　日头　　日时　　日晨头
27. 婴儿　　毛它　　冒牙子　　苏虾仔　　婴仔　　啊伢欸
28. 蚂蚁子　　蚂蝇里　　狗蚁　　蚁公　　**蚂蚁**
29. **这里**　　各搭　　咯里　　个里　　呢处　　即搭
30. 早上向　　**早晨**　　早间里　　朝早　　朝晨头

应该看到，语言的存在并非一成不变的，相反，它始终处于高度的活跃状态，是不断地在演变的。因此，我们应该注重日常的积累，留意方言词汇与普通话的对应关系，避免将方言词汇直接化，用普通话语音读出来的现象。只有积累多了，我们在一定的语料库里才能灵活自由地取用自己需要的材料，而不会捉襟见肘。

除了注意词汇的使用外，语法也是普通话学习者必须掌握的一个方面。虽然从表面看来，方言与普通话都被包括在汉语里面，但由于它们分属不同的语系，实际上在彼此的语法上，相差还是很大的。

方言与普通话之间的语法对比问题，至今依然是语言学家们孜孜以求的研究方向及内容，我们在此所作的一些归纳，仅仅是其中的一部分，更多的对比需要学习者自己在实践中留心观察，注意积累及反思。

具体来说，粤语与普通话在语法上有如下区别：

（1）在词语的使用上，要注意粤语的一些单音节词，在普通话里要转化为合适的多音节词；粤语的部分量词、动词等与普通话中相应词类的使用是很不相同的，使用时要留意。如：

衫—衣服　裤—裤子　温—温习　无—没有
点—怎样　咩—什么　计—计策　恼—生气

食—吃　饮—喝　雪—冰冻　批—削　连—缝　陷—滑
帮衬—买　艾—叫　滚—煮（武火）　煲—煮（文火）
行—走　着（衫）—穿（衣服）　返—回　企—站　走—跑
闹—骂　喊—哭　叹—享受　使钱—花钱

一眼针——一根针　一饼带——盒录音带　一部车——一辆车

一台机——一部机器　一个字（表示时间）—五分钟

这里要注意粤语的量词前面是可以省略数词的，但普通话不行。如粤语可以说"张台"，意思是"那（这）张桌子"，但在普通话中必须在量词前面带上数词或指示代词。

（2）一些句式的表达不同。如：

你高过我——你比我高

你食饭先——你先吃饭

粤语中的"先"有时并不表达行为顺序的先后，而是对应于普通话中的"去做了某件事之后再如何"这样的意思。如"我返去问下先决定"意思是"我回去问一下再作决定"。

（3）粤语习惯用"啲"字来起指示的作用，或表示"一些"的意思，可以说，这个字在粤语中出现的频率是很高的。如"啲面包"——"那（这）些面包"，"食左啲面包"——"吃了些面包"或"吃了那（这）些面包"。但在普通话中，指示代词与表示数量的词语分工是很明确的，相比之下，"这""那"以及"一些""一点儿"之类的词，在句子中并不会如此频繁地被混淆使用。因此，习惯于说粤语的学习者就有必要在普通话训练中尽可能地避免说"那个"一类的词语，以免让人觉得累赘、不流畅。

（4）粤语中常用"有"字来起强调语意的作用，而普通话中的"有"字并没有这样的用法。如"我有看过这本书"，对应的普通话应该是"我的确看过这本书"。可见，习惯于使用"有"来表达强调之意的考生要注意它在普通话中规范的表达方式。

在广东地区的其他方言，如潮汕话、客家话中，也有与普通话迥然不同的语法特性，在属于闽南语系的潮汕话中，有将动词或名词重叠而形成形容词的现象。例如：

变——变变（翻脸的样子）

哭——哭哭（哭丧着脸的样子）

笑——笑笑（笑眯眯的样子）

化——化化（又稀又不黏糊的样子）

流——流流（液体流动的样子）

飞——飞飞（声音一发即逝，耳朵听不清楚的样子）

咬——咬咬（物体又韧又黏，一咬便粘住牙齿的样子）

愿——愿愿（心甘情愿的样子）

好——好好（愿意的样子）

爱——爱爱（很想要的样子）

铁——铁铁（铁硬铁硬的）

沙——沙沙（沙一般松散的）

雾——雾雾（雾一般朦胧不清的）

猪——猪猪（猪一般愚蠢的）

云——云云（云一般飘忽不定的）

母——母母（老实、慈祥的）

瘦猴——瘦猴瘦猴（瘦如猴子一样的）

阿舍——阿舍阿舍（像公子哥儿一样游手好闲的）

农民客——农民客农民客（土里土气的）

奴仔弟——奴仔弟奴仔弟（像小孩一样年少的）

这样的现象在普通话中是没有的（在普通话中只有将动词重叠处理的做法），而普通话动词的重叠格式可带上宾语，如"看看书""听听歌""想想事儿"，但在潮汕话中此类动词却不能带宾语，如不能说"变变面""流流鼻"，而只能说"变面（变脸）""流鼻（流鼻涕）"。

又如在一些地区的客家话中，有些形容词后能加"个"，用作状语，这也是普通话中没有的现象。例如：

平个放唔好，爱直个放正好。——平放不好，要直放才好。

硬个拗会拗坏。——硬扭会扭坏。

铅笔爱薄个削。——铅笔要薄薄地削。

各地方言中这些不同于普通话的表达方式，学习者务必要留心做好积累，及时发现并纠正自己表达中不规范的地方，唯有如此，方能说出规范的普通话来。

【课堂训练】

一、读出符合普通话规范的量名短语（例如：一条——鱼）。

1. 家具　对联　交响乐　西装　猪　炸弹　电影　球拍　牛　卫星
　　　　　　　（部　副　颗　套　头）

2. 大钟　三轮车　医生　仓库　教师　汽车　阳光　屋子　井　树叶
　　　　　　　（只　间　口　辆　名　片）

3. 汽车　钥匙　桌子　钞票　树　笔　牛　学校　门　草
　　　　　　　（把　张　棵　支　辆　间　头　所）

二、区分普通话语序或表达形式同方言的区别，读出普通话语句。

1. 我来过福州。/福州我有来。/我有来过福州。

2. 你去，我没有去。/你去，我不去。

3. 冰嘎凉／冷冰冰／冰冰冷／冷冰哒

4. 你跳得来这起舞不？／你会跳这种舞吗？／这种舞你跳得来不？／这种舞你跳得来跳不来？

5. 这朵花儿很红。／这朵花儿红极。／这朵花红得极。

6. 这菜齁咸。／这菜伤咸。／这菜太咸。／这菜老咸。

7. 妈妈说红的花多半不香。／妈妈说红的花多半没有香。

8. 起杭州出发。／对杭州出发。／从杭州出发。

9. 今天上午他有来过。／今天上午他有来。／今天上午他来过。

10. 面包掉在地上了。／面包掉咧地上了。

11. 他大约要两三个月才能回来。／他大约要二三个月才能回来。

12. 他好好可爱。／他非常可爱。／他上可爱。

13. 你去去逛街？／你去不去逛街？

14. 你矮过我。／你比我过矮。／你比我矮。／你比较矮我。／你比我较矮。

15. 那部电影我看过。／那部电影我有看。

【课后训练】

1. 围绕某个主题说一段话并录下来，反复听这个录音，找出自己在词汇、语法上可能有的不合普通话规范的地方，并加以改正。

2. 讨论：你所说的方言中，哪些与普通话词汇、语法规范有相异之处，找出来与大家分享。

3. 朗读普通话水平测试作品 36 号。

第三节　心理训练

【练一练·绕口令】

长扁担，短扁担，

长扁担比短扁担长半扁担；

短扁担比长扁担短半扁担。

长扁担捆在短板凳上，

短扁担捆在长板凳上；

长板凳不能捆比短扁担长半扁担的长扁担，

短板凳也不能捆比长扁担短半扁担的短扁担。

在中国历史上有非常著名的"破釜沉舟"的战例，讲的是公元前207年，项羽的起义军与秦将章邯率领的秦军主力部队在巨鹿展开大战；项羽不畏强敌，引兵渡漳水。渡河后，项羽命令全军凿沉战船，打碎釜甑，烧毁屋舍，只带三天的粮食，以表明誓死作战之心。结果，巨鹿一战，项兵大破秦军，威震诸侯。

现在人们经常用这个故事来说明人在退无可退的情况下，身上的潜质是能够被激发出来的。可见，人的行为在很大程度上受制于他们的心理，心理素质不过关，即便掌握了标准的普通话语音，熟悉说话的节奏与语流、语调的设置，也很可能发挥失常。相反，抛开一切杂念，却有可能激发自己身上的潜能，并最终战胜心理上的种种障碍。在这一节，我们需要学习如何调节自己的心理状态，锻炼说话的胆量，做到能在大众面前自如、自然地用普通话表达自己的内心世界。

【课堂训练】
1. 请用普通话当众表演一段自己最拿手的绕口令。
2. 请用普通话告诉大家，当你要当众说普通话的时候，心理感受如何。

正常的人总是有思想、有感情的。正因为此，人也就有了种种复杂的心理状况。普通话水平等级考试作为一种强度较高的语言能力测试，不仅测试考生的语言水平，同时，对其心理素质也是一种考验。这里所涉及的，不仅仅是一般的应试心理问题，更重要的是面对陌生的考官（或计算机）时说话的心理应对能力。

要克服心理障碍，在水平测试中正常发挥自己的才能，就必须首先认清自己内心巨大压力的来源。不难看到，人的内心对于未知的事物总会多多少少地形成恐惧。因为世界的不可预知，也就无法知道自己处于主动的还是被动的一方；加之心中对成功的渴望，使人必然带上想赢怕输的功利心理，在处事时担心失败，越是担心，对于未知的决定因素就越是惶惑不安，因而让自己背上了越来越沉重的思想包袱。从另一个角度来说，即将出现在自己面前的考官（或无情的计算机）是陌生的，也是不可预知、不可掌控的多变因素，而许多考生经过一定的考前辅导与训练之后，其实对自己的语音面貌是非常清楚的，可以说每个人都怀着侥幸的心理，希望自己的某些语音问题在实际的考试中被忽略掉，从而使自己最终尽可能地拿高分，取得理想的考试成绩。对未知考官的某种侥幸的期盼，不仅无法帮助考生充满自信地走上考场，相反，却增加了其对无法预知因素的恐惧。换句通俗的话来说，就是"希望越大，失望越大"。因为当一个人对未来的期望值过高，甚至超出自己可以承受的范围时，势必会给自己的心理造成过大的压力，因而往往导致现场发挥的失常，最终落败。在实际的考试中，我们发现不少考生明显地表现出心理失常状况，如脸色发白，冷汗直冒，双手发抖，语不成句，甚至长时间地沉默而无法正常说话，有些人干脆就主动提出中止考试，因而留下不少遗憾。

每个人的心理素质固然有所差异，但并不是不可改变的。明白了以上所讲的心理问题的源头所在之后，自己应该有的放矢地在平时注重提高自己在这些方面的能力。大致来说，我们可以做到：

第一，清楚地认识自己语音面貌中所存在的系统问题，有针对性地加强训练。不少考生认为，学好普通话的主要方法就是要多练习。其实，这只是其中的一个方面，更重要的还是在于有针对性地练习，否则，大量的操练只能成为"强化你的错误"的途径。我们在前面几章中已经反复强调了普通话训练中聆听能力与说话能力之间的密切关系。的确，先学会听，即辨认普通话与方音之间的区别是非常重要的，这种能力能使你清楚地认识到自己的语音与标准语音之间的区别所在，从而更有针对性、目标更明确地对自己的错误与缺陷进行修正。我们在教学中曾经发现，许多学习者之所以无法发出标准的普通话语音，其实是与其不会"听"有关的。尤其是对于语音中非常细微的区别不懂得如何辨别，便无法进一步进行修正，那么，自己发出来的音就只能是存在问题的。带着诸多的语音瑕疵去大量地进行操练，其结果如何，大家可想而知。但是，在实际中，不少考生并未能正确地认识这一问题。他们多在考前付出了艰辛的汗水，但语言水平并没有得到提高，一次又一次的失败使他们对普通话水平测试越来越失去信心，心理压力也越来越大。他们常常抱怨说考试太难，其实应该说，是他们备考的方法有失偏颇，是大方向错了。勤奋学习没有错，关键是力气要用在点上，否则便是南辕北辙，始终无法达到自己理想的彼岸。

第二，要抱着谦虚的态度，多与他人交流沟通。语言的基本功能就是交际，它必然是在现实的交际场合中才能得到最自然生动的使用。尤其是说话这一题的设计，本身就是为了考查考生灵活运用普通话的能力。在学会正确地聆听与发音之后，考生要能将自己的话说得自然，也就是带有感情，能正确地传情达意，那么，在日常的训练中，就不能只是一个人闭门造车，而是要在实际的交际场合中去体验其语感，模仿其具体语境中的节奏。当然，在普通话水平测试中，考官（或计算机）是不会与考生进行对话的，考试的形式只是考生独自诉说，但应该看到，这其实也是我们日常口语交际中的一种方式，即向他人介绍、传达自己的观点。因此，考生在平时的训练中，必然应该着眼于各种交际语境中普通话实际的表达方式，而不仅仅是"自己说给自己听"。因为对着自己内心说话，与对着他人说话的目的不同，说话者的心理状态也是不同的。语言一旦进入实际交际的语境中，便需要更多地联系他人的反应，设想他人的感受，并对自己说话的内容、措辞做出相应的修改。而抱着谦虚的态度去与他人交流，其根本的目的还是为了使自己放下思想包袱，轻装上阵。有些学习者因为自己的语音面貌不佳，在交际口语训练中人为地给自己增添了不少思想包袱，实际上也给这些语言训练增添了不少功利色彩。这些人往往在口语交际中更希望尽快地改善自己的语音面貌，得到他人的认可，表现在训练中，则非常刻意地想要修饰自己语音中的种种问题，过分注意咬字的准确，却忽略了思想感情的表达。这样的心理未免过于拘谨，也很难使自己的说话达到预期的效果。

　　第三，熟悉考试的流程，自主调节心理状态。当语音的基础已经打好，交际口语训练落实到位后，考生应该赋予自己更多的自信。但自信不等于藐视一切，而是在落实一切细节之后给予自己心理慰藉。考前的细节准备包括很多方面，而很重要的一点便是考生要做到对考试所有环节都非常熟悉。比如考试进行的所有程序，包括考试前应该提前多少时间到达考场，在何处报到、在何处备考等，尽可能多地了解考试的细节能较为有效地使考生消除对不可预知的未来的恐惧感。在考试过程中，考生最大的心理负担恐怕便是害怕失败，害怕自己那并没有被修正得很完美的口音会影响到考官（或计算机）的评判。也就是说，考生的心理重压在很大程度上来自于自己对未知考试的担忧。为了有效地对付这样的焦虑，考生应在平时的训练中学习并掌握一些调节心理的方法。常见的如深呼吸、转移注意力等方法，虽然普通话水平测试对于考生来说也许是从未接触过的，但平常训练时多督促自己学习一些调节心理之法，使自己能自如地在陌生人、大众面前消除说话时的紧张情绪，是大有好处的；另外，很关键的一个因素就是必须尽量让自己"一定要通过考试"的目标趋向于消退。因为一个人若要求自己"只许胜，不许败"，无形中便给自己增添了许多桎梏。像普通话水平测试这样的考试，并非"一考定终身"，即便多次失败，也还是有机会的。所以大可不必给自己下军令状，令自己的心理背上沉重的负担。放下心理重担，告诉自己，如果失败了，就当是一次仿真练习吧，这样会轻松很多。

【课堂训练】

1. 面对观众，深吸一口气，在慢慢地呼出这一口气的过程中数数（约一秒一个数字的速度），看谁数得多且气息平稳。

【提示】

在一定的观众面前保持自己气息平稳、绵长，不仅是在锻炼自己的用气、发音的方式，也是在锻炼自己的胆量，因为这个练习是要"面对观众"的，气息的平稳其实反映的是内心情绪的稳定（或者是强有力的心理调节能力），而只有内心平静，才能更好地锻炼自己说话的能力。

2. 看图说话，注意对语音与语流的准确把握，不少于 3 分钟时间。

图 1

图 2

图 3

【提示】

把注意力集中在看图与思考中。看图实际上是一个细致观察的过程，是说话的基础。看的时候，要从画面中的所有细节捕捉其内在的联系，并从画面各个事物之间的关系中得出其中的哲理，而不是天马行空，无边无际地乱想。思考的时候，心里所考虑的不应是诸如"还剩下多少时间""我说得好不好"之类的问题，而是要集中精神想办法把正在说的话语延续下去，不要出现冷场的情况。

3. 面向观众作自我介绍，除准确把握语音与语流的准确性外，还应与观众有眼神的交流。

【提示】

按照意大利艺术大师达·芬奇的话说，眼睛是"心灵的窗户"。显然，眼神的变化表露了一个人微妙的心态，传达着丰富的信息，令他人能更直观地理解说话者的意图。在说话时，所谓"眼神的交流"，是指说话者与听众之间要有眼神的接触与交流。富有经验的说话者将此视为说话中必要的技巧及礼貌，他们能恰如其分地运用自己的眼睛去表达充沛的情感，及时收集听众的反馈，并随时灵活地调整自己说话的内容。可以说，眼神的交流往往反映出说话者的自信与从容，给观众以充满活力与力量的感觉，也更容易使之受到感染，增强说话的效果。一些说话者"腼腆"的表现常常反映出其心理素质不过关。在面向他人说话的过程中，他们往往将自己的眼神收敛到近乎没有，不是低头看自己的脚，就是抬头看天花板，或是看着没有说话对象的其他地方，让人感到他从不"正视"对方。这样的表现，使说话的效果大打折扣，也会让听众感到说话者极没有礼貌。因此，学会与听众进行眼神的交流是很有必要的。当然，这样的技巧的取得需要循序渐进。此外，注意在说话的过程中，不要毫无表情或表情严肃地死盯着某人看，这会让对方产生非常不自然的感觉。说话者的眼神也不宜游离于观众席之外，这容易表露出说话者内心的虚弱与不安。在普通话水平测试中，因为特殊的环境制约，主考官常忙于记录考试情况，与考生之间一般很少进行眼神的交流，但作为日常说话必要的技巧与礼节，我们还是需要锻炼它，并以此来提高自身的心理素质。

【课后训练】

1. 向别人介绍一下自己的某位朋友，注意与听众的眼神交流，时间不少于 3 分钟；请对方指出自己的语音、语流的问题，并加以改正。

2. 向别人介绍一下自己最近看到的一则新闻，注意与听众的眼神交流，时间不少于 3 分钟；请对方指出自己的语音、语流的问题，并加以改正。

3. 用普通话向别人评价一下自己看过的一部电影（或一本书），时间不少于 3 分钟；请对方指出自己的语音、语流的问题，并加以改正。

4. 练习一口气数数。

5. 朗读普通话水平测试作品 29 号。

【拓展思考】

1. 在普通话口语训练中，如何有效地调节自己紧张的心理？

2. 在自己普通话口语训练中所运用的词汇与语法，有哪些存在问题？试归纳一下：自己习惯使用的方言与标准的普通话之间，在词汇与语法方面存在着怎样的区别？

3. 在普通话口语训练中，如何才能保持话语的连贯性？

第四节　思维训练

【练一练·绕口令】

有一个喇嘛，手里提着蛤蟆；有一个哑巴，腰里别着个喇叭，手里提着蛤蟆的喇嘛要拿蛤蟆换哑巴腰里别着的喇叭；腰里别着喇叭的哑巴不肯拿喇叭换喇嘛手里提着的蛤蟆。手里提着蛤蟆的喇嘛打了腰里别着喇叭的哑巴一蛤蟆，腰里别着喇叭的哑巴也打了手里提着蛤蟆的喇嘛一喇叭。

杜甫有句诗说的是"读书破万卷，下笔如有神"，这句诗常用来鼓励读书人多读书，以开阔眼界，不过，如果把它借用来放在我们的普通话学习中，也是很有启发意义的。试想：为什么读书读得多了，就会做文章了呢？那肯定不是囫囵吞枣式地被动地读，而是在读的过程中有所思考，而思考多了，脑筋自然也就灵活了。同样的道理，在普通话口语训练中，光有口腔机械的运动不成，还需要动脑筋，通过一定的思维活动来组织话语，使之不仅流畅地表述出来，还要带上一定的思想、情感，能给听众带去清晰的信息。在这一节里，我们要讨论的就是如何提高自身的思维能力，以便让大脑更好地指挥说话这一行动的问题。

【课堂训练】

1. 假设在公共场合，你遇到一个乱扔垃圾的人，你的身份是一名维护城市清洁的志愿者，要纠正对方的行为，你将如何对他进行劝说呢？请与同学合作进行对话，重点是演示你准备进行劝说的话语。

2. 假设在一次新年晚会上，你作为某公司的员工代表将上台发言，请就这一背景准备你的讲话，并作演示。

通过以上练习，我们不难发现，在日常生活中，无论我们身处何地，身任何职，都不断地有各种各样说话的机会。而说话其实受制于大脑，口语表达说到底还是大脑思维的有声表达。因此，要自然流畅地说话，保持思维的连贯性是很重要的。

如以上练习就涉及对他人的劝说，或是对工作、人际关系的回顾与展望等内容。在开口说话之前，首先应该明确自己围绕的主题是什么，是论述在公共场合乱扔垃圾的害处，还是对员工一年来工作情况的总结，只有目标明确了，才能有的放矢地说好接下来的话。然后，在说话的过程中，还应开阔自己的思维，使自己能从各种不同的角度入手，将话题说清楚说透彻。这必然需要说话者视野开阔，思维灵活。我们常说一个人"口才好"，而说话水平高显然不仅仅是口齿伶俐的问题，更重要的还在于一个人的思维能力之高。

在普通话水平测试中，不少考生感到说话题很难，原因在于要连贯地说上三分钟很不容易，他们经常会陷入"无话可说"的困境。有些人虽然在考前做了大量的准备工作，但到了真正要说的时候，却是"大脑中一片空白"，张口结舌；即便勉强说上几句，也是结结巴巴，难以连贯。

要使说话保持连贯，除了如前所述，克服种种临场的心理问题之外，更重要的一点是要保持思维的连贯性。也就是说，考生应该具备根据某个话题来展开思维的能力。只有思路打开了，并且保持连贯性，大脑才能进一步地指挥嘴部运动，使应试者说出连贯的话来。

要让自己说的话富于逻辑性，需要掌握一些常用的逻辑方法，除此之外，还要遵循一定的顺序。

一、逻辑方法

1. 类比法

这是由两种事物在一些属性上的相同点而推出它们在另外一些属性上也具有相同点的一种间接推理方式。如人们根据探测器发现了火星上有赤铁矿，由此推断火星上曾经有水，使用的就是类比法。因为地球上也有赤铁矿，而我们知道地球上的赤铁矿通常都是在水的作用下形成的。既然地球上的赤铁矿都是在水的作用下形成的，那么火星上的赤铁矿也应该是在水的作用下形成的。所以说火星上曾经有水。

当然，在使用类比法时，要注意避免机械类比，即论据与论题之间缺乏有机的、必然的联系，而只存在着表面的、偶然的联系。如西方有些神学家曾经把世界和钟表进行类比，用来证明上帝的存在。他们说，钟表有构造、有规律，世界也有构造、有规律，既然钟表是由人制造出来的，世界也必然有创造者，这个创造者就是上帝。这个类比的错误在于：有构造、有规律和有创造者之间并没有必然的联系。钟表有创造者，并不等于世界就有创造者。

2. 归谬法

先假设对方的论点是对的，然后从中推论出非常明显的荒谬结果，从而把对方的论点推翻。如唐弢在纪念鲁迅先生的文章《琐忆》中，记叙了这样一件事：

国民党的一个地方官僚禁止男女同学，男女同泳，闹得满城风雨。鲁迅先生幽默地说："同学同泳，皮肉偶尔相碰，有碍男女大防。不过禁止以后，男女还是一同生活在天地中间，一同呼吸着天地中间的空气。空气从这个男人的鼻孔呼出来，被那个女人的鼻孔吸进去，又从那个女人的鼻孔呼出来，被另一个男人的鼻孔吸进去，淆乱乾坤，实在比皮肉相碰还要坏。要彻底划清界限，不如再下一道命令，规定男女老幼，诸色人等，一律戴上防毒面具，既禁空气流通，又防抛头露面……"

鲁迅先生对这种"男女同学禁令"的抨击，采用的说理方法就是归谬法。

3. 引入矛盾法

说话时从对方论题中合乎逻辑地引出与原来论断相矛盾的论断，再根据两个相反论断不能同时存在的道理，用后者否定前者，从而推翻对方论断的方法。如老师与学生的对话：

老师：这么说，你真认为在世界上没有信念这种东西啦？
学生：当然没有。
老师：你确信这个观点吗？
学生：确信不疑。
老师：那么，你怎能说没有信念这种东西呢？你自己就首先有了一个。

在此，老师指出了学生的看法中存在着相互矛盾的错误。因为确信一种思想是正确的，这正是一种信念。"以子之矛攻子之盾"，老师的教导收到了良好的效果。

逻辑方法还有很多，这里仅仅是其中一些比较常用的部分，我们应在日常的思考与说话中不断积累有关的知识与经验，从而增强自己说话的力度。

再看看普通话水平测试中的话题都涉及哪些内容："谈谈学习普通话的感受""谈谈服饰""我所知道的风俗""我的假日生活""谈谈我的朋友"等，准确地说，这些题目只是为考生设定了一个说话的范围，既然是范围，显然并不一定要像典范作文那样做到"典型""突出""文字优美""意义深刻"，考生只需在话题设定的范围内讲述相关的内容即可。

二、组织说话内容应遵循的顺序

1. 时间顺序

时间顺序就是按照时间的先后来组织材料，表达意思。比如要说"我喜欢的节日"这个话题，就可以按照时间的先后顺序，选取一年中自己感受最深刻的几个节日来说，如春节—清明节—中秋节—冬至，在介绍其中某个节日时，也可以按照一天之中时间的先后，讲述发生在自己身边的与过节有关的事情，从而印证自己喜欢这些节日的原因。

2. 空间顺序

空间顺序就是按照空间的转移来组织说话的内容。比如要说"难忘的旅行"这个话题，就可以根据自己所经历的某次旅行中在不同的空间所接触的人与事阐发自己的看法与感情。就说一次爬山的经过吧，可以分别描述在途中以及某些景点中的所见所闻所感，通过自己在不同地点的见闻，来表达出这次旅行之所以让自己"难忘"的原因。

3. 逻辑顺序

逻辑其实是一个包容很广的概念。它常常被用在许多说理的文段中。比如为某些社会现象探讨原因就需要用到因果逻辑；在剖析问题的时候也常常用到各种逻辑方法。它常常表现出一个人的理性思维的能力。如果在描述某些人与事的时候我们常常用到时间与空间顺序，那么，在议论与评价中，我们则要遵循一定的逻辑顺序。比如，讲"谈谈人的修养"这个话题时需要对某些现象进行点评、发议论，就需要由表及里、由浅入深，去谈根源、谈利弊，在这些时候，遵循一定的逻辑方法就显得非常重要了。

以上谈到的是三种组织话语的顺序，实际上也是展开思路的几大方法。考生可以根据自身的特点，选择一种或综合几种方法来开阔思路，力求在说话题中能侃侃而谈，而不是竭尽全力去回忆自己在考前所背诵的那些范文。对于那些比较感性的考生来说，不妨选取时间、空间顺序来组织材料，多说些自己感受深刻的身边事；而对于那些比较理性的考生来说，也不妨采用逻辑顺序，言之成理地表达自己对某些事物的看法。

当然，仅仅明白自己应该采用怎样的顺序来开阔思路还是远远不够的。考生还应该在考前对自己感兴趣或印象深刻的事件、事理进行梳理，使之能真正进入自己头脑中的资料库，成为说话时可随时取用的素材。

根据我们在普通话水平测试中的观察，在说话题中，一心想要展开理性思维、大量地单纯地讲道理的考生中，能较好地做到"自然流畅"的人为数不多。这是因为讲道理毕竟需要考生更冷静、高强度地思考，它需要考生高度集中注意力，虽然仅仅是三分钟的时间，但在口语考试的紧张气氛中，要始终保持精神的紧张感是非常困难的；如果在说话时选择讲述人物或事件，对于考生来说，思考的强度、精神的紧张度则大大降低了，因为这些素材往往是自己亲自所见，有深刻的印象，又有强烈的感受，这就好比在考生眼前放置了一幅幅活动的画面，他们只需根据画面"看图说话"就可以了。因此，我们并不主张仅仅作单纯的理性思考，至少，在理性思考之余，应用感性的描述去丰富思维，或者通过这样的调剂适当地减轻思考的强度，从而使自己更从容地讲好这三分钟。

为此，考生在准备自己的"素材库"时，就有必要尽可能细致地回顾每一个事例。虽然有很多事例未必是在考试时一定能用上的，但充足的材料牢牢地存在于我们的内心，的确能保证思路展开的有效性。当考生在考试中一时间真的出现"思维停顿"的现象时，通过细致描述与话题相关的一件件事，便能使我们的心情平静下来，并接续上我们停顿的思考。

在训练中，我们也发现不少学习者说话不连贯，一个句子中间往往会出现很多停顿或者不必要的口头禅。当然，这些充满方言语调意味的口头禅可以视为方音未改的一种表现，但深究下去，这样的表达其实还是反映了说话者并没有将普通话作为自己思考的工具，而是以方言为工具，再将其"翻译"成普通话的口语。他们不能做到"不假思索"，始终要经过"翻译"这一环节，这必将严重地阻碍口语流畅地表达。所以，之前我们所说的思维开拓的种种方法，都必然是建立在用普通话的说话习惯及标准基础上的思考，离开了这个前提，是无法真正做到"自然流畅"的。

因此，在平常的训练中，我们就应该始终学习用普通话的语言标准来要求自己展开思维，而不是先用自己的方言，再将其转化为普通话的思考结果。这样做的目的，是为了省却思考的环节，使自己能"一步到位"地将头脑中的思考转化为准确的语言，从而更好地体现自身语言表达的流畅性。

总而言之，要做到"高水平"地讲话，并非一朝一夕之功，只能脚踏实地按照字—句—段的层次，逐步深入地培养自己的说话能力。只有咬准了字音，并能把句子清楚、连贯地表达出来，才有可能让自己通篇的讲话逻辑清晰，主题突出。也只有思维连贯了，语言流畅自然的目标才可能真正实现。

近年来，普通话水平测试已逐步由人测转变为计算机测试，也就是说，在必考的四题中，前三项由计算机"全部代劳"，作为"冷血"考官，计算机在测试中对考生语音状况的判断还是比较准确公正的。第四题依然由考官听考试录音来判分。与传统的形式相比，考官在评判该题时，将会因为有了计算机设备的辅助而更趋精细。这就对考生的说话水平提出了更严格的要求。那种靠背熟一篇文章蒙混过关的做法应该丢弃，考生努力做的，应是脚踏实地、按部就班地勤学苦练。

当然，在普通话测试中取得好成绩只是在某个方面体现出考生的普通话水平。而大家学习普通话的最终目的，其实还是为了能在日常交际中更好地展现自我。因此，能顺利地完成这四道题，其实只是普通话学习中的第一步，接下来，我们还应该在实践中继续提高我们的水平。综合来说，在日常交际场合，我们往往会遇到以下几种不同的说话方式：

（1）提问性的说话。针对某些问题提出疑问，或征求别人对某些问题的看法等，都属于这一类。它常用在新闻采访、课堂教学等交际场合中。要注意的是，提问的方式要考虑到被问者的身份地位，不可扬扬自得，以为难对方为目的，而要保持谦虚、不卑不亢的态度。

（2）陈述性的说话。这种方式常用于发表自己的看法、回答他人的问题。它常用于独白、会议、课堂等场合。说话者同样要注意自己说话的对象，不要信口雌黄，而要言之有理，观点明确。

（3）劝说性的说话。运用这种方式的目的多在于劝说对方，使对方赞同自己的观点。如辩论赛、教师对学生的教育、商贸洽谈等场合，常会用到它。需要注意的是，劝说不是强词夺理、用言语威逼利诱他人，而常常要用我们的智慧与细心来解开对方的心结，去除他们的顾忌。

【课堂训练】

一、请细致地向你的同学描述某件事，要求至少有三处对事件细节的描绘。

二、请对刚才所说的事件进行评论，要求按照"提出观点—分析论证—解决方法"这样的逻辑顺序来展开。

【提示】

分析问题的过程也需要一定的逻辑顺序，在这个环节中，思维的展开应围绕如何证明观点这样的目的。而要证明一个观点，则不妨从不同的角度来考虑。如要证明"爱护公物，人人有责"的观点，就可以从个人道德培养的角度、集体利益的角度、公物的作用的角度等来发表意见。经过这样的"发散"，思维很容易就打开了。

三、阅读以下文字，提出自己的看法。

1. 有个鲁国人擅长编草鞋，他妻子擅长织白绢。他想迁到越国去。友人对他说："你到越国去，一定会贫穷的。""为什么？""草鞋，是用来穿着走路的，但越国人习惯于赤足走路；白绢，是用来做帽子的，但越国人习惯于披头散发。凭着你的长处，到用不到你的地方去，这样，要使自己不贫穷，难道可能吗？"

【提示】

这则小故事说明了一个道理：一个人要发挥其专长，就必须适应社会环境的需要；如果脱离这些需要，其专长也就失去了价值。在组织自己的话语时，应该根据这一主题来立论或进行驳斥，注意在表述中，无论自己是正面立论还是反面立论，都应清晰吐字，把握好语流与句中的轻重，突出自己的观点，以便让听众清楚地了解你说话的重心。

如说："我对这则故事的看法是：……"强调的重心应在看法后面所述内容上，因此在"是"后可稍作停顿，以表明将要有重要的内容出现。

2. 在一场激烈的战斗中，上尉忽然发现一架敌机向阵地俯冲下来。照常理，发现敌机俯冲时要毫不犹豫地卧倒。可上尉并没有立刻卧倒，因为他发现离他四五米远处有一个小战士还站在那儿。他顾不上多想，一个鱼跃飞身将小战士紧紧地压在了身下。此时一声巨响，飞溅起来的泥土纷纷落在他们的身上。上尉拍拍身上的尘土，回头一看，顿时惊呆了：刚才自己所处的那个位置被炸成了一个大坑。

【提示】

对一则材料展开思考的角度是很多的，因此我们的思维也应该更加开阔，而无须仅仅集中于"唯一的""标准的"答案上面。如对于以上材料的看法，可以得出"在帮助别人的同时也帮助了自己"这样的观点，也不妨认为"好人有好报，应多帮助别人"，等等。其实，在普通话水平测试中，就一个主题来说话也没有唯一的答案，每个人都可以根据自己的经历、经验来谈，这同样需要我们具有良好的发散思维能力，而不要拘泥于某一人、某一事。

3. 一位老和尚，他身边聚拢着一帮虔诚的弟子。这一天，他嘱咐弟子每人去南山打一担柴回来。弟子们匆匆行至离山不远的河边，个个目瞪口呆。只见洪水从山上奔泻而下，无论如何也休想渡河打柴了。无功而返，弟子们都有些垂头丧气。唯独一个小和尚与师傅坦然相对。师傅问其故，小和尚从怀中掏出一个苹果，递给师傅说，过不了河，打不了柴，见河边有棵苹果树，我就顺手把树上唯一的一个苹果摘来了。后来，这位小和尚成了师傅的衣钵传人。

【提示】

人们常说"世上无难事，只怕有心人"，其实，世上也有过不了的河，完不成的任务，能知道回头，也是一种大智慧。当然，回头并非意味着双手空空，无功而返，能摘果而回，便是收获。说话者在论述中除了广开视野进行说理论证外，结合自身经历过的事情来说也是很不错的选择。

四、下面是两则没有结尾的故事，请发挥自己的想象，为它补充结尾，并用普通话表述出来。

1. 一条鱼，生活在大海里，总感到没意思，一心想找个机会离开大海。一天，它被渔夫打捞上来，高兴得在网里摇头摆尾，说："这回可好了！总算逃出了苦海，可以自由呼吸了。"乐得直蹦……

【提示】

鱼的结局是死是活，是幸福是落魄，都有待我们去想象。能广开思路、言之成理就好。还要注意在表述过程中叙事的条理性以及话语主题的明确性。

2. 从前，有两个饥饿的人得到了一位长者的恩赐：一根渔竿和一篓鲜活硕大的鱼。其中，一个人要了一篓鱼，另一个人要了一根渔竿，于是他们分道扬镳了。得到鱼的人原地就用干柴搭起篝火煮起了鱼，他狼吞虎咽，还没有品出鲜鱼的肉香，转瞬间，连鱼带汤就被他吃了个精光，不久，他便饿死在空空的鱼篓旁。另一个人则提着渔竿继续忍饥挨饿，一步步艰难地向海边走去，可当他已经看到不远处那片蔚蓝色的海洋时，他浑身的最后一点儿力气也使完了，他也只能眼巴巴地带着无尽的遗憾撒手人间。

又有两个饥饿的人，他们同样得到了长者恩赐的一根渔竿和一篓鱼……

【提示】

后面两个人的选择和命运与前者会有什么区别呢？或者他们依然按照前者的做法去做，而获得了不同的结果？展开想象的翅膀去赋予故事别开生面的结局吧。

五、游戏：故事接龙。分成若干小组，每组由一位同学起头，讲一句话，后续的同学根据这句话，即席编故事情节并讲述出来，到一定时间结束的时候，参与同学人次较多的为胜方。

六、交际口语案例：

1. 假设你是一家玩具企业的厂长助理，现在企业订单大量增加，急需1 000名普通工人，但在本地连100名都招不到，请向你的厂长提出相关建议。

【提示】

在提出自己的意见之前，应做好市场调查，对厂长的顾虑与企业的利益应有所考虑。

2. 快要期末考试了。学生们一直要求作为任课老师的你划定考试范围，并给出相应的标准答案。对此，你想对他们进行一番教育，请设计你要说的话。

【提示】

了解孩子们心中的担忧，对症下药，才能取得良好的效果。

3. 你是一位记者，想要采访赫赫有名的作家金庸先生。你将如何向他提出这个请求呢？

【提示】

抓住对方感兴趣的话题，才有可能吸引他的注意力，答应你的请求。

【课后训练】

一、组织一场辩论赛。

二、尝试从多个角度对以下文段所包含的哲理进行表述及评价。

1. 有个老木匠准备退休，他告诉老板，说要离开建筑行业，回家与妻子儿女享受天伦之乐。

老板舍不得他的好工人走，问他是否能帮忙再建一座房子，老木匠说可以。但是大家后来都看得出来，他的心已不在工作上，他用的是软料，出的是粗活。房子建好的时候，老板把大门的钥匙递给他。

"这是你的房子，"他说，"我送给你的礼物。"

他震惊得目瞪口呆，羞愧得无地自容。

2. 马，本来自由自在地在山间撒野，渴了喝点山泉，累了就睡在地上晒太阳，无忧无虑。可是自从有了伯乐，马的命运就改变了，伯乐给它的头戴上笼辔，在它的背上置放鞍具，拴着它，马的死亡率已经是十之二三了，然后再逼着它运输东西，强迫它日行千里，在它的脚上钉上铁掌，马的死亡率就过半了。马本来就是毫无规矩、毫无用处的动物，让它吸取日月之精化，天地之灵气，无用无为，还得以享尽天年；教化它，让它懂得礼法，反而害了它的生命。

3. 古代曾经有个小国国民到中国来，进贡了三个一模一样的金人，金碧辉煌，把皇帝高兴坏了。可是这小国国民不厚道，同时出了一道题目：这三个金人哪个最有价值？

　　皇帝想了许多办法，请来珠宝匠检查，称重量，看做工，都是一模一样的。怎么办？使者还等着回去汇报呢。泱泱大国，不会连这个小事都不懂吧？

　　最后，有一位赋闲的老臣说他有办法。

　　皇帝将使者请到大殿，老臣胸有成竹地拿着三根稻草，插入第一个金人的耳朵里，这稻草从另一边耳朵出来了。第二个金人的稻草从嘴巴里直接掉出来，而第三个金人，稻草进去后掉进了肚子，什么响动也没有。老臣说：第三个金人最有价值！使者默默无语，答案正确。

三、请思考普通话水平测试话题，看如何展开思路。

1. 我的愿望（或理想）

2. 我的学习生活

3. 我尊敬的人

4. 我喜爱的动物（或植物）

5. 童年的记忆

6. 我喜爱的职业

7. 难忘的旅行

8. 我的朋友

9. 我喜爱的文学（或其他）艺术形式

10. 谈谈卫生与健康

11. 我的业余生活

12. 我喜欢的季节（或天气）

13. 学习普通话的体会

14. 谈谈服饰

15. 我的假日生活

16. 我的成长之路

17. 谈谈科技发展与社会生活

18. 我知道的风俗

19. 我和体育

20. 我的家乡（或熟悉的地方）

21. 谈谈美食

22. 我喜欢的节日

23. 我所在的集体（学校、机关、公司等）

24. 谈谈社会公德（或职业道德）

25. 谈谈个人修养

26. 我喜欢的明星（或其他知名人士）
27. 我喜爱的书刊
28. 谈谈对环境保护的认识
29. 我向往的地方
30. 购物（消费）的感受

【提示】

可以以叙事的方式为主来展开话题，主要叙述自己周围熟悉的人与事，如亲人、同学、朋友，与家乡、童年有关的事情，与学校生活有关的，如学习普通话、学业中的事件，假日生活，如旅行、业余活动等，这些素材不妨多准备一些，以充实自己的"资料库"，通过联想，可以把这些人物与事件串联在一起，在说话中不断地回忆这些素材，从而使自己做到有话可说而不至于显得不流畅。除了可以叙事为主外，也可以从说理的角度来发表自己的意见，如"谈谈……"一类的题目，不妨先立论，确定一个明确的中心，再按照这个中心摆事实、讲道理。尽量不要写好稿子来照章背诵，这样容易使自己的语言显得僵化呆板，万一中间"忘词"，也更容易出现因慌乱而无法继续的意外。

四、朗读普通话水平测试作品 8 号。

下　编

普通话水平测试样题

样题一

（一）读单音节字词（100 个音节，共 10 分，限时 3.5 分钟）

筐 扰 佯 寡 晒 等 条 欢 颌 嗓 日 京 觅 焚 较 拈
束 鸟 钟 许 泪 熏 热 翁 脾 稻 儿 摸 傻 破 缠 外
规 蛋 昂 见 孔 欧 沁 抄 绵 矮 沉 辣 你 熔 滚 洁
娶 缀 馆 评 走 瞥 索 厢 允 坑 窘 内 团 汪 蚕 仿
瑟 缺 自 求 摆 达 宣 浑 远 锅 槐 充 某 拎 闭 五
恨 琼 挖 次 岭 鸭 逢 绺 迟 舱 杂 逗 虾 挪 部 排
杯 主 套 曰

（二）读多音节词语（100 个音节，共 20 分，限时 2.5 分钟）

民俗　而且　牛仔裤　佛寺　人群　蛾子　富翁　美女　细菌　燃料
胡同儿　村庄　作品　难怪　社会学　奠定　纪律　折腾　快要　宝塔
适用　照片　广博　掠夺　全局　辨证　范围　后跟儿　优良　从来
共鸣　完成　篡改　盘算　恰好　非法　刷新　灭火　春天　手绢儿
抓紧　创伤　可以　加强　地质　小说儿　脑袋　退让　英雄

（三）朗读短文（400 个音节，共 30 分，限时 4 分钟）

作品 56 号

中国的第一大岛、台湾省的主岛台湾，位于中国大陆架的东南方，地处东海和南海之间，隔着台湾海峡和大陆相望。天气晴朗的时候，站在福建沿海较高的地方，就可以隐隐约约地望见岛上的高山和云朵。

台湾岛形状狭长，从东到西，最宽处只有一百四十多公里；由南至北，最长的地方约有三百九十多公里。地形像一个纺织用的梭子。

台湾岛上的山脉纵贯南北，中间的中央山脉犹如全岛的脊梁。西部为海拔近四千米的玉山山脉，是中国东部的最高峰。全岛约有三分之一的地方是平地，其余为山地。岛内有缎带般的瀑布，蓝宝石似的湖泊，四季常青的森林和果园，自然景色十分优美。西南部的阿里山和日月潭，台北市郊的大屯山风景区，都是闻名世界的游览胜地。

台湾岛地处热带和温带之间，四面环海，雨水充足，气温受到海洋的调剂，冬暖夏凉，四季如春，这给水稻和果木生长提供了优越的条件。水稻、甘蔗、樟脑是台湾的"三宝"。岛上还盛产鲜果和鱼虾。

台湾岛还是一个闻名世界的"蝴蝶王国"。岛上的蝴蝶共有四百多个品种，其中有不少是世界稀有的珍贵品种。岛上还有不少鸟语花香的蝴 // 蝶谷……

（四）命题说话（下列话题任选一个，共 40 分，限时 3 分钟）
1. 我喜爱的文学（或其他）艺术形式
2. 谈谈美食

样题二

（一）读单音节字词（100 个音节，共 10 分，限时 3.5 分钟）

蕊　旗　脸　蛙　抗　瘾　耕　淮　周　龄　透　磁　饼　揉　猜　拢
哭　晒　东　铁　敷　瓮　栓　穷　抓　详　退　坏　逛　举　雄　政
官　胁　黑　倦　苇　洽　赔　仓　愤　膜　取　槽　闰　国　吨　民
捉　爸　容　悦　灸　轰　描　秧　冷　田　影　捞　除　窍　怎　般
嗓　梅　波　俄　承　师　谬　篇　峻　反　迪　允　赛　您　攘　扯
站　镍　啃　杜　遵　案　狗　外　保　葬　盯　髓　拿　四　齿　帕
选　爵　耳　瞎

（二）读多音节词语（100 个音节，共 20 分，限时 2.5 分钟）

创新　混合　镇压　存在　眯缝　难受　窘迫　惨死　平日　总归　你们
线圈　商品　篡夺　亏损　科学家　预防　群众　佛法　玩意儿　需求
告别　骆驼　利用　被窝儿　状况　丢掉　对偶　衰败　懊悔　能源
数量　搜查　瓜瓤儿　耽误　强化　功率　飞快　生产　教训　面条儿
了解　照射　虐待　只好　主人翁　儿童　情不自禁

（三）朗读短文（400 个音节，共 30 分，限时 4 分钟）

作品 22 号

　　没有一片绿叶，没有一缕炊烟，没有一粒泥土，没有一丝花香，只有水的世界，云的海洋。

　　一阵台风袭过，一只孤单的小鸟无家可归，落到被卷到洋里的木板上，乘流而下，姗姗而来，近了，近了！……

　　忽然，小鸟张开翅膀，在人们头顶盘旋了几圈儿，"噗啦"一声落到了船上。许是累了？还是发现了"新大陆"？水手撵它它不走，抓它，它乖乖地落在掌心。可爱的小鸟和善良的水手结成了朋友。

　　瞧，它多美丽，娇巧的小嘴，啄理着绿色的羽毛，鸭子样的扁脚，呈现出春草的鹅黄。水手们把它带到舱里，给它"搭铺"，让它在船上安家落户，每天，把分到的一塑料筒淡水匀给它喝，把从祖国带来的鲜美的鱼肉分给它吃，天长日久，小鸟和水手的感情日趋笃厚。清晨，当第一束阳光射进舷窗时，它便敞开美丽的歌喉，唱啊唱，嘤嘤有韵，宛如春水淙淙。人类给它以生命，它毫不悭吝地把自己的艺术青春奉献给了哺育它的人。可能都是这样？艺术家们的青春只会献给尊敬他们的人。

　　小鸟给远航生活蒙上了一层浪漫色调。返航时，人们爱不释手，恋恋不舍地想把它带到异乡。可小鸟憔悴了，给水，不喝！喂肉，不吃！油亮的羽毛失去了光泽。是啊，我∥们有自己的祖国……

　　（四）命题说话（下列话题任选一个，共 40 分，限时 3 分钟）
　　1. 我的朋友
　　2. 谈谈美食

样题三

（一）读单音节字词（100 个音节，共 10 分，限时 3.5 分钟）

哑　铸　染　亭　后　挽　敬　疮　游　乖　仲　君　凑　稳　掐　酱
椰　铂　峰　账　焦　蘸　暖　扑　龙　碍　离　鸟　瘸　密　承　滨
盒　专　此　艘　雪　肥　薰　日　硫　宣　表　嫡　迁　套　滇　砌
藻　刷　坏　虽　滚　杂　倦　垦　屈　所　惯　实　扯　栽　额　屡
弓　拿　物　粉　葵　躺　肉　铁　帆　萌　寡　猫　窘　内　雄　伞
蛙　葬　夸　戴　罗　并　摧　狂　饱　魄　而　沈　贤　润　麻　养
盘　自　您　虎

（二）读多音节词语（100 个音节，共 20 分，限时 2.5 分钟）

勾画　刚才　松软　半截　穷人　吵嘴　乒乓球　少女　篡夺　持续
牛顿　沉默　富翁　傻子　佛像　被窝儿　全部　乳汁　对照　家伙
灭亡　连绵　小腿　原则　外国　戏法儿　侵略　咏叹调　愉快　下来
撒谎　昆虫　意思　声明　患者　未曾　感慨　老头儿　群体　红娘
觉得　排演　赞美　运输　抓紧　儿童　症状　机灵　昂首

（三）朗读短文（400 个音节，共 30 分，限时 4 分钟）

作品 46 号

高兴，这是一种具体的被看得到摸得着的事物所唤起的情绪。它是心理的，更是生理的。它容易来也容易去，谁也不应该对它视而不见失之交臂，谁也不应该总是做那些使自己不高兴也使旁人不高兴的事。让我们说一件最容易做也最令人高兴的事吧，尊重你自己，也尊重别人，这是每一个人的权利，我还要说这是每一个人的义务。

快乐，它是一种富有概括性的生存状态、工作状态。它几乎是先验的，它来自生命本身的活力，来自宇宙、地球和人间的吸引，它是世界的丰富、绚丽、阔大、悠久的体现。快乐还是一种力量，是埋在地下的根脉。消灭一个人的快乐比挖掘掉一棵大树的根要难得多。

　　欢欣，这是一种青春的、诗意的情感。它来自面向着未来伸开双臂奔跑的冲力，它来自一种轻松而又神秘、朦胧而又隐秘的激动，它是激情即将到来的预兆，它又是大雨过后的比下雨还要美妙得多也久远得多的回味……

　　喜悦，它是一种带有形而上色彩的修养和境界。与其说它是一种情绪，不如说它是一种智慧、一种超拔、一种悲天悯人的宽容和理解，一种饱经沧桑的充实和自信，一种光明的理性，一种坚定∥的成熟……

（四）命题说话（下列话题任选一个，共 40 分，限时 3 分钟）
1. 我喜欢的节日
2. 我喜爱的动物（或植物）

样题四

(一) 读单音节字词（100 个音节，共 10 分，限时 3.5 分钟）

老　腮　洽　恩　曹　刷　恒　踪　夏　拨　闽　建　娶　捉　肥　病
苦　扬　外　子　糠　嫌　略　耳　颇　陈　袜　体　爱　戳　蒋　贼
迅　鳖　日　举　叼　述　习　窦　枝　裙　眯　宾　瑟　仍　苑　推
皱　感　呕　手　汪　寡　浓　羽　雄　劝　丰　幻　翁　盏　怀　广
烦　若　掌　鹿　曰　磁　积　篾　隋　关　嘱　耐　麻　诵　惹　挥
领　瓢　久　兰　靠　捏　团　窘　谜　滚　方　盆　妙　屯　丢　偿
宴　嘴　栓　宝

(二) 读多音节词语（100 个音节，共 20 分，限时 2.5 分钟）

电压　火候　争论　拥有　难怪　被窝儿　维持　跨度　谬误　贫穷
资格　媒人　规律　钢铁　情况　客气　军阀　名称　教师　缺少　从而
好歹　乡村　佛寺　合作社　新娘　上层　跳高儿　东欧　撒开　选拔
妇女　小瓮儿　云端　头脑　温柔　决定性　诊所　疲倦　水灾　昂然
蒜瓣儿　状态　处理　临终　专家　凉快　潜移默化

(三) 朗读短文（400 个音节，共 30 分，限时 4 分钟）

作品 16 号

很久以前，在一个漆黑的秋天的夜晚，我泛舟在西伯利亚一条阴森森的河上。船到一个转弯处，只见前面黑黢黢的山峰下面一星火光蓦地一闪。

火光又明又亮，好像就在眼前……

"好啦，谢天谢地！"我高兴地说，"马上就到过夜的地方啦！"

船夫扭头朝身后的火光望了一眼，又不以为然地划起桨来。

"远着呢！"

我不相信他的话，因为火光冲破朦胧的夜色，明明在那儿闪烁。不过船夫是对的，事实上，火光的确还远着呢。

这些黑夜的火光的特点是：驱散黑暗，闪闪发亮，近在眼前，令人神往。

乍一看，再划几下就到了……其实却还远着呢！……

　　我们在漆黑如墨的河上又划了很久。一个个峡谷和悬崖，迎面驶来，又向后移去，仿佛消失在茫茫的远方，而火光却依然停在前头，闪闪发亮，令人神往——依然是这么近，又依然是那么远……

　　现在，无论是这条被悬崖峭壁的阴影笼罩的漆黑的河流，还是那一星明亮的火光，都经常浮现在我的脑际，在这以前和在这以后，曾有许多火光，似乎近在咫尺，不止使我一人心驰神往。可是生活之河却仍然在那阴森森的两岸之间流着，而火光也依旧非常遥远。因此，必须加劲划桨……

　　然而，火光啊……毕竟……毕竟就//在前头！……

（四）命题说话（下列话题任选一个，共 40 分，限时 3 分钟）

1. 我喜爱的职业
2. 我的家乡（或熟悉的地方）

样题五

(一) 读单音节字词 (100 个音节，共 10 分，限时 3.5 分钟)

券　允　凡　笋　拎　雪　负　搜　最　禾　谬　帮　灭　郭　绒　窃
许　刁　虫　恨　零　些　字　清　法　炉　绢　夺　词　产　嗡　浴
擦　桃　闭　支　楼　姜　怒　甩　雄　窄　驳　炯　旁　歪　蹦　眯
偏　辱　方　条　嫁　鸟　盘　扯　纳　袄　短　昂　镁　您　袜　押
贼　蜂　团　僻　逗　雷　够　脊　筐　讼　伸　稿　破　而　遣　廓
裘　跃　酌　光　凝　香　史　搔　艇　刷　往　钓　孔　殿　水　改
宽　魂　蹭　枕

(二) 读多音节词语 (100 个音节，共 20 分，限时 2.5 分钟)

沙漠　主人翁　去年　红娘　似乎　平民　群落　穷苦　肚脐儿　设备
配偶　旋转　接洽　包涵　干脆　日益　脑子　障碍　测量　婴儿
开玩笑　铁索　作怪　伤员　利用　打垮　痛快　略微　邮戳儿　创造
票据　苍白　沸腾　佛经　酒盅儿　坚持　整个　霜冻　分成　先生
角色　绿化　温柔　导体　扇面儿　宾馆　循环　下跌　困难

(三) 朗读短文 (400 个音节，共 30 分，限时 4 分钟)

作品 1 号

那是力争上游的一种树，笔直的干，笔直的枝。它的干呢，通常是丈把
高，像是加以人工似的，一丈以内，绝无旁枝；它所有的桠枝呢，一律向上，
而且紧紧靠拢，也像是加以人工似的，成为一束，绝无横斜逸出；它的宽大的
叶子也是片片向上，几乎没有斜生的，更不用说倒垂了；它的皮，光滑而有银
色的晕圈，微微泛出淡青色。这是虽在北方的风雪的压迫下却保持着倔强挺立
的一种树！哪怕只有碗来粗细罢，它却努力向上发展，高到丈许，两丈，参天
耸立，不折不挠，对抗着西北风。

这就是白杨树，西北极普通的一种树，然而决不是平凡的树！

它没有婆娑的姿态，没有屈曲盘旋的虬枝，也许你要说它不美丽，——如

果美是专指"婆娑"或"横斜逸出"之类而言,那么,白杨树算不得树中的好女子;但是它却是伟岸,正直,朴质,严肃,也不缺乏温和,更不用提它的坚强不屈与挺拔,它是树中的伟丈夫!当你在积雪初融的高原上走过,看见平坦的大地上傲然挺立这么一株或一排白杨树,难道你就只觉得树只是树,难道你就不想到它的朴质,严肃,坚强不屈,至少也象征了北方的农民;难道你竟一点儿也不联想到,在敌后的广大//土地上,……

(四)命题说话(下列话题任选一个,共40分,限时3分钟)
1. 我知道的风俗
2. 我和体育

样题六

（一）读单音节字词（100 个音节，共 10 分，限时 3.5 分钟）

耳　持　痒　坏　广　迈　拴　瘸　朽　厘　举　踪　男　润　拿　粗
腺　驴　棵　猛　仓　齐　颇　挺　勤　跃　瓢　审　顶　烈　托　祥
林　倦　房　找　滑　巧　丈　博　保　匀　此　鬓　迁　拜　耸　特
佐　嫁　珠　管　仍　押　苗　窘　黑　捡　雕　配　洒　恩　鸣　忠
四　轨　瓮　潮　暗　楼　钩　攮　坤　谎　税　永　扣　专　受　瞥
渡　戳　林　牛　歪　入　乖　测　挥　敌　返　蹦　抬　日　开　挡
痕　讽　毛　宣

（二）读多音节词语（100 个音节，共 20 分，限时 2.5 分钟）

教训　柔软　思维　语文　接洽　因而　赶趟儿　美好　谋略　表演
谬论　写法　大娘　妇女　拳头　财政　奥秘　火锅儿　红色　同情
傻子　上升　抓阄儿　逃窜　和平　飞快　赛场　割让　衰落　折磨
避雷针　队伍　质量　增产　人群　旷工　穷尽　多寡　片面　佛学
夏天　部分　参议院　看待　创造　东欧　怀念　记事儿　胸脯

（三）朗读短文（400 个音节，共 30 分，限时 4 分钟）

作品 55 号

　　人活着，最要紧的是寻觅到那片代表着生命绿色和人类希望的丛林，然后选一高高的枝头站在那里观览人生，消化痛苦，孕育歌声，愉悦世界！

　　这可真是一种潇洒的人生态度，这可真是一种心境爽朗的情感风貌。

　　站在历史的枝头微笑，可以减免许多烦恼。在那里，你可以从众生相所包含的甜酸苦辣、百味人生中寻找你自己；你境遇中的那点儿苦痛，也许相比之下，再也难以占据一席之地；你会较容易地获得从不悦中解脱灵魂的力量，使之不致变得灰色。

　　人站得高些，不但能有幸早些领略到希望的曙光，还能有幸发现生命的立体的诗篇。每一个人的人生，都是这诗篇中的一个词、一个句子或者一个标点。你可能没有成为一个美丽的词，一个引人注目的句子，一个惊叹号，但你依然是这生命的立体诗篇中的一个音节、一个停顿、一个必不可少的组成部分。这足以使你放弃前嫌，萌生为人类孕育新的歌声的兴致，为世界带来更多的诗意。

最可怕的人生见解，是把多维的生存图景看成平面。因为那平面上刻下的大多是凝固了的历史——过去的遗迹；但活着的人们，活得却是充满着新生智慧的，由//不断逝去的"现在"组成的未来。……

（四）命题说话（下列话题任选一个，共 40 分，限时 3 分钟）

1. 我和体育
2. 谈谈社会公德（或职业道德）

样题七

（一）读单音节字词（100 个音节，共 10 分，限时 3.5 分钟）

族　瞭　谬　蕊　儿　颇　忙　许　艘　爽　荐　窄　攥　耍　陶　赏
擦　孔　忘　博　舱　涌　踹　允　嫩　窘　如　谎　侵　底　腊　整
陈　搞　夺　返　尊　奉　憋　恰　推　盆　找　隋　阔　肥　宣　娘
卵　钳　曰　弥　绢　条　挫　衰　懂　竹　劣　恩　剩　缓　赛　兵
雅　定　心　瓮　特　青　持　办　罚　日　黑　灌　总　哭　卧　死
趋　绺　栽　雷　鸥　男　君　逾　构　撅　形　滚　袜　阁　蹬　河
遍　箱　词　搔

（二）读多音节词语（100 个音节，共 20 分，限时 2.5 分钟）

党委　钢铁　奇怪　口哨儿　恶化　抓紧　功能　撇开　采访　效率
完全　墨汁儿　英雄　后悔　疟疾　石油　从而　下面　濒临　眉头
丢掉　专程　帮手　脚跟　村子　战略　夸奖　做活儿　群体　服务
评价　仙女　状态　产品　桥梁　央求　怀念　佛典　傲然　亏损
古兰经　内容　创造　通讯员　号码儿　穷人　打算　不可思议

（三）朗读短文（400 个音节，共 30 分，限时 4 分钟）

作品 15 号

三十年代初，胡适在北京大学任教授。讲课时他常常对白话文大加称赞，引起一些只喜欢文言文而不喜欢白话文的学生的不满。

一次，胡适正讲得得意的时候，一位姓魏的学生突然站了起来，生气地问："胡先生，难道说白话文就毫无缺点吗？"胡适微笑着回答说："没有。"那位学生更加激动了："肯定有！白话文废话太多，打电报用字多，花钱多。"胡适的目光顿时变亮了。轻声地解释说："不一定吧！前几天有位朋友给我打来电报，请我去政府部门工作，我决定不去，就回电拒绝了。复电是用白话写的，看来也很省字。请同学们根据我这个意思，用文言文写一个回电，看看究竟是白话文省字，还是文言文省字？"胡教授刚说完，同学们立刻认真地写了起来。

　　十五分钟过去，胡适让同学举手，报告用字的数目，然后挑了一份用字最少的文言电报稿，电文是这样写的："才疏学浅，恐难胜任，不堪从命。"白话文的意思是：学问不深，恐怕很难担任这个工作，不能服从安排。

　　胡适说，这份写得确实不错，仅用了十二个字。但我的白话电报却只用了五个字："干不了，谢谢!"

　　胡适又解释说："干不了"就有才疏学浅、恐难胜任的意思；"谢谢"既//对朋友的介绍表示感谢，……

　　（四）命题说话（下列话题任选一个，共 40 分，限时 3 分钟）

1. 谈谈科技发展与社会生活
2. 我喜欢的节日

样题八

（一）读单音节字词（100 个音节，共 10 分，限时 3.5 分钟）

紧　泉　扰　恩　左　溶　坎　木　甩　徐　麦　焚　凑　腔　财　诸
蠢　面　所　成　千　誉　刷　体　羹　瘸　窝　白　送　癣　棕　苍
拐　黄　搭　访　鼠　娘　飘　丸　二　盆　抠　泼　廖　推　月　示
铡　扼　柳　个　袍　喜　仗　邻　耗　虽　怎　逢　广　妙　肩　哑
丢　圣　船　含　窨　循　笔　热　他　窗　窖　肘　位　凝　允　苏
日　垒　宅　猎　叮　末　此　钡　痰　丝　捆　拥　季　碘　恰　瓦
梢　拿　后　劫

（二）读双音节词语（100 个音节，共 20 分，限时 2.5 分钟）

仍旧　花样儿　开会　下去　僧尼　明年　嘟囔　英雄　鬼子　钢铁
状况　舞女　佛经　窈窕　深海　抓获　逗乐儿　贫穷　涅槃　柔软
福气　差别　懊恼　平均　红外线　疲倦　侵略　职工　顺手　波长
骆驼　干脆　小瓮儿　专门　决心　两边　不快　惨死　盗贼　幼儿园
尊重　亏损　合群儿　吃饭　魅力　国家　东欧　沙发　逃窜

（三）朗读短文（400 个音节，共 30 分，限时 4 分钟）

作品 35 号

我在俄国见到的景物再没有比托尔斯泰墓更宏伟、更感人的。

完全按照托尔斯泰的愿望，他的坟墓成了世间最美的，给人印象最深刻的坟墓。它只是树林中的一个小小的长方形土丘，上面开满鲜花——没有十字架，没有墓碑，没有墓志铭，连托尔斯泰这个名字也没有。

这位比谁都感到受自己的声名所累的伟人，却像偶尔被发现的流浪汉，不为人知的士兵，不留名姓地被人埋葬了。谁都可以踏进他最后的安息地，围在四周稀疏的木栅栏是不关闭的——保护列夫·托尔斯泰得以安息的没有任何别的东西，惟有人们的敬意；而通常，人们却总是怀着好奇，去破坏伟人墓地的宁静。

这里，逼人的朴素禁锢住任何一种观赏的闲情，并且不容许你大声说话。风儿俯临，在这座无名者之墓的树木之间飒飒响着，和暖的阳光在坟头嬉戏；冬天，白雪温柔地覆盖这片幽暗的土地。无论你在夏天或冬天经过这儿，你都想像不到，这个小小的、隆起的长方体里安放着一位当代最伟大的人物。

然而，恰恰是这座不留姓名的坟墓，比所有挖空心思用大理石和奢华装饰建造的坟墓更扣人心弦。在今天这个特殊的日子//里，……

（四）命题说话（下列话题任选一个，共 40 分，限时 3 分钟）
1. 童年的记忆
2. 我知道的风俗

样题九

（一）读单音节字词（100 个音节，共 10 分，限时 3.5 分钟）

类　我　璧　罕　困　掳　庞　盆　栓　桌　允　春　曹　段　批　肺
因　肠　矮　刷　选　翁　底　钩　绢　灯　端　妆　味　锁　穷　或
矩　募　广　囊　坑　齿　偏　迷　讽　字　氛　样　头　告　饱　群
窄　日　摸　疗　此　薛　妾　谬　嘴　乍　爹　南　笨　跳　而　歉
歇　缕　鹅　顷　俗　缰　达　算　班　惹　波　纳　甲　裴　虎　筐
您　窜　魂　洒　仍　松　迁　拐　凝　卖　皇　收　雄　怎　淘　抓
洽　龄　朽　攫

（二）读多音节词语（100 个音节，共 20 分，限时 2.5 分钟）

典雅　窘迫　骆驼　权力　明年　没谱儿　黑暗　拥有　棉花　妇女
街坊　财产　饭盒儿　傍晚　人民　追随　生存　小巧　八卦　牛仔裤
太空　干脆　茧子　动员　文章　戏法儿　颓丧　正好　冠军　深层
铁丝　仇恨　柔软　听众　夏季　虐待　衰老　偶尔　佛像　寻找
肚脐儿　失去　王国　月亮　创作　商品　快乐　恳求　蛋白质

（三）朗读短文（400 个音节，共 30 分，限时 4 分钟）

作品 29 号

在浩瀚无垠的沙漠里，有一片美丽的绿洲，绿洲里藏着一颗闪光的珍珠。这颗珍珠就是敦煌莫高窟。它坐落在我国甘肃省敦煌市三危山和鸣沙山的怀抱中。

鸣沙山东麓是平均高度为十七米的崖壁。在一千六百多米长的崖壁上，凿有大小洞窟七百余个，形成了规模宏伟的石窟群。其中四百九十二个洞窟中，共有彩色塑像两千一百余尊，各种壁画共四万五千多平方米。莫高窟是我国古代无数艺术匠师留给人类的珍贵文化遗产。

莫高窟的彩塑，每一尊都是一件精美的艺术品。最大的有九层楼那么高，最小的还不如一个手掌大。这些彩塑个性鲜明，神态各异。有慈眉善目的菩萨，有威风凛凛的天王，还有强壮勇猛的力士……

　　莫高窟壁画的内容丰富多彩，有的是描绘古代劳动人民打猎、捕鱼、耕田、收割的情景，有的是描绘人们奏乐、舞蹈、演杂技的场面，还有的是描绘大自然的美丽风光。其中最引人注目的是飞天。壁画上的飞天，有的臂挎花篮，采摘鲜花；有的反弹琵琶，轻拨银弦；有的倒悬身子，自天而降；有的彩带飘拂，漫天遨游；有的舒展着双臂，翩翩起舞。看着这些精美动人的壁画，就像走进了∥灿烂辉煌的艺术殿堂。……

　　（四）命题说话（下列话题任选一个，共 40 分，限时 3 分钟）
1. 我的假日生活
2. 谈谈个人修养

样题十

（一）读单音节字词（100 个音节，共 10 分，限时 3.5 分钟）

贼 列 枕 次 聋 饼 日 谨 裙 绢 值 冯 炯 咸 呆 卤
僧 扭 肾 抓 盆 战 耳 基 丑 凝 滨 免 外 穷 陋 春
昂 喘 娘 方 购 仍 睡 跟 环 浮 擦 快 滑 渺 疆 台
醒 秘 坑 善 允 逛 甩 照 拨 叠 翁 床 舜 肿 俗 腭
牌 骚 雪 批 洒 锌 瑞 锅 垒 休 谈 目 犬 榻 窝 举
惹 纵 黑 瘫 掏 挪 贝 哑 奏 席 掐 榆 餐 字 考 编
滚 叨 法 肴

（二）读双音节词语（100 个音节，共 20 分，限时 2.5 分钟）

倘使 苍翠 强求 蒙古包 个体 从而 粉末儿 旋转 情怀 合同
财产 手脚 灭亡 起飞 跨越 挂念 佛经 高傲 柴火 亏损 犯罪
决议 耽误 增加 作用 难怪 少女 上下 危害 荒谬 斥责 撇开
砂轮儿 原料 东欧 侵略 大多数 思想 本子 柔软 状况 训练
药品 政党 蒜瓣儿 定律 英雄 人均 没谱儿

（三）朗读短文（400 个音节，共 30 分，限时 4 分钟）

作品 30 号

　　其实你在很久以前并不喜欢牡丹，因为它总被人作为富贵膜拜。后来你目睹了一次牡丹的落花，你相信所有的人都会为之感动：一阵清风徐来，娇艳鲜嫩的盛期牡丹忽然整朵整朵地坠落，铺撒一地绚丽的花瓣。那花瓣落地时依然鲜艳夺目，如同一只奉上祭坛的大鸟脱落的羽毛，低吟着壮烈的悲歌离去。

　　牡丹没有花谢花败之时，要么烁于枝头，要么归于泥土，它跨越萎顿和衰老，由青春而死亡，由美丽而消遁。它虽美却不吝惜生命，即使告别也要展示给人最后一次的惊心动魄。

　　所以在这阴冷的四月里，奇迹不会发生。任凭游人扫兴和诅咒，牡丹依然安之若素。它不苟且、不俯就、不妥协、不媚俗，甘愿自己冷落自己。它遵循自己的花期自己的规律，它有权利为自己选择每年一度的盛大节日。它为什么不拒绝寒冷？

天南海北的看花人，依然络绎不绝地涌入洛阳城。人们不会因牡丹的拒绝而拒绝它的美。如果它再被贬谪十次，也许它就会繁衍出十个洛阳牡丹城。

于是你在无言的遗憾中感悟到，富贵与高贵只是一字之差。同人一样，花儿也是有灵性的，更有品位之高低。品位这东西为气为魂为 // 筋骨为神韵，……

（四）命题说话（下列话题任选一个，共 40 分，限时 3 分钟）
1. 我的成长之路
2. 购物（消费）的感受

普通话水平测试用必读轻声词语表

1. 爱人 àiren
2. 案子 ànzi
3. 巴掌 bāzhang
4. 把子 bǎzi
5. 把子 bàzi
6. 爸爸 bàba
7. 白净 báijing
8. 班子 bānzi
9. 板子 bǎnzi
10. 帮手 bāngshou
11. 梆子 bāngzi
12. 膀子 bǎngzi
13. 棒槌 bàngchui
14. 棒子 bàngzi
15. 包袱 bāofu
16. 包涵 bāohan
17. 包子 bāozi
18. 豹子 bàozi
19. 杯子 bēizi
20. 被子 bèizi
21. 本事 běnshi
22. 本子 běnzi
23. 鼻子 bízi
24. 比方 bǐfang
25. 鞭子 biānzi
26. 扁担 biǎndan
27. 辫子 biànzi

28. 别扭 bièniu
29. 饼子 bǐngzi
30. 拨弄 bōnong
31. 脖子 bózi
32. 簸箕 bòji
33. 补丁 bǔding
34. 不由得 bùyóude
35. 不在乎 bùzàihu
36. 步子 bùzi
37. 部分 bùfen
38. 财主 cáizhu
39. 裁缝 cáifeng
40. 苍蝇 cāngying
41. 差事 chāishi
42. 柴火 cháihuo
43. 肠子 chángzi
44. 厂子 chǎngzi
45. 场子 chǎngzi
46. 车子 chēzi
47. 称呼 chēnghu
48. 池子 chízi
49. 尺子 chǐzi
50. 虫子 chóngzi
51. 绸子 chóuzi
52. 除了 chúle
53. 锄头 chútou
54. 畜生 chùsheng

55. 窗户 chuānghu
56. 窗子 chuāngzi
57. 锤子 chuízi
58. 刺猬 cìwei
59. 凑合 còuhe
60. 村子 cūnzi
61. 耷拉 dāla
62. 答应 dāying
63. 打扮 dǎban
64. 打点 dǎdian
65. 打发 dǎfa
66. 打量 dǎliang
67. 打算 dǎsuan
68. 打听 dǎting
69. 大方 dàfang
70. 大爷 dàye
71. 大夫 dàifu
72. 带子 dàizi
73. 袋子 dàizi
74. 单子 dānzi
75. 耽搁 dānge
76. 耽误 dānwu
77. 胆子 dǎnzi
78. 担子 dànzi
79. 刀子 dāozi
80. 道士 dàoshi
81. 稻子 dàozi

82. 灯笼 dēnglong	116. 疯子 fēngzi	150. 关系 guānxi
83. 凳子 dèngzi	117. 福气 fúqi	151. 官司 guānsi
84. 提防 dīfang	118. 斧子 fǔzi	152. 罐头 guàntou
85. 笛子 dízi	119. 盖子 gàizi	153. 罐子 guànzi
86. 底子 dǐzi	120. 甘蔗 gānzhe	154. 规矩 guīju
87. 地道 dìdao	121. 杆子 gānzi	155. 闺女 guīnü
88. 地方 dìfang	122. 杆子 gǎnzi	156. 鬼子 guǐzi
89. 弟弟 dìdi	123. 干事 gànshi	157. 柜子 guìzi
90. 弟兄 dìxiong	124. 杠子 gàngzi	158. 棍子 gùnzi
91. 点心 diǎnxin	125. 高粱 gāoliang	159. 锅子 guōzi
92. 调子 diàozi	126. 膏药 gāoyao	160. 果子 guǒzi
93. 钉子 dīngzi	127. 稿子 gǎozi	161. 蛤蟆 háma
94. 东家 dōngjia	128. 告诉 gàosu	162. 孩子 háizi
95. 东西 dōngxi	129. 疙瘩 gēda	163. 含糊 hánhu
96. 动静 dòngjing	130. 哥哥 gēge	164. 汉子 hànzi
97. 动弹 dòngtan	131. 胳膊 gēbo	165. 行当 hángdang
98. 豆腐 dòufu	132. 鸽子 gēzi	166. 合同 hétong
99. 豆子 dòuzi	133. 格子 gézi	167. 和尚 héshang
100. 嘟囔 dūnang	134. 个子 gèzi	168. 核桃 hétao
101. 肚子 dǔzi	135. 根子 gēnzi	169. 盒子 hézi
102. 肚子 dùzi	136. 跟头 gēntou	170. 红火 hónghuo
103. 缎子 duànzi	137. 工夫 gōngfu	171. 猴子 hóuzi
104. 队伍 duìwu	138. 弓子 gōngzi	172. 后头 hòutou
105. 对付 duìfu	139. 公公 gōnggong	173. 厚道 hòudao
106. 对头 duìtou	140. 功夫 gōngfu	174. 狐狸 húli
107. 多么 duōme	141. 钩子 gōuzi	175. 胡萝卜 húluóbo
108. 蛾子 ézi	142. 姑姑 gūgu	176. 胡琴 húqin
109. 儿子 érzi	143. 姑娘 gūniang	177. 糊涂 hútu
110. 耳朵 ěrduo	144. 谷子 gǔzi	178. 护士 hùshi
111. 贩子 fànzi	145. 骨头 gǔtou	179. 皇上 huángshang
112. 房子 fángzi	146. 故事 gùshi	180. 幌子 huǎngzi
113. 废物 fèiwu	147. 寡妇 guǎfu	181. 活泼 huópo
114. 份子 fènzi	148. 褂子 guàzi	182. 火候 huǒhou
115. 风筝 fēngzheng	149. 怪物 guàiwu	183. 伙计 huǒji

184. 机灵 jīling	218. 口袋 kǒudai	252. 凉快 liángkuai
185. 脊梁 jǐliang	219. 口子 kǒuzi	253. 粮食 liángshi
186. 记号 jìhao	220. 扣子 kòuzi	254. 两口子 liǎngkǒuzi
187. 记性 jìxing	221. 窟窿 kūlong	255. 料子 liàozi
188. 夹子 jiāzi	222. 裤子 kùzi	256. 林子 línzi
189. 家伙 jiāhuo	223. 快活 kuàihuo	257. 翎子 língzi
190. 架势 jiàshi	224. 筷子 kuàizi	258. 领子 lǐngzi
191. 架子 jiàzi	225. 框子 kuàngzi	259. 溜达 liūda
192. 嫁妆 jiàzhuang	226. 困难 kùnnan	260. 聋子 lóngzi
193. 尖子 jiānzi	227. 阔气 kuòqi	261. 笼子 lóngzi
194. 茧子 jiǎnzi	228. 喇叭 lǎba	262. 炉子 lúzi
195. 剪子 jiǎnzi	229. 喇嘛 lǎma	263. 路子 lùzi
196. 见识 jiànshi	230. 篮子 lánzi	264. 轮子 lúnzi
197. 毽子 jiànzi	231. 懒得 lǎnde	265. 萝卜 luóbo
198. 将就 jiāngjiu	232. 浪头 làngtou	266. 骡子 luózi
199. 交情 jiāoqing	233. 老婆 lǎopo	267. 骆驼 luòtuo
200. 饺子 jiǎozi	234. 老实 lǎoshi	268. 妈妈 māma
201. 叫唤 jiàohuan	235. 老太太 lǎotàitai	269. 麻烦 máfan
202. 轿子 jiàozi	236. 老头子 lǎotóuzi	270. 麻利 máli
203. 结实 jiēshi	237. 老爷 lǎoye	271. 麻子 mázi
204. 街坊 jiēfang	238. 老子 lǎozi	272. 马虎 mǎhu
205. 姐夫 jiěfu	239. 姥姥 lǎolao	273. 码头 mǎtou
206. 姐姐 jiějie	240. 累赘 léizhui	274. 买卖 mǎimai
207. 戒指 jièzhi	241. 篱笆 líba	275. 麦子 màizi
208. 金子 jīnzi	242. 里头 lǐtou	276. 馒头 mántou
209. 精神 jīngshen	243. 力气 lìqi	277. 忙活 mánghuo
210. 镜子 jìngzi	244. 厉害 lìhai	278. 冒失 màoshi
211. 舅舅 jiùjiu	245. 利落 lìluo	279. 帽子 màozi
212. 橘子 júzi	246. 利索 lìsuo	280. 眉毛 méimao
213. 句子 jùzi	247. 例子 lìzi	281. 媒人 méiren
214. 卷子 juànzi	248. 栗子 lìzi	282. 妹妹 mèimei
215. 咳嗽 késou	249. 痢疾 lìji	283. 门道 méndao
216. 客气 kèqi	250. 连累 liánlei	284. 眯缝 mīfeng
217. 空子 kòngzi	251. 帘子 liánzi	285. 迷糊 míhu

286. 面子 miànzi
287. 苗条 miáotiao
288. 苗头 miáotou
289. 名堂 míngtang
290. 名字 míngzi
291. 明白 míngbai
292. 模糊 móhu
293. 蘑菇 mógu
294. 木匠 mùjiang
295. 木头 mùtou
296. 那么 nàme
297. 奶奶 nǎinai
298. 难为 nánwei
299. 脑袋 nǎodai
300. 脑子 nǎozi
301. 能耐 néngnai
302. 你们 nǐmen
303. 念叨 niàndao
304. 念头 niàntou
305. 娘家 niángjia
306. 镊子 nièzi
307. 奴才 núcai
308. 女婿 nǔxu
309. 暖和 nuǎnhuo
310. 疟疾 nüèji
311. 拍子 pāizi
312. 牌楼 páilou
313. 牌子 páizi
314. 盘算 pánsuan
315. 盘子 pánzi
316. 胖子 pàngzi
317. 狍子 páozi
318. 盆子 pénzi
319. 朋友 péngyou

320. 棚子 péngzi
321. 脾气 píqi
322. 皮子 pízi
323. 痞子 pǐzi
324. 屁股 pìgu
325. 片子 piānzi
326. 便宜 piányi
327. 骗子 piànzi
328. 票子 piàozi
329. 漂亮 piàoliang
330. 瓶子 píngzi
331. 婆家 pójia
332. 婆婆 pópo
333. 铺盖 pūgai
334. 欺负 qīfu
335. 旗子 qízi
336. 前头 qiántou
337. 钳子 qiánzi
338. 茄子 qiézi
339. 亲戚 qīnqi
340. 勤快 qínkuai
341. 清楚 qīngchu
342. 亲家 qìngjia
343. 曲子 qǔzi
344. 圈子 quānzi
345. 拳头 quántou
346. 裙子 qúnzi
347. 热闹 rènao
348. 人家 rénjia
349. 人们 rénmen
350. 认识 rènshi
351. 日子 rìzi
352. 褥子 rùzi
353. 塞子 sāizi

354. 嗓子 sǎngzi
355. 嫂子 sǎozi
356. 扫帚 sàozhou
357. 沙子 shāzi
358. 傻子 shǎzi
359. 扇子 shànzi
360. 商量 shāngliang
361. 上午 shàngwu
362. 上司 shàngsi
363. 上头 shàngtou
364. 烧饼 shāobing
365. 勺子 sháozi
366. 少爷 shàoye
367. 哨子 shàozi
368. 舌头 shétou
369. 身子 shēnzi
370. 什么 shénme
371. 婶子 shěnzi
372. 生意 shēngyi
373. 牲口 shēngkou
374. 绳子 shéngzi
375. 师父 shīfu
376. 师傅 shīfu
377. 虱子 shīzi
378. 狮子 shīzi
379. 石匠 shíjiang
380. 石榴 shíliu
381. 石头 shítou
382. 时候 shíhou
383. 实在 shízai
384. 拾掇 shíduo
385. 使唤 shǐhuan
386. 世故 shìgu
387. 似的 shìde

388. 事情 shìqing
389. 柿子 shìzi
390. 收成 shōucheng
391. 收拾 shōushi
392. 首饰 shǒushi
393. 叔叔 shūshu
394. 梳子 shūzi
395. 舒服 shūfu
396. 舒坦 shūtan
397. 疏忽 shūhu
398. 爽快 shuǎngkuai
399. 思量 sīliang
400. 算计 suànji
401. 岁数 suìshu
402. 孙子 sūnzi
403. 他们 tāmen
404. 它们 tāmen
405. 她们 tāmen
406. 台子 táizi
407. 太太 tàitai
408. 摊子 tānzi
409. 坛子 tánzi
410. 毯子 tǎnzi
411. 桃子 táozi
412. 特务 tèwu
413. 梯子 tīzi
414. 蹄子 tízi
415. 挑剔 tiāoti
416. 挑子 tiāozi
417. 条子 tiáozi
418. 跳蚤 tiàozao
419. 铁匠 tiějiang
420. 亭子 tíngzi
421. 头发 tóufa

422. 头子 tóuzi
423. 兔子 tùzi
424. 妥当 tuǒdang
425. 唾沫 tuòmo
426. 挖苦 wāku
427. 娃娃 wáwa
428. 袜子 wàzi
429. 晚上 wǎnshang
430. 尾巴 wěiba
431. 委屈 wěiqu
432. 为了 wèile
433. 位置 wèizhi
434. 位子 wèizi
435. 蚊子 wénzi
436. 稳当 wěndang
437. 我们 wǒmen
438. 屋子 wūzi
439. 稀罕 xīhan
440. 席子 xízi
441. 媳妇 xífu
442. 喜欢 xǐhuan
443. 瞎子 xiāzi
444. 匣子 xiázi
445. 下巴 xiàba
446. 吓唬 xiàhu
447. 先生 xiānsheng
448. 乡下 xiāngxia
449. 箱子 xiāngzi
450. 相声 xiàngsheng
451. 消息 xiāoxi
452. 小伙子 xiǎohuǒzi
453. 小气 xiǎoqi
454. 小子 xiǎozi
455. 笑话 xiàohua

456. 谢谢 xièxie
457. 心思 xīnsi
458. 星星 xīngxing
459. 猩猩 xīngxing
460. 行李 xíngli
461. 性子 xìngzi
462. 兄弟 xiōngdi
463. 休息 xiūxi
464. 秀才 xiùcai
465. 秀气 xiùqi
466. 袖子 xiùzi
467. 靴子 xuēzi
468. 学生 xuésheng
469. 学问 xuéwen
470. 丫头 yātou
471. 鸭子 yāzi
472. 衙门 yámen
473. 哑巴 yǎba
474. 胭脂 yānzhi
475. 烟筒 yāntong
476. 眼睛 yǎnjing
477. 燕子 yànzi
478. 秧歌 yāngge
479. 养活 yǎnghuo
480. 样子 yàngzi
481. 吆喝 yāohe
482. 妖精 yāojing
483. 钥匙 yàoshi
484. 椰子 yēzi
485. 爷爷 yéye
486. 叶子 yèzi
487. 一辈子 yībèizi
488. 衣服 yīfu
489. 衣裳 yīshang

490. 椅子 yǐzi
491. 意思 yìsi
492. 银子 yínzi
493. 影子 yǐngzi
494. 应酬 yìngchou
495. 柚子 yòuzi
496. 冤枉 yuānwang
497. 院子 yuànzi
498. 月饼 yuèbing
499. 月亮 yuèliang
500. 云彩 yúncai
501. 运气 yùnqi
502. 在乎 zàihu
503. 咱们 zánmen
504. 早上 zǎoshang
505. 怎么 zěnme
506. 扎实 zhāshi
507. 眨巴 zhǎba
508. 栅栏 zhàlan
509. 宅子 zháizi

510. 寨子 zhàizi
511. 张罗 zhāngluo
512. 丈夫 zhàngfu
513. 丈人 zhàngren
514. 帐篷 zhàngpeng
515. 帐子 zhàngzi
516. 招呼 zhāohu
517. 招牌 zhāopai
518. 折腾 zhēteng
519. 这个 zhège
520. 这么 zhème
521. 枕头 zhěntou
522. 镇子 zhènzi
523. 芝麻 zhīma
524. 知识 zhīshi
525. 侄子 zhízi
526. 指甲 zhǐjia（zhījia）
527. 指头 zhǐtou（zhítou）
528. 种子 zhǒngzi
529. 珠子 zhūzi

530. 竹子 zhúzi
531. 主意 zhǔyi
532. 主子 zhǔzi
533. 柱子 zhùzi
534. 爪子 zhuǎzi
535. 转悠 zhuànyou
536. 庄稼 zhuāngjia
537. 庄子 zhuāngzi
538. 壮实 zhuàngshi
539. 状元 zhuàngyuan
540. 锥子 zhuīzi
541. 桌子 zhuōzi
542. 字号 zìhao
543. 自在 zìzai
544. 粽子 zòngzi
545. 祖宗 zǔzong
546. 嘴巴 zuǐba
547. 作坊 zuōfang
548. 琢磨 zuómo

普通话水平测试用儿化词语表

a – ar

刀把儿　号码儿　戏法儿　在哪儿　找茬儿　打杂儿　板擦儿

ai – ar

名牌儿　鞋带儿　壶盖儿　小孩儿　加塞儿

an – ar

快板儿　老伴儿　蒜瓣儿　脸盘儿　脸蛋儿　收摊儿　栅栏儿　包干儿
笔杆儿　门槛儿

ang – ar

药方儿　赶趟儿　香肠儿　瓜瓤儿

ia – iar

掉价儿　一下儿　豆芽儿

ian – iar

小辫儿　照片儿　扇面儿　差点儿　一点儿　雨点儿　聊天儿　拉链儿
冒尖儿　坎肩儿　牙签儿　露馅儿　心眼儿

iang – iar

鼻梁儿　透亮儿　花样儿

ua – uar

脑瓜儿　大褂儿　麻花儿　笑话儿　牙刷儿

uai – uar

一块儿

uan – uar

茶馆儿　饭馆儿　火罐儿　落款儿　打转儿　拐弯儿　好玩儿
大腕儿

uang – uar

蛋黄儿　打晃儿　天窗儿

üan – üar

烟卷儿　手绢儿　出圈儿　包圆儿　人缘儿　绕远儿　杂院儿

ei – er

刀背儿　摸黑儿

en – er

老本儿　花盆儿　嗓门儿　把门儿　哥们儿　纳闷儿　后跟儿　高跟儿鞋
别针儿　一阵儿　走神儿　大婶儿　小人儿书　杏仁儿　刀刃儿

eng – er

钢镚儿　夹缝儿　脖颈儿　提成儿

ie – ier

半截儿　小鞋儿

üe – üer

旦角儿　主角儿

uei – uer

跑腿儿　一会儿　耳垂儿　墨水儿　围嘴儿　走味儿

uen – uer

打盹儿　胖墩儿　砂轮儿　冰棍儿　没准儿　开春儿

ueng – uer

小瓮儿

–i（前）– er

瓜子儿　石子儿　没词儿　挑刺儿

–i（后）– er

墨汁儿　锯齿儿　记事儿

i – i：er

针鼻儿　垫底儿　肚脐儿　玩意儿

in－i：er

有劲儿　送信儿　脚印儿

ing－i：er

花瓶儿　打鸣儿　图钉儿　门铃儿　眼镜儿　蛋清儿　火星儿　人影儿

ü－ü：er

毛驴儿　小曲儿　痰盂儿

ün－ü：er

合群儿

e－er

模特儿　逗乐儿　唱歌儿　挨个儿　打嗝儿　饭盒儿　在这儿

u－ur

碎步儿　没谱儿　儿媳妇儿　梨核儿　泪珠儿　有数儿

ong－or

果冻儿　门洞儿　胡同儿　抽空儿　酒盅儿　小葱儿

iong－ior

小熊儿

ao－aor

红包儿　灯泡儿　半道儿　手套儿　跳高儿　叫好儿　口罩儿　绝着儿

口哨儿　蜜枣儿

iao – iaor

鱼漂儿　火苗儿　跑调儿　面条儿　豆角儿　开窍儿

ou – our

衣兜儿　老头儿　年头儿　小偷儿　门口儿　纽扣儿　线轴儿　小丑儿

iou – iour

顶牛儿　抓阄儿　棉球儿　加油儿

uo – uor

火锅儿　做活儿　大伙儿　邮戳儿　小说儿　被窝儿

o – or

耳膜儿　粉末儿

普通话水平测试用朗读作品

作品 1 号

那是力争上游的一种树，笔直的干，笔直的枝。它的干呢，通常是丈把高，像是加以人工似的，一丈以内，绝无旁枝；它所有的丫枝呢，一律向上，而且紧紧靠拢，也像是加以人工似的，成为一束，绝无横斜逸出；它的宽大的叶子也是片片向上，几乎没有斜生的，更不用说倒垂了；它的皮，光滑而有银色的晕圈，微微泛出淡青色。这是虽在北方的风雪的压迫下却保持着倔强挺立的一种树！哪怕只有碗来粗细罢，它却努力向上发展，高到丈许，两丈，参天耸立，不折不挠，对抗着西北风。

这就是白杨树，西北极普通的一种树，然而决不是平凡的树！

它没有婆娑的姿态，没有屈曲盘旋的虬枝，也许你要说它不美丽，——如果美是专指"婆娑"或"横斜逸出"之类而言，那么，白杨树算不得树中的好女子；但是它却是伟岸，正直，朴质，严肃，也不缺乏温和，更不用提它的坚强不屈与挺拔，它是树中的伟丈夫！当你在积雪初融的高原上走过，看见平坦的大地上傲然挺立这么一株或一排白杨树，难道你就只觉得树只是树，难道你就不想到它的朴质，严肃，坚强不屈，至少也象征了北方的农民；难道你竟一点儿也不联想到，在敌后的广大//土地上，到处有坚强不屈，就像这白杨树一样傲然挺立的守卫他们家乡的哨兵！难道你又不更远一点想到这样枝枝叶叶靠紧团结，力求上进的白杨树，宛然象征了今天在华北平原纵横决荡用血写出新中国历史的那种精神和意志。

节选自茅盾《白杨礼赞》

作品 2 号

两个同龄的年轻人同时受雇于一家店铺，并且拿同样的薪水。

可是一段时间后，叫阿诺德的那个小伙子青云直上，而那个叫布鲁诺的小伙子却仍在原地踏步。布鲁诺很不满意老板的不公正待遇。终于有一天他到老板那儿发牢骚了。老板一边耐心地听着他的抱怨，一边在心里盘算着怎样向他解释清楚他和阿诺德之间的差别。

　　"布鲁诺先生，"老板开口说话了，"您现在到集市上去一下，看看今天早上有什么卖的。"

　　布鲁诺从集市上回来向老板汇报说，今早集市上只有一个农民拉了一车土豆在卖。

　　"有多少？"老板问。

　　布鲁诺赶快戴上帽子又跑到集上，然后回来告诉老板一共四十袋土豆。

　　"价格是多少？"

　　布鲁诺又第三次跑到集上问来了价格。

　　"好吧，"老板对他说，"现在请您坐到这把椅子上一句话也不要说，看看阿诺德怎么说。"

　　阿诺德很快就从集市上回来了。向老板汇报说到现在为止只有一个农民在卖土豆，一共四十口袋，价格是多少多少；土豆质量很不错，他带回来一个让老板看看。这个农民一个钟头以后还会弄来几箱西红柿，据他看价格非常公道。昨天他们铺子的西红柿卖得很快，库存已经不//多了。他想这么便宜的西红柿，老板肯定会要进一些的，所以他不仅带回了一个西红柿做样品，而且把那个农民也带来了，他现在正在外面等回话呢。

　　此时老板转向了布鲁诺，说："现在您肯定知道为什么阿诺德的薪水比您高了吧！"

　　　　　　　　节选自张健鹏、胡足青主编《故事时代》中《差别》

作品 3 号

　　我常常遗憾我家门前那块丑石：它黑黝黝地卧在那里，牛似的模样；谁也不知道是什么时候留在这里的，谁也不去理会它。只是麦收时节，门前摊了麦子，奶奶总是说：这块丑石，多占地面哪，抽空把它搬走吧。

　　它不像汉白玉那样的细腻，可以刻字雕花，也不像大青石那样的光滑，可以供来浣纱捶布。它静静地卧在那里，院边的槐阴没有庇覆它，花儿也不再在它身边生长。荒草便繁衍出来，枝蔓上下，慢慢地，它竟锈上了绿苔、黑斑。我们这些做孩子的，也讨厌起它来，曾合伙要搬走它，但力气又不足；虽时时咒骂它，嫌弃它，也无可奈何，只好任它留在那里了。

　　终有一日，村子里来了一个天文学家。他在我家门前路过，突然发现了这块石头，眼光立即就拉直了。他再没有离开，就住了下来；以后又来了好些人，都说这是一块陨石，从天上落下来已经有二三百年了，是一件了不起的东西。不久便来了车，小心翼翼地将它运走了。

　　这使我们都很惊奇，这又怪又丑的石头，原来是天上的啊！它补过天，在天上发过热、闪过光，我们的先祖或许仰望过它，它给了他们光明、向往、憧憬；而它落下来了，在污土里，荒草里，一躺就//是几百年了！

我感到自己的无知，也感到了丑石的伟大，我甚至怨恨它这么多年竟会默默地忍受着这一切！而我又立即深深地感到它那种不屈于误解、寂寞的生存的伟大。

节选自贾平凹《丑石》

作品4号

在达瑞八岁的时候，有一天他想去看电影。因为没有钱，他想是向爸妈要钱，还是自己挣钱。最后他选择了后者。他自己调制了一种汽水，向过路的行人出售。可那时正是寒冷的冬天，没有人买，只有两个人例外——他的爸爸和妈妈。

他偶然有一个和非常成功的商人谈话的机会。当他对商人讲述了自己的"破产史"后，商人给了他两个重要的建议：一是尝试为别人解决一个难题；二是把精力集中在你知道的、你会的和你拥有的东西上。

这两个建议很关键。因为对于一个八岁的孩子而言，他不会做的事情很多。于是他穿过大街小巷，不停地思考：人们会有什么难题，他又如何利用这个机会？

一天，吃早饭时父亲让达瑞去取报纸。美国的送报员总是把报纸从花园篱笆的一个特制的管子里塞进来。假如你想穿着睡衣舒舒服服地吃早饭和看报纸，就必须离开温暖的房间，冒着寒风，到花园去取。虽然路短，但十分麻烦。

当达瑞为父亲取报纸的时候，一个主意诞生了。当天他就按响邻居的门铃，对他们说，每个月只需付给他一美元，他就每天早上把报纸塞到他们的房门底下。大多数人都同意了，很快他有//了七十多个顾客。一个月后，当他拿到自己赚的钱时，觉得自己简直是飞上了天。

很快他又有了新的机会，他让他的顾客每天把垃圾袋放在门前，然后由他早上运到垃圾桶里，每个月加一美元。之后他还想出了许多孩子赚钱的办法，并把它集结成书，书名为《儿童挣钱的二百五十个主意》。为此，达瑞十二岁时就成了畅销书作家，十五岁有了自己的谈话节目，十七岁就拥有了几百万美元。

节选自［德］博多·舍费尔《达瑞的故事》，刘志明译

作品 5 号

这是入冬以来，胶东半岛上第一场雪。

雪纷纷扬扬，下得很大。开始还伴着一阵儿小雨，不久就只见大片大片的雪花，从彤云密布的天空中飘落下来。地面上一会儿就白了。冬天的山村，到了夜里就万籁俱寂，只听得雪花簌簌地不断往下落，树木的枯枝被雪压断了，偶尔咯吱一声响。

大雪整整下了一夜。今天早晨，天放晴了，太阳出来了。推开门一看，嗬！好大的雪啊！山川、河流、树木、房屋，全都罩上了一层厚厚的雪，万里江山，变成了粉妆玉砌的世界。落光了叶子的柳树上挂满了毛茸茸亮晶晶的银条儿；而那些冬夏常青的松树和柏树上，则挂满了蓬松松沉甸甸的雪球儿。一阵风吹来，树枝轻轻地摇晃，美丽的银条儿和雪球儿簌簌地落下来，玉屑似的雪末儿随风飘扬，映着清晨的阳光，显出一道道五光十色的彩虹。

大街上的积雪足有一尺多深，人踩上去，脚底下发出咯吱咯吱的响声。一群群孩子在雪地里堆雪人，掷雪球儿。那欢乐的叫喊声，把树枝上的雪都震落下来了。

俗话说，"瑞雪兆丰年"。这个话有充分的科学根据，并不是一句迷信的成语。寒冬大雪，可以冻死一部分越冬的害虫；融化了的水渗进土层深处，又能供应//庄稼生长的需要。我相信这一场十分及时的大雪，一定会促进明年春季作物，尤其是小麦的丰收。有经验的老农把雪比做是"麦子的棉被"。冬天"棉被"盖得越厚，明春麦子就长得越好，所以又有这样一句谚语："冬天麦盖三层被，来年枕着馒头睡。"

我想，这就是人们为什么把及时的大雪称为"瑞雪"的道理吧。

节选自峻青《第一场雪》

作品 6 号

我常想读书人是世间幸福人，因为他除了拥有现实的世界之外，还拥有另一个更为浩瀚也更为丰富的世界。现实的世界是人人都有的，而后一个世界却为读书人所独有。由此我想，那些失去或不能阅读的人是多么的不幸，他们的丧失是不可补偿的。世间有诸多的不平等，财富的不平等，权力的不平等，而阅读能力的拥有或丧失却体现为精神的不平等。

一个人的一生，只能经历自己拥有的那一份欣悦，那一份苦难，也许再加上他亲自闻知的那一些关于自身以外的经历和经验。然而，人们通过阅读，却能进入不同时空的诸多他人的世界。这样，具有阅读能力的人，无形间获得了超越有限生命的无限可能性。阅读不仅使他多识了草木虫鱼之名，而且可以上溯远古下及未来，饱览存在的与非存在的奇风异俗。

更为重要的是，读书加惠于人们的不仅是知识的增广，而且还在于精神的感化与陶冶。人们从读书学做人，从那些往哲先贤以及当代才俊的著述中学得他们的人格。人们从《论语》中学得智慧的思考，从《史记》中学得严肃的历史精神，从《正气歌》中学得人格的刚烈，从马克思学得人世//的激情，从鲁迅学得批判精神，从托尔斯泰学得道德的执著。歌德的诗句刻写着睿智的人生，拜伦的诗句呼唤着奋斗的热情。一个读书人，一个有机会拥有超乎个人生命体验的幸运人。

节选自谢冕《读书人是幸福人》

作品 7 号

一天，爸爸下班回到家已经很晚了，他很累也有点儿烦，他发现五岁的儿子靠在门旁正等着他。

"爸，我可以问您一个问题吗？"

"什么问题？""爸，您一小时可以赚多少钱？""这与你无关，你为什么问这个问题？"父亲生气地说。

"我只是想知道，请告诉我，您一小时赚多少钱？"小孩儿哀求道。"假如你一定要知道的话，我一小时赚二十美金。"

"哦，"小孩儿低下了头，接着又说，"爸，可以借我十美金吗？"父亲发怒了："如果你只是要借钱去买毫无意义的玩具的话，给我回到你的房间睡觉去。好好想想为什么你会那么自私。我每天辛苦工作，没时间和你玩儿小孩子的游戏。"

小孩儿默默地回到自己的房间关上门。

父亲坐下来还在生气。后来，他平静下来了。心想他可能对孩子太凶了——或许孩子真的很想买什么东西，再说他平时很少要过钱。

父亲走进孩子的房间："你睡了吗？""爸，还没有，我还醒着。"孩子回答。

"我刚才可能对你太凶了，"父亲说，"我不应该发那么大的火儿——这是你要的十美金。""爸，谢谢您。"孩子高兴地从枕头下拿出一些被弄皱的钞票，慢慢地数着。

"为什么你已经有钱了还要？"父亲不解地问。

"因为原来不够，但现在凑够了。"孩子回答，"爸，我现在有//二十美金了，我可以向您买一个小时的时间吗？明天请早一点儿回家——我想和您一起吃晚餐。"

节选自唐继柳编译《二十美金的价值》

作品8号

我爱月夜，但我也爱星天。从前在家乡七八月的夜晚在庭院里纳凉的时候，我最爱看天上密密麻麻的繁星。望着星天，我就会忘记一切，仿佛回到了母亲的怀里似的。

三年前在南京我住的地方有一道后门，每晚我打开后门，便看见一个静寂的夜。下面是一片菜园，上面是星群密布的蓝天。星光在我们的肉眼里虽然微小，然而它使我们觉得光明无处不在。那时候我正在读一些天文学的书，也认得一些星星，好像它们就是我的朋友，它们常常在和我谈话一样。

如今在海上，每晚和繁星相对，我把它们认得很熟了。我躺在舱面上，仰望天空。深蓝色的天空里悬着无数半明半昧的星。船在动，星也在动，它们是这样低，真是摇摇欲坠呢！渐渐地我的眼睛模糊了，我好像看见无数萤火虫在我的周围飞舞。海上的夜是柔和的，是静寂的，是梦幻的。我望着许多认识的星，我仿佛看见它们在对我眨眼，我仿佛听见它们在小声说话。这时我忘记了一切。在星的怀抱中我微笑着，我沉睡着。我觉得自己是一个小孩子，现在睡在母亲的怀里了。

有一夜，那个在哥伦波上船的英国人指给我看天上的巨人。他用手指着：//那四颗明亮的星是头，下面的几颗是手，那几颗是腿和脚，还有三颗星算是腰带。经他这一番指点，我果然看清楚了那个天上的巨人。看，那个巨人还在跑呢！

节选自巴金《繁星》

作品9号

假日到河滩上转转，看见许多孩子在放风筝。一根根长长的引线，一头系在天上，一头系在地上，孩子同风筝都在天与地之间悠荡，连心也被悠荡得恍恍惚惚了，好像又回到了童年。

儿时放的风筝，大多是自己的长辈或家人编扎的，几根削得很薄的篾，用细纱线扎成各种鸟兽的造型，糊上雪白的纸片，再用彩笔勾勒出面孔与翅膀的图案。通常扎得最多的是"老雕""美人儿""花蝴蝶"等。

我们家前院就有位叔叔，擅扎风筝，远近闻名。他扎得风筝不只体型好看，色彩艳丽，放飞得高远，还在风筝上绷一叶用蒲苇削成的膜片，经风一吹，发出"嗡嗡"的声响，仿佛是风筝的歌唱，在蓝天下播扬，给开阔的天地增添了无尽的韵味，给驰荡的童心带来几分疯狂。

我们那条胡同的左邻右舍的孩子们放的风筝几乎都是叔叔编扎的。他的风筝不卖钱，谁上门去要，就给谁，他乐意自己贴钱买材料。

后来，这位叔叔去了海外，放风筝也渐与孩子们远离了。不过年年叔叔给家乡写信，总不忘提起儿时的放风筝。香港回归之后，他在家信中说到，他这只被故乡放飞到海外的风筝，尽管飘荡游弋，经沐风雨，可那线头儿一直在故乡和//亲人手中牵着，如今飘得太累了，也该要回归到家乡和亲人身边来了。

是的。我想，不光是叔叔，我们每个人都是风筝，在妈妈手中牵着，从小放到大，再从家乡放到祖国最需要的地方去啊！

节选自李恒瑞《风筝畅想曲》

作品 10 号

爸不懂得怎样表达爱，使我们一家人融洽相处的是我妈。他只是每天上班下班，而妈则把我们做过的错事开列清单，然后由他来责骂我们。

有一次我偷了一块糖果，他要我把它送回去，告诉卖糖的说是我偷来的，说我愿意替他拆箱卸货作为赔偿。但妈妈却明白我只是个孩子。

我在运动场打秋千跌断了腿，在前往医院途中一直抱着我的，是我妈。爸把汽车停在急诊室门口，他们叫他驶开，说那空位是留给紧急车辆停放的。爸听了便叫嚷道："你以为这是什么车？旅游车？"

在我生日会上，爸总是显得有些不大相称。他只是忙于吹气球，布置餐桌，做杂务。把插着蜡烛的蛋糕推过来让我吹的，是我妈。

我翻阅照相册时，人们总是问："你爸爸是什么样子的？"天晓得！他老是忙着替别人拍照。妈和我笑容可掬地一起拍的照片，多得不可胜数。

我记得妈有一次叫他教我骑自行车。我叫他别放手，但他却说是应该放手的时候了。我摔倒之后，妈跑过来扶我，爸却挥手要她走开。我当时生气极了，决心要给他点儿颜色看。于是我马上爬上自行车，而且自己骑给他看。他只是微笑。

我念大学时，所有的家信都是妈写的。他//除了寄支票外，还寄过一封短柬给我，说因为我不在草坪上踢足球了，所以他的草坪长得很美。

我结婚时，掉眼泪的是我妈。他只是大声擤了一下鼻子，便走出房间。

我从小到大都听他说："你到哪里去？什么时候回家？汽车有没有汽油？不，不准去。"爸完全不知道怎样表达爱，除非……

会不会是他已经表达了，而我却未能察觉？

节选自 ［美］ 艾尔玛·邦贝克《父亲的爱》

作品 11 号

一个大问题一直盘踞在我脑袋里：

世界杯怎么会有如此巨大的吸引力？除去足球本身的魅力之外，还有什么超乎其上而更伟大的东西？

近来观看世界杯，忽然从中得到了答案：是由于一种无上崇高的精神情感——国家荣誉感！

地球上的人都会有国家的概念，但未必时时都有国家的感情。往往人到异国，思念家乡，心怀故国，这国家概念就变得有血有肉，爱国之情来得非常具体。而现代社会，科技昌达，信息快捷，事事上网，世界真是太小太小，国家的界限似乎也不那么清晰了。再说足球正在快速世界化，平日里各国球员频繁转会，往来随意，致使越来越多的国家联赛都具有国际的因素。球员们不论国籍，只效力于自己的俱乐部，他们比赛时的激情中完全没有爱国主义的因子。

然而，到了世界杯大赛，天下大变。各国球员都回国效力，穿上与光荣的国旗同样色彩的服装。在每一场比赛前，还高唱国歌以宣誓对自己祖国的挚爱与忠诚。一种血缘情感开始在全身的血管里燃烧起来，而且立刻热血沸腾。

在历史时代，国家间经常发生对抗，好男儿戎装卫国。国家的荣誉往往需要以自己的生命去换//取。但在和平时代，惟有这种国家之间大规模对抗性的大赛，才可以唤起那种遥远而神圣的情感，那就是：为祖国而战！

节选自冯骥才《国家荣誉感》

作品 12 号

夕阳落山不久，西方的天空，还燃烧着一片橘红色的晚霞。大海，也被这霞光染成了红色，而且比天空的景色更要壮观。因为它是活动的，每当一排排波浪涌起的时候，那映照在浪峰上的霞光，又红又亮，简直就像一片片霍霍燃烧着的火焰，闪烁着，消失了。而后面的一排，又闪烁着，滚动着，涌了过来。

天空的霞光渐渐地淡下去了，深红的颜色变成了绯红，绯红又变为浅红。最后，当这一切红光都消失了的时候，那突然显得高而远了的天空，则呈现出一片肃穆的神色。最早出现的启明星，在这蓝色的天幕上闪烁起来了。它是那么大，那么亮，整个广漠的天幕上只有它在那里放射着令人注目的光辉，活像一盏悬挂在高空的明灯。

夜色加浓，苍空中的"明灯"越来越多了。而城市各处的真的灯火也次第亮了起来，尤其是围绕在海港周围山坡上的那一片灯光，从半空倒映在乌蓝的海面上，随着波浪，晃动着，闪烁着，像一串流动着的珍珠，和那一片片密布在苍穹里的星斗互相辉映，煞是好看。

在这幽美的夜色中，我踏着软绵绵的沙滩，沿着海边，慢慢地向前走去。海水，轻轻地抚摸着细软的沙滩，发出温柔的//刷刷声。晚来的海风，清新而又凉爽。我的心里，有着说不出的兴奋和愉快。

夜风轻飘飘地吹拂着，空气中飘荡着一种大海和田禾相混合的香味儿，柔软的沙滩上还残留着白天太阳炙晒的余温。那些在各个工作岗位上劳动了一天的人们，三三两两地来到这软绵绵的沙滩上，他们浴着凉爽的海风，望着那缀满了星星的夜空，尽情地说笑，尽情地休憩。

节选自峻青《海滨仲夏夜》

作品 13 号

生命在海洋里诞生绝不是偶然的，海洋的物理和化学性质，使它成为孕育原始生命的摇篮。

我们知道，水是生物的重要组成部分，许多动物组织的含水量在百分之八十以上，而一些海洋生物的含水量高达百分之九十五。水是新陈代谢的重要媒介，没有它，体内的一系列生理和生物化学反应就无法进行，生命也就停止。因此，在短时期内动物缺水要比缺少食物更加危险。水对今天的生命是如此重要，它对脆弱的原始生命，更是举足轻重了。生命在海洋里诞生，就不会有缺水之忧。

水是一种良好的溶剂。海洋中含有许多生命所必需的无机盐，如氯化钠、氯化钾、碳酸盐、磷酸盐，还有溶解氧，原始生命可以毫不费力地从中吸取它所需要的元素。

水具有很高的热容量，加之海洋浩大，任凭夏季烈日曝晒，冬季寒风扫荡，它的温度变化却比较小。因此，巨大的海洋就像是天然的"温箱"，是孕育原始生命的温床。

阳光虽然为生命所必需，但是阳光中的紫外线却有扼杀原始生命的危险。水能有效地吸收紫外线，因而又为原始生命提供了天然的"屏障"。

这一切都是原始生命得以产生和发展的必要条件。//

节选自童裳亮《海洋与生命》

作品 14 号

读小学的时候，我的外祖母去世了。外祖母生前最疼爱我，我无法排除自己的忧伤，每天在学校的操场上一圈儿又一圈儿地跑着，跑得累倒在地上，扑在草坪上痛哭。

那哀痛的日子，断断续续地持续了很久，爸爸妈妈也不知道如何安慰我。他们知道与其骗我说外祖母睡着了，还不如对我说实话：外祖母永远不会回来了。

"什么是永远不会回来呢？"我问着。

"所有时间里的事物，都永远不会回来。你的昨天过去，它就永远变成昨天，你不能再回到昨天。爸爸以前也和你一样小，现在也不能回到你这么小的童年了；有一天你会长大，你会像外祖母一样老；有一天你度过了你的时间，就永远不会回来了。"爸爸说。

爸爸等于给我一个谜语，这谜语比课本上的"日历挂在墙壁，一天撕去一页，使我心里着急"和"一寸光阴一寸金，寸金难买寸光阴"还让我感到可怕；也比作文本上的"光阴似箭，日月如梭"更让我觉得有一种说不出的滋味。

时间过得那么飞快，使我的小心眼儿里不只是着急，还有悲伤。有一天我放学回家，看到太阳快落山了，就下决心说："我要比太阳更快地回家。"我狂奔回去，站在庭院前喘气的时候，看到太阳//还露着半边脸，我高兴地跳跃起来，那一天我跑赢了太阳。以后我就时常做那样的游戏，有时和太阳赛跑，有时和西北风比快，有时一个暑假才能做完的作业，我十天就做完了；那时我三年级，常常把哥哥五年级的作业拿来做。每一次比赛胜过时间，我就快乐得不知道怎么形容。

如果将来我有什么要教给我的孩子，我会告诉他：假若你一直和时间比赛，你就可以成功！

节选自 （台湾）林清玄《和时间赛跑》

作品 15 号

三十年代初，胡适在北京大学任教授。讲课时他常常对白话文大加称赞，引起一些只喜欢文言文而不喜欢白话文的学生的不满。

一次，胡适正讲得得意的时候，一位姓魏的学生突然站了起来，生气地问："胡先生，难道说白话文就毫无缺点吗？"胡适微笑着回答说："没有。"那位学生更加激动了："肯定有！白话文废话太多，打电报用字多，花钱多。"胡适的目光顿时变亮了。轻声地解释说："不一定吧！前几天有位朋友给我打来电报，请我去政府部门工作，我决定不去，就回电拒绝了。复电是用白话写的，看来也很省字。请同学们根据我这个意思，用文言文写一个回电，看看究竟是白话文省字，还是文言文省字？"胡教授刚说完，同学们立刻认真地写了起来。

十五分钟过去，胡适让同学举手，报告用字的数目，然后挑了一份用字最少的文言电报稿，电文是这样写的："才疏学浅，恐难胜任，不堪从命。"白话文的意思是：学问不深，恐怕很难担任这个工作，不能服从安排。

胡适说，这份写得确实不错，仅用了十二个字。但我的白话电报却只用了五个字："干不了，谢谢！"

胡适又解释说："干不了"就有才疏学浅、恐难胜任的意思；"谢谢"既//对朋友的介绍表示感谢，又有拒绝的意思。所以，废话多不多，并不看它是文言文还是白话文，只要注意选用字词，白话文是可以比文言文更省字的。

节选自陈灼主编《实用汉语中级教程》（上）中《胡适的白话电报》

作品 16 号

很久以前，在一个漆黑的秋天的夜晚，我泛舟在西伯利亚一条阴森森的河上。船到一个转弯处，只见前面黑黢黢的山峰下面一星火光蓦地一闪。

火光又明又亮，好像就在眼前……

"好啦，谢天谢地！"我高兴地说，"马上就到过夜的地方啦！"

船夫扭头朝身后的火光望了一眼，又不以为然地划起桨来。

"远着呢！"

我不相信他的话，因为火光冲破朦胧的夜色，明明在那儿闪烁。不过船夫是对的，事实上，火光的确还远着呢。

这些黑夜的火光的特点是：驱散黑暗，闪闪发亮，近在眼前，令人神往。乍一看，再划几下就到了……其实却还远着呢！……

我们在漆黑如墨的河上又划了很久。一个个峡谷和悬崖，迎面驶来，又向后移去，仿佛消失在茫茫的远方，而火光却依然停在前头，闪闪发亮，令人神往——依然是这么近，又依然是那么远……

现在，无论是这条被悬崖峭壁的阴影笼罩的漆黑的河流，还是那一星明亮的火光，都经常浮现在我的脑际，在这以前和在这以后，曾有许多火光，似乎近在咫尺，不止使我一人心驰神往。可是生活之河却仍然在那阴森森的两岸之间流着，而火光也依旧非常遥远。因此，必须加劲划桨……

然而，火光啊……毕竟……毕竟就//在前头！……

节选自〔俄〕柯罗连科《火光》，张铁夫译

作品 17 号

对于一个在北平住惯的人，像我，冬天要是不刮风，便觉得是奇迹；济南的冬天是没有风声的。对于一个刚由伦敦回来的人，像我，冬天要能看得见日光，便觉得是怪事；济南的冬天是响晴的。自然，在热带的地方，日光永远是那么毒，响亮的天气，反有点儿叫人害怕。可是，在北方的冬天，而能有温晴的天气，济南真得算个宝地。

设若单单是有阳光，那也算不了出奇。请闭上眼睛想：一个老城，有山有水，全在天底下晒着阳光，暖和安适地睡着，只等春风来把它们唤醒，这是不是理想的境界？小山整把济南围了个圈儿，只有北边缺着点口儿。这一圈小山在冬天特别可爱，好像是把济南放在一个小摇篮里，它们安静不动地低声地说："你们放心吧，这儿准保暖和。"真的，济南的人们在冬天是面上含笑的。他们一看那些小山，心中便觉得有了着落，有了依靠。他们由天上看到山上，便不知不觉地想起：明天也许就是春天了吧？这样的温暖，今天夜里山草也许就绿起来了吧？就是这点儿幻想不能一时实现，他们也并不着急，因为这样慈善的冬天，干什么还希望别的呢！

最妙的是下点儿小雪呀。看吧，山上的矮松越发的青黑，树尖儿上//顶着一髻儿白花，好像日本看护妇。山尖儿全白了，给蓝天镶上一道银边。山坡上，有的地方雪厚点儿，有的地方草色还露着；这样，一道儿白，一道儿暗黄，给山们穿上一件带水纹儿的花衣；看着看着，这件花衣好像被风儿吹动，叫你希望看见一点儿更美的山的肌肤。等到快日落的时候，微黄的阳光斜射在山腰上，那点儿薄雪好像忽然害羞，微微露出点儿粉色。就是下小雪吧，济南是受不住大雪的，那些小山太秀气。

节选自老舍《济南的冬天》

作品 18 号

纯朴的家乡村边有一条河，曲曲弯弯，河中架一弯石桥，弓样的小桥横跨两岸。

每天，不管是鸡鸣晓月，日丽中天，还是月华泻地，小桥都印下串串足迹，洒落串串汗珠。那是乡亲为了追求多棱的希望，兑现美好的遐想。弯弯小桥，不时荡过轻吟低唱，不时露出舒心的笑容。

因而，我稚小的心灵，曾将心声献给小桥：你是一弯银色的新月，给人间普照光辉；你是一把闪亮的镰刀，割刈着欢笑的花果；你是一根晃悠悠的扁担，挑起了彩色的明天！哦，小桥走进我的梦中。

我在飘泊他乡的岁月，心中总涌动着故乡的河水，梦中总看到弓样的小桥。当我访南疆探北国，眼帘闯进座座雄伟的长桥时，我的梦变得丰满了，增添了赤橙黄绿青蓝紫。

三十多年过去，我带着满头霜花回到故乡，第一紧要的便是去看望小桥。

啊！小桥呢？它躲起来了？河中一道长虹，浴着朝霞熠熠闪光。哦，雄浑的大桥敞开胸怀，汽车的呼啸、摩托的笛音、自行车的叮铃，合奏着进行交响乐；南来的钢筋、花布，北往的柑橙、家禽，绘出交流欢悦图……

啊！蜕变的桥，传递了家乡进步的消息，透露了家乡富裕的声音。时代的春风，美好的追求，我蓦地记起儿时唱//给小桥的歌，哦，明艳艳的太阳照耀了，芳香甜蜜的花果捧来了，五彩斑斓的岁月拉开了！

我心中涌动的河水，激荡起甜美的浪花。我仰望一碧蓝天，心底轻声呼喊：家乡的桥啊，我梦中的桥！

节选自郑莹《家乡的桥》

作品 19 号

三百多年前，建筑设计师莱伊恩受命设计了英国温泽市政府大厅。他运用工程力学的知识，依据自己多年的实践，巧妙地设计了只用一根柱子支撑的大厅天花板。一年以后，市政府权威人士进行工程验收时，却说只用一根柱子支撑天花板太危险，要求莱伊恩再多加几根柱子。

莱伊恩自信只要一根坚固的柱子足以保证大厅安全，他的"固执"惹恼了市政官员，险些被送上法庭。他非常苦恼，坚持自己原先的主张吧，市政官员肯定会另找人修改设计；不坚持吧，又有悖自己为人的准则。矛盾了很长一段时间，莱伊恩终于想出了一条妙计，他在大厅里增加了四根柱子，不过这些柱子并未与天花板接触，只不过是装装样子。

三百多年过去了，这个秘密始终没有被人发现。直到前两年，市政府准备修缮大厅的天花板，才发现莱伊恩当年的"弄虚作假"。消息传出后，世界各国的建筑专家和游客云集，当地政府对此也不加掩饰，在新世纪到来之际，特意将大厅作为一个旅游景点对外开放，旨在引导人们崇尚和相信科学。

作为一名建筑师，莱伊恩并不是最出色的。但作为一个人，他无疑非常伟大，这种//伟大表现在他始终恪守着自己的原则，给高贵的心灵一个美丽的住所，哪怕是遭遇到最大的阻力，也要想办法抵达胜利。

节选自游宇明《坚守你的高贵》

作品 20 号

自从传言有人在萨文河畔散步时无意发现了金子后，这里便常有来自四面八方的淘金者。他们都想成为富翁，于是寻遍了整个河床，还在河床上挖出很多大坑，希望借助它们找到更多的金子。的确，有一些人找到了，但另外一些人因为一无所得而只好扫兴归去。

也有不甘心落空的，便驻扎在这里，继续寻找。彼得·弗雷特就是其中一员。他在河床附近买了一块没人要的土地，一个人默默地工作。他为了找金子，已把所有的钱都押在这块土地上。他埋头苦干了几个月，直到土地全变成了坑坑洼洼，他失望了——他翻遍了整块土地，但连一丁点儿金子都没看见。

六个月后，他连买面包的钱都没有了。于是他准备离开这儿到别处去谋生。

就在他即将离去的前一个晚上，天下起了倾盆大雨，并且一下就是三天三夜。雨终于停了，彼得走出小木屋，发现眼前的土地看上去好像和以前不一样：坑坑洼洼已被大水冲刷平整，松软的土地上长出一层绿茸茸的小草。

"这里没找到金子，"彼得忽有所悟地说，"但这土地很肥沃，我可以用来种花，并且拿到镇上去卖给那些富人，他们一定会买些花装扮他们华丽的客厅。//如果真是这样的话，那么我一定会赚许多钱，有朝一日我也会成为富人……"

于是他留了下来，彼得花了不少精力培育花苗，不久田地里长满了美丽娇艳的各色鲜花。

五年以后，彼得终于实现了他的梦想——成了一个富翁。"我是唯一的一个找到真金的人！"他时常不无骄傲地告诉别人，"别人在这儿找不到金子后便远远地离开，而我的'金子'是在这块土地里，只有诚实的人用勤劳才能采集到。"

节选自陶猛译《金子》

作品 21 号

我在加拿大学习期间遇到过两次募捐，那情景至今使我难以忘怀。

一天，我在渥太华的街上被两个男孩子拦住去路。他们十来岁，穿得整整齐齐，每人头上戴着个做工精巧、色彩鲜艳的纸帽，上面写着"为帮助患小儿麻痹的伙伴募捐"。其中的一个，不由分说就坐在小凳上给我擦起皮鞋来，另一个则彬彬有礼地发问："小姐，您是哪国人？喜欢渥太华吗？""小姐，在你们国家有没有小孩儿患小儿麻痹？谁给他们医疗费？"一连串的问题，使我这个有生以来头一次在众目睽睽之下让别人擦鞋的异乡人，从近乎狼狈的窘态中解脱出来。我们像朋友一样聊起天儿来……

几个月之后，也是在街上。一些十字路口处或车站坐着几位老人。他们满头银发，身穿各种老式军装，上面布满了大大小小形形色色的徽章、奖章，每人手捧一大束鲜花，有水仙、石竹、玫瑰及叫不出名字的，一色雪白。匆匆过往的行人纷纷止步，把钱投进这些老人身旁的白色木箱内，然后向他们微微鞠躬，从他们手中接过一朵花。我看了一会儿，有人投一两元，有人投几百元，还有人掏出支票填好后投进木箱。那些老军人毫不注意人们捐多少钱，一直不//停地向人们低声道谢。同行的朋友告诉我，这是为纪念二次大战中参战的勇士，募捐救济残废军人和烈士遗孀，每年一次；认捐的人可谓踊跃，而且秩序井然，气氛庄严。有些地方，人们还耐心地排着队。我想，这是因为他们都知道：正是这些老人们的流血牺牲换来了包括他们信仰自由在内的许许多多。

　　我两次把那微不足道的一点儿钱捧给他们，只想对他们说声"谢谢"。

节选自青白《捐诚》

作品 22 号

　　没有一片绿叶，没有一缕炊烟，没有一粒泥土，没有一丝花香，只有水的世界，云的海洋。

　　一阵台风袭过，一只孤单的小鸟无家可归，落到被卷到洋里的木板上，乘流而下，姗姗而来，近了，近了！……

　　忽然，小鸟张开翅膀，在人们头顶盘旋了几圈儿，"噗啦"一声落到了船上。许是累了？还是发现了"新大陆"？水手撵它它不走，抓它，它乖乖地落在掌心。可爱的小鸟和善良的水手结成了朋友。

　　瞧，它多美丽，娇巧的小嘴，啄理着绿色的羽毛，鸭子样的扁脚，呈现出春草的鹅黄。水手们把它带到舱里，给它"搭铺"，让它在船上安家落户，每天，把分到的一塑料筒淡水匀给它喝，把从祖国带来的鲜美的鱼肉分给它吃，天长日久，小鸟和水手的感情日趋笃厚。清晨，当第一束阳光射进舷窗时，它便敞开美丽的歌喉，唱啊唱，嘤嘤有韵，宛如春水淙淙。人类给它以生命，它毫不悭吝地把自己的艺术青春奉献给了哺育它的人。可能都是这样？艺术家们的青春只会献给尊敬他们的人。

　　小鸟给远航生活蒙上了一层浪漫色调。返航时，人们爱不释手，恋恋不舍地想把它带到异乡。可小鸟憔悴了，给水，不喝！喂肉，不吃！油亮的羽毛失去了光泽。是啊，我//们有自己的祖国，小鸟也有它的归宿，人和动物都是一样啊，哪儿也不如故乡好！

　　慈爱的水手们决定放开它，让它回到大海的摇篮去，回到蓝色的故乡去。离别前，这个大自然的朋友与水手们留影纪念。它站在许多人的头上，肩上，掌上，胳膊上，与喂养过它的人们，一起融进那蓝色的画面……

节选自王文杰《可爱的小鸟》

作品 23 号

纽约的冬天常有大风雪，扑面的雪花不但令人难以睁开眼睛，甚至呼吸都会吸入冰冷的雪花。有时前一天晚上还是一片晴朗，第二天拉开窗帘，却已经积雪盈尺，连门都推不开了。

遇到这样的情况，公司、商店常会停止上班，学校也通过广播，宣布停课。但令人不解的是，惟有公立小学，仍然开放。只见黄色的校车，艰难地在路边接孩子，老师则一大早就口中喷着热气，铲去车子前后的积雪，小心翼翼地开车去学校。

据统计，十年来纽约的公立小学只因为超级暴风雪停过七次课。这是多么令人惊讶的事。犯得着在大人都无须上班的时候让孩子去学校吗？小学的老师也太倒霉了吧？

于是，每逢大雪而小学不停课时，都有家长打电话去骂。妙的是，每个打电话的人，反应全一样——先是怒气冲冲地责问，然后满口道歉，最后笑容满面地挂上电话。原因是，学校告诉家长：

在纽约有许多百万富翁，但也有不少贫困的家庭。后者白天开不起暖气，供不起午餐，孩子的营养全靠学校里免费的中饭，甚至可以多拿些回家当晚餐。学校停课一天，穷孩子就受一天冻，挨一天饿，所以老师们宁愿自己苦一点儿，也不能停//课。

或许有家长会说：何不让富裕的孩子在家里，让贫穷的孩子去学校享受暖气和营养午餐呢？

学校的答复是：我们不愿让那些穷苦的孩子感到他们是在接受救济，因为施舍的最高原则是保持受施者的尊严。

节选自（台湾）刘墉《课不能停》

作品 24 号

十年，在历史上不过是一瞬间。只要稍加注意，人们就会发现：在这一瞬间里，各种事物都悄悄经历了自己的千变万化。

这次重新访日，我处处感到亲切和熟悉，也在许多方面发觉了日本的变化。就拿奈良的一个角落来说吧，我重游了为之感受很深的唐招提寺，在寺内各处匆匆走了一遍，庭院依旧，但意想不到还看到了一些新的东西。其中之一，就是近几年从中国移植来的"友谊之莲"。

在存放鉴真遗像的那个院子里，几株中国莲昂然挺立，翠绿的宽大荷叶正迎风而舞，显得十分愉快。开花的季节已过，荷花朵朵已变为莲蓬累累。莲子的颜色正在由青转紫，看来已经成熟了。

我禁不住想："因"已转化为"果"。

中国的莲花开在日本，日本的樱花开在中国，这不是偶然。我希望这样一种盛况延续不衰。可能有人不欣赏花，但决不会有人欣赏落在自己面前的炮弹。

在这些日子里，我看到了不少多年不见的老朋友，又结识了一些新朋友。大家喜欢涉及的话题之一，就是古长安和古奈良。那还用得着问吗，朋友们缅怀过去，正是瞩望未来。瞩目于未来的人们必将获得未来。

我不例外，也希望一个美好的未来。

为//了中日人民之间的友谊，我将不浪费今后生命的每一瞬间。

节选自严文井《莲花和樱花》

作品 25 号

梅雨潭闪闪的绿色招引着我们，我们开始追捉她那离合的神光了。揪着草，攀着乱石，小心探身下去，又鞠躬过了一个石穹门，便到了汪汪一碧的潭边了。

瀑布在襟袖之间，但是我的心中已没有瀑布了。我的心随潭水的绿而摇荡。那醉人的绿呀！仿佛一张极大极大的荷叶铺着，满是奇异的绿呀。我想张开两臂抱住她，但这是怎样一个妄想啊。

站在水边，望到那面，居然觉着有些远呢！这平铺着、厚积着的绿，着实可爱。她松松地皱缬着，像少妇拖着的裙幅；她滑滑的明亮着，像涂了"明油"一般，有鸡蛋清那样软，那样嫩；她又不杂些尘滓，宛然一块温润的碧玉，只清清的一色——但你却看不透她！

我曾见过北京什刹海拂地的绿杨，脱不了鹅黄的底子，似乎太淡了。我又曾见过杭州虎跑寺近旁高峻而深密的"绿壁"，丛叠着无穷的碧草与绿叶的，那又似乎太浓了。其余呢，西湖的波太明了，秦淮河的也太暗了。可爱的，我将什么来比拟你呢？我怎么比拟得出呢？大约潭是很深的，故能蕴蓄着这样奇异的绿；仿佛蔚蓝的天融了一块在里面似的，这才这般的鲜润啊。

那醉人的绿呀！我若能裁你以为带，我将赠给那轻盈的//舞女，她必能临风飘举了。我若能挹你以为眼，我将赠给那善歌的盲妹，她必明眸善睐了。我舍不得你，我怎舍得你呢？我用手拍着你，抚摩着你，如同一个十二三岁的小姑娘。我又掬你入口，便是吻着她了。我送你一个名字，我从此叫你"女儿绿"，好吗？

第二次到仙岩的时候，我不禁惊诧于梅雨潭的绿了。

节选自朱自清《绿》

作品 26 号

我们家的后园有半亩空地，母亲说："让它荒着怪可惜的，你们那么爱吃花生，就开辟出来种花生吧。"我们姐弟几个都很高兴，买种，翻地，播种，浇水，没过几个月，居然收获了。

母亲说："今晚我们过一个收获节，请你们父亲也来尝尝我们的新花生，好不好？"我们都说好。母亲把花生做成了好几样食品，还吩咐就在后园的茅亭里过这个节。

晚上天色不太好，可是父亲也来了，实在很难得。

父亲说："你们爱吃花生吗？"

我们争着答应："爱！"

"谁能把花生的好处说出来？"

姐姐说："花生的味美。"

哥哥说："花生可以榨油。"

我说："花生的价钱便宜，谁都可以买来吃，都喜欢吃。这就是它的好处。"

父亲说："花生的好处很多，有一样最可贵：它的果实埋在地里，不像桃子、石榴、苹果那样，把鲜红嫩绿的果实高高地挂在枝头上，使人一见就生爱慕之心。你们看它矮矮地长在地上，等到成熟了，也不能立刻分辨出来它有没有果实，必须挖出来才知道。"

我们都说是，母亲也点点头。

父亲接下去说："所以你们要像花生，它虽然不好看，可是很有用，不是外表好看而没有实用的东西。"

我说："那么，人要做有用的人，不要做只讲体面，而对别人没有好处的人了。"//

父亲说："对。这是我对你们的希望。"

我们谈到夜深才散。花生做的食品都吃完了，父亲的话却深深地印在我的心上。

节选自许地山《落花生》

作品 27 号

我打猎归来，沿着花园的林阴路走着。狗跑在我前边。

突然，狗放慢脚步，蹑足潜行，好像嗅到了前边有什么野物。

我顺着林阴路望去，看见了一只嘴边还带黄色、头上生着柔毛的小麻雀。风猛烈地吹打着林阴路上的白桦树，麻雀从巢里跌落下来，呆呆地伏在地上，孤立无援地张开两只羽毛还未丰满的小翅膀。

我的狗慢慢向它靠近。忽然，从附近一棵树上飞下一只黑胸脯的老麻雀，像一颗石子似的落到狗的跟前。老麻雀全身倒竖着羽毛，惊恐万状，发出绝望、凄惨的叫声，接着向露出牙齿、大张着的狗嘴扑去。

老麻雀是猛扑下来救护幼雀的。它用身体掩护着自己的幼儿……但它整个小小的身体因恐怖而战栗着，它小小的声音也变得粗暴嘶哑，它在牺牲自己！

在它看来，狗该是多么庞大的怪物啊！然而，它还是不能站在自己高高的、安全的树枝上……一种比它的理智更强烈的力量，使它从那儿扑下身来。

我的狗站住了，向后退了退……看来，它也感到了这种力量。

我赶紧唤住惊慌失措的狗，然后我怀着崇敬的心情，走开了。

是啊，请不要见笑。我崇敬那只小小的、英勇的鸟儿，我崇敬它那种爱的冲动和力量。

爱，我//想，比死和死的恐惧更强大。只有依靠它，依靠这种爱，生命才能维持下去，发展下去。

节选自〔俄〕屠格涅夫《麻雀》，巴金译

作品 28 号

那年我六岁。离我家仅一箭之遥的小山坡旁，有一个早已被废弃的采石场，双亲从来不准我去那儿，其实那儿风景十分迷人。

一个夏季的下午，我随着一群小伙伴偷偷上那儿去了。就在我们穿越了一条孤寂的小路后，他们却把我一个人留在原地，然后奔向"更危险的地带"了。

等他们走后，我惊慌失措地发现，再也找不到要回家的那条孤寂的小道了。像只无头的苍蝇，我到处乱钻，衣裤上挂满了芒刺。太阳已经落山，而此时此刻，家里一定开始吃晚餐了，双亲正盼着我回家……想着想着，我不由得背靠着一棵树，伤心地呜呜大哭起来……

突然，不远处传来了声声柳笛。我像找到了救星，急忙循声走去。一条小道边的树桩上坐着一位吹笛人，手里还正削着什么。走近细看，他不就是被大家称为"乡巴佬儿"的卡廷吗？

"你好，小家伙儿，"卡廷说，"看天气多美，你是出来散步的吧？"

我怯生生地点点头，答道："我要回家了。"

"请耐心等上几分钟，"卡廷说，"瞧，我正在削一支柳笛，差不多就要做好了，完工后就送给你吧！"

卡廷边削边不时把尚未成形的柳笛放在嘴里试吹一下。没过多久，一支柳笛便递到我手中。我俩在一阵阵清脆悦耳的笛音//中，踏上了归途……

当时，我心中只充满感激，而今天，当我自己也成了祖父时，却突然领悟到他用心之良苦！那天当他听到我的哭声时，便判定我一定迷了路，但他并不想在孩子面前扮演"救星"的角色，于是吹响柳笛以便让我能发现他，并跟着他走出困境！就这样，卡廷先生以乡下人的纯朴，保护了一个小男孩儿强烈的自尊。

节选自唐若水译《迷途笛音》

作品 29 号

在浩瀚无垠的沙漠里，有一片美丽的绿洲，绿洲里藏着一颗闪光的珍珠。这颗珍珠就是敦煌莫高窟。它坐落在我国甘肃省敦煌市三危山和鸣沙山的怀抱中。

鸣沙山东麓是平均高度为十七米的崖壁。在一千六百多米长的崖壁上，凿有大小洞窟七百余个，形成了规模宏伟的石窟群。其中四百九十二个洞窟中，共有彩色塑像两千一百余尊，各种壁画共四万五千多平方米。莫高窟是我国古代无数艺术匠师留给人类的珍贵文化遗产。

莫高窟的彩塑，每一尊都是一件精美的艺术品。最大的有九层楼那么高，最小的还不如一个手掌大。这些彩塑个性鲜明，神态各异。有慈眉善目的菩萨，有威风凛凛的天王，还有强壮勇猛的力士……

莫高窟壁画的内容丰富多彩，有的是描绘古代劳动人民打猎、捕鱼、耕田、收割的情景，有的是描绘人们奏乐、舞蹈、演杂技的场面，还有的是描绘大自然的美丽风光。其中最引人注目的是飞天。壁画上的飞天，有的臂挎花篮，采摘鲜花；有的反弹琵琶，轻拨银弦；有的倒悬身子，自天而降；有的彩带飘拂，漫天遨游；有的舒展着双臂，翩翩起舞。看着这些精美动人的壁画，就像走进了//灿烂辉煌的艺术殿堂。

莫高窟里还有一个面积不大的洞窟——藏经洞。洞里曾藏有我国古代的各种经卷、文书、帛画、刺绣、铜像等共六万多件。由于清朝政府腐败无能，大量珍贵的文物被外国强盗掠走。仅存的部分经卷，现在陈列于北京故宫等处。

莫高窟是举世闻名的艺术宝库。这里的每一尊彩塑、每一幅壁画、每一件文物，都是中国古代人民智慧的结晶。

节选自小学《语文》第六册中《莫高窟》

作品 30 号

其实你在很久以前并不喜欢牡丹，因为它总被人作为富贵膜拜。后来你目睹了一次牡丹的落花，你相信所有的人都会为之感动：一阵清风徐来，娇艳鲜嫩的盛期牡丹忽然整朵整朵地坠落，铺撒一地绚丽的花瓣。那花瓣落地时依然鲜艳夺目，如同一只奉上祭坛的大鸟脱落的羽毛，低吟着壮烈的悲歌离去。

牡丹没有花谢花败之时，要么烁于枝头，要么归于泥土，它跨越萎顿和衰老，由青春而死亡，由美丽而消遁。它虽美却不吝惜生命，即使告别也要展示给人最后一次的惊心动魄。

所以在这阴冷的四月里，奇迹不会发生。任凭游人扫兴和诅咒，牡丹依然安之若素。它不苟且、不俯就、不妥协、不媚俗，甘愿自己冷落自己。它遵循自己的花期自己的规律，它有权利为自己选择每年一度的盛大节日。它为什么不拒绝寒冷？

天南海北的看花人，依然络绎不绝地涌入洛阳城。人们不会因牡丹的拒绝而拒绝它的美。如果它再被贬谪十次，也许它就会繁衍出十个洛阳牡丹城。

于是你在无言的遗憾中感悟到，富贵与高贵只是一字之差。同人一样，花儿也是有灵性的，更有品位之高低。品位这东西为气为魂为//筋骨为神韵，只可意会。你叹服牡丹卓尔不群之姿，方知品位是多么容易被世人忽略或是漠视的美。

节选自张抗抗《牡丹的拒绝》

作品 31 号

森林涵养水源，保持水土，防止水旱灾害的作用非常大。据专家测算，一片十万亩面积的森林，相当于一个两百万立方米的水库，这正如农谚所说的："山上多栽树，等于修水库。雨多它能吞，雨少它能吐。"

说起森林的功劳，那还多得很。它除了为人类提供木材及许多种生产、生活的原料之外，在维护生态环境方面也是功劳卓著，它用另一种"能吞能吐"的特殊功能孕育了人类。因为地球在形成之初，大气中的二氧化碳含量很高，氧气很少，气温也高，生物是难以生存的。大约在四亿年之前，陆地才产生了森林。森林慢慢将大气中的二氧化碳吸收，同时吐出新鲜氧气，调节气温：这才具备了人类生存的条件，地球上才最终有了人类。

森林，是地球生态系统的主体，是大自然的总调度室，是地球的绿色之肺。森林维护地球生态环境的这种"能吞能吐"的特殊功能是其他任何物体都不能取代的。然而，由于地球上的燃烧物增多，二氧化碳的排放量急剧增加，使得地球生态环境急剧恶化，主要表现为全球气候变暖，水分蒸发加快，改变了气流的循环，使气候变化加剧，从而引发热浪、飓风、暴雨、洪涝及干旱。

为了//使地球的这个"能吞能吐"的绿色之肺恢复健壮，以改善生态环境，抑制全球变暖，减少水旱等自然灾害，我们应该大力造林、护林，使每一座荒山都绿起来。

节选自《中考语文课外阅读试题精选》中《"能吞能吐"的森林》

作品 32 号

朋友即将远行。

暮春时节，又邀了几位朋友在家小聚。虽然都是极熟的朋友，却是终年难得一见，偶尔电话里相遇，也无非是几句寻常话。一锅小米稀饭，一碟大头菜，一盘自家酿制的泡菜，一只巷口买回的烤鸭，简简单单，不像请客，倒像家人团聚。

其实，友情也好，爱情也好，久而久之都会转化为亲情。

说也奇怪，和新朋友会谈文学、谈哲学、谈人生道理等等，和老朋友却只话家常，柴米油盐，细细碎碎，种种琐事。很多时候，心灵的契合已经不需要太多的言语来表达。

朋友新烫了个头，不敢回家见母亲，恐怕惊骇了老人家，却欢天喜地地来见我们，老朋友颇能以一种趣味性的眼光欣赏这个改变。

年少的时候，我们差不多都在为别人而活，为苦口婆心的父母活，为循循善诱的师长活，为许多观念、许多传统的约束力而活。年岁逐增，渐渐挣脱外在的限制与束缚，开始懂得为自己活，照自己的方式做一些自己喜欢的事，不在乎别人的批评意见，不在乎别人的诋毁流言，只在乎那一份随心所欲的舒坦自然。偶尔，也能够纵容自己放浪一下，并且有一种恶作剧的窃喜。

就让生命顺其自然，水到渠成吧，犹如窗前的//乌桕，自生自落之间，自有一份圆融丰满的喜悦。春雨轻轻落着，没有诗，没有酒，有的只是一份相知相属的自在自得。

夜色在笑语中渐渐沉落，朋友起身告辞，没有挽留，没有送别，甚至也没有问归期。

已经过了大喜大悲的岁月，已经过了伤感流泪的年华，知道了聚散原来是这样的自然和顺理成章，懂得这点，便懂得珍惜每一次相聚的温馨，离别便也欢喜。

节选自（台湾）杏林子《朋友和其他》

作品 33 号

我们在田野散步：我，我的母亲，我的妻子和儿子。

母亲本不愿出来的。她老了，身体不好，走远一点儿就觉得很累。我说，正因为如此，才应该多走走。母亲信服地点点头，便去拿外套。她现在很听我的话，就像我小时候很听她的话一样。

这南方初春的田野，大块小块的新绿随意地铺着，有的浓，有的淡，树上的嫩芽也密了，田里的冬水也咕咕地起着水泡。这一切都使人想着一样东西——生命。

我和母亲走在前面，我的妻子和儿子走在后面。小家伙突然叫起来："前面是妈妈和儿子，后面也是妈妈和儿子。"我们都笑了。

后来发生了分歧：母亲要走大路，大路平顺；我的儿子要走小路，小路有意思。不过，一切都取决于我。我的母亲老了，她早已习惯听从她强壮的儿子；我的儿子还小，他还习惯听从他高大的父亲；妻子呢，在外面，她总是听我的。一霎时我感到了责任的重大。我想找一个两全的办法，找不出；我想拆散一家人，分成两路，各得其所，终不愿意。我决定委屈儿子，因为我伴同他的时日还长。我说："走大路。"

但是母亲摸摸孙儿的小脑瓜，变了主意："还是走小路吧。"她的眼随小路望去：那里有金色的菜花，两行整齐的桑树，//尽头一口水波粼粼的鱼塘。"我走不过去的地方，你就背着我。"母亲对我说。

这样，我们在阳光下，向着那菜花、桑树和鱼塘走去。到了一处，我蹲下来，背起了母亲；妻子也蹲下来，背起了儿子。我和妻子都是慢慢地，稳稳地，走得很仔细，好像我背上的同她背上的加起来，就是整个世界。

节选自莫怀戚《散步》

作品 34 号

地球上是否真的存在"无底洞"？按说地球是圆的，由地壳、地幔和地核三层组成，真正的"无底洞"是不应存在的，我们所看到的各种山洞、裂口、裂缝，甚至火山口也都只是地壳浅部的一种现象。然而中国一些古籍却多次提到海外有个深奥莫测的无底洞。事实上地球上确实有这样一个"无底洞"。

它位于希腊亚各斯古城的海滨。由于濒临大海，大涨潮时，汹涌的海水便会排山倒海般地涌入洞中，形成一股湍湍的急流。据测，每天流入洞内的海水量达三万多吨。奇怪的是，如此大量的海水灌入洞中，却从来没有把洞灌满。曾有人怀疑，这个"无底洞"，会不会就像石灰岩地区的漏斗、竖井、落水洞一类的地形。然而从二十世纪三十年代以来，人们就做了多种努力企图寻找它的出口，却都是枉费心机。

为了揭开这个秘密，一九五八年美国地理学会派出一支考察队，他们把一种经久不变的带色染料溶解在海水中，观察染料是如何随着海水一起沉下去。接着又察看了附近海面以及岛上的各条河、湖，满怀希望地寻找这种带颜色的水，结果令人失望。难道是海水量太大把有色水稀释得太淡，以致无法发现？//

至今谁也不知道为什么这里的海水会没完没了地"漏"下去，这个"无底洞"的出口又在哪里，每天大量的海水究竟都流到哪里去了？

节选自罗伯特·罗威尔《神秘的"无底洞"》

作品 35 号

我在俄国见到的景物再没有比托尔斯泰墓更宏伟、更感人的。

完全按照托尔斯泰的愿望，他的坟墓成了世间最美的，给人印象最深刻的坟墓。它只是树林中的一个小小的长方形土丘，上面开满鲜花——没有十字架，没有墓碑，没有墓志铭，连托尔斯泰这个名字也没有。

这位比谁都感到受自己的声名所累的伟人，却像偶尔被发现的流浪汉，不为人知的士兵，不留名姓地被人埋葬了。谁都可以踏进他最后的安息地，围在四周稀疏的木栅栏是不关闭的——保护列夫·托尔斯泰得以安息的没有任何别的东西，惟有人们的敬意；而通常，人们却总是怀着好奇，去破坏伟人墓地的宁静。

这里，逼人的朴素禁锢住任何一种观赏的闲情，并且不容许你大声说话。风儿俯临，在这座无名者之墓的树木之间飒飒响着，和暖的阳光在坟头嬉戏；冬天，白雪温柔地覆盖这片幽暗的土地。无论你在夏天或冬天经过这儿，你都想像不到，这个小小的、隆起的长方体里安放着一位当代最伟大的人物。

然而，恰恰是这座不留姓名的坟墓，比所有挖空心思用大理石和奢华装饰建造的坟墓更扣人心弦。在今天这个特殊的日子里，//到他的安息地来的成百上千人中间，没有一个有勇气，哪怕仅仅从这幽暗的土丘上摘下一朵花留作纪念。人们重新感到，世界上再没有比托尔斯泰最后留下的、这座纪念碑式的朴素坟墓，更打动人心的了。

节选自［奥］茨威格《世间最美的坟墓》，张厚仁译

作品 36 号

我国的建筑，从古代的宫殿到近代的一般住房，绝大部分是对称的，左边怎么样，右边怎么样。苏州园林可绝不讲究对称，好像故意避免似的。东边有了一个亭子或者一道回廊，西边决不会来一个同样的亭子或者一道同样的回廊。这是为什么？我想，用图画来比方，对称的建筑是图案画，不是美术画，

而园林是美术画，美术画要求自然之趣，是不讲究对称的。

苏州园林里都有假山和池沼。

假山的堆叠，可以说是一项艺术而不仅是技术。或者是重峦叠嶂，或者是几座小山配合着竹子花木，全在乎设计者和匠师们生平多阅历，胸中有丘壑，才能使游览者攀登的时候忘却苏州城市，只觉得身在山间。

至于池沼，大多引用活水。有些园林池沼宽敞，就把池沼作为全园的中心，其他景物配合着布置。水面假如成河道模样，往往安排桥梁。假如安排两座以上的桥梁，那就一座一个样，决不雷同。

池沼或河道的边沿很少砌齐整的石岸，总是高低屈曲任其自然。还在那儿布置几块玲珑的石头，或者种些花草。这也是为了取得从各个角度看都成一幅画的效果。池沼里养着金鱼或各色鲤鱼，夏秋季节荷花或睡莲开//放，游览者看"鱼戏莲叶间"，又是入画的一景。

节选自叶圣陶《苏州园林》

作品 37 号

一位访美中国女作家，在纽约遇到一位卖花的老太太。老太太穿着破旧，身体虚弱，但脸上的神情却是那样祥和兴奋。女作家挑了一朵花说："看起来，你很高兴。"老太太面带微笑地说："是的，一切都这么美好，我为什么不高兴呢?""对烦恼，你倒真能看得开。"女作家又说了一句。没料到，老太太的回答更令女作家大吃一惊："耶稣在星期五被钉上十字架时，是全世界最糟糕的一天，可三天后就是复活节。所以，当我遇到不幸时，就会等待三天，这样一切就恢复正常了。"

"等待三天"，多么富于哲理的话语，多么乐观的生活方式。它把烦恼和痛苦抛下，全力去收获快乐。

沈从文在"文革"期间，陷入了非人的境地。可他毫不在意，他在咸宁时给他的表侄、画家黄永玉写信说："这里的荷花真好，你若来……"身陷苦难却仍为荷花的盛开欣喜赞叹不已，这是一种趋于澄明的境界，一种旷达洒脱的胸襟，一种面临磨难坦荡从容的气度，一种对生活童子般的热爱和对美好事物无限向往的生命情感。

由此可见，影响一个人快乐的，有时并不是困境及磨难，而是一个人的心态。如果把自己浸泡在积极、乐观、向上的心态中，快乐必然会//占据你的每一天。

节选自《态度创造快乐》

作品 38 号

泰山极顶看日出，历来被描绘成十分壮观的奇景。有人说：登泰山而看不到日出，就像一出大戏没有戏眼，味儿终究有点儿寡淡。

我去爬山那天，正赶上个难得的好天，万里长空，云彩丝儿都不见。素常，烟雾腾腾的山头，显得眉目分明。同伴们都欣喜地说："明天早晨准可以看见日出了。"我也是抱着这种想头，爬上山去。

一路从山脚往上爬，细看山景，我觉得挂在眼前的不是五岳独尊的泰山，却像一幅规模惊人的青绿山水画，从下面倒展开来。在画卷中最先露出的是山根底那座明朝建筑岱宗坊，慢慢地便现出王母池、斗母宫、经石峪。山是一层比一层深，一叠比一叠奇，层层叠叠，不知还会有多深多奇，万山丛中，时而点染着极其工细的人物。王母池旁的吕祖殿里有不少尊明塑，塑着吕洞宾等一些人，姿态神情是那样有生气，你看了，不禁会脱口赞叹说："活啦。"

画卷继续展开，绿阴森森的柏洞露面不太久，便来到对松山。两面奇峰对峙着，满山峰都是奇形怪状的老松，年纪怕都有上千岁了，颜色竟那么浓，浓得好像要流下来似的。来到这儿，你不妨权当一次画里的写意人物，坐在路旁的对松亭里，看看山色，听听流//水和松涛。

一时间，我又觉得自己不仅是在看画卷，却又像是在零零乱乱翻着一卷历史稿本。

节选自杨朔《泰山极顶》

作品 39 号

育才小学校长陶行知在校园看到学生王友用泥块砸自己班上的同学，陶行知当即喝止了他，并令他放学后到校长室去。无疑，陶行知是要好好教育这个"顽皮"的学生。那么他是如何教育的呢？

放学后，陶行知来到校长室，王友已经等在门口准备挨训了。可一见面，陶行知却掏出一块糖果送给王友，并说："这是奖给你的，因为你按时来到这里，而我却迟到了。"王友惊疑地接过糖果。

随后，陶行知又掏出一块糖果放到他手里，说："这第二块糖果也是奖给你的，因为当我不让你再打人时，你立即就住手了，这说明你很尊重我，我应该奖你。"王友更惊疑了，他眼睛睁得大大的。

陶行知又掏出第三块糖果塞到王友手里，说："我调查过了，你用泥块砸那些男生，是因为他们不守游戏规则，欺负女生；你砸他们，说明你很正直善良，且有批评不良行为的勇气，应该奖励你啊！"王友感动极了，他流着眼泪后悔地喊道："陶……陶校长你打我两下吧！我砸的不是坏人，而是自己的同学啊……"

陶行知满意地笑了，他随即掏出第四块糖果递给王友，说："为你正确地认识错误，我再奖给你一块糖果，只可惜我只有这一块糖果了。我的糖果//没有了，我看我们的谈话也该结束了吧！"说完，就走出了校长室。

节选自《教师博览·百期精华》中《陶行知的"四块糖果"》

作品 40 号

享受幸福是需要学习的，当它即将来临的时刻需要提醒。人可以自然而然地学会感官的享乐，却无法天生地掌握幸福的韵律。灵魂的快意同器官的舒适像一对孪生兄弟，时而相傍相依，时而南辕北辙。

幸福是一种心灵的震颤。它像会倾听音乐的耳朵一样，需要不断地训练。

简而言之，幸福就是没有痛苦的时刻。它出现的频率并不像我们想像的那样少。人们常常只是在幸福的金马车已经驶过去很远时，才拣起地上的金鬃毛说，原来我见过它。

人们喜爱回味幸福的标本，却忽略它披着露水散发清香的时刻。那时候我们往往步履匆匆，瞻前顾后不知在忙着什么。

世上有预报台风的，有预报蝗灾的，有预报瘟疫的，有预报地震的。没有人预报幸福。

其实幸福和世界万物一样，有它的征兆。

幸福常常是朦胧的，很有节制地向我们喷洒甘霖。你不要总希望轰轰烈烈的幸福，它多半只是悄悄地扑面而来。你也不要企图把水龙头拧得更大，那样它会很快地流失。你需要静静地以平和之心，体验它的真谛。

幸福绝大多数是朴素的。它不会像信号弹似的，在很高的天际闪烁红色的光芒。它披着本色的外//衣，亲切温暖地包裹起我们。

幸福不喜欢喧嚣浮华，它常常在暗淡中降临。贫困中相濡以沫的一块糕饼，患难中心心相印的一个眼神，父亲一次粗糙的抚摸，女友一张温馨的字条……这都是千金难买的幸福啊。像一粒粒缀在旧绸子上的红宝石，在凄凉中愈发熠熠夺目。

节选自毕淑敏《提醒幸福》

作品 41 号

在里约热内卢的一个贫民窟里，有一个男孩子，他非常喜欢足球，可是又买不起，于是就踢塑料盒，踢汽水瓶，踢从垃圾箱里拣来的椰子壳。他在胡同里踢，在能找到的任何一片空地上踢。

有一天，当他在一处干涸的水塘里猛踢一个猪膀胱时，被一位足球教练看见了。他发现这个男孩儿踢得很像是那么回事，就主动提出要送给他一个足球。小男孩儿得到足球后踢得更卖劲了。不久，他就能准确地把球踢进远处随意摆放的一个水桶里。

圣诞节到了，孩子的妈妈说："我们没有钱买圣诞礼物送给我们的恩人，就让我们为他祈祷吧。"

小男孩儿跟随妈妈祈祷完毕，向妈妈要了一把铲子便跑了出去。他来到一座别墅前的花园里，开始挖坑。

就在他快要挖好坑的时候，从别墅里走出一个人来，问小孩儿在干什么，孩子抬起满是汗珠的脸蛋儿，说："教练，圣诞节到了，我没有礼物送给您，我愿给您的圣诞树挖一个树坑。"

教练把小男孩儿从树坑里拉上来，说，我今天得到了世界上最好的礼物。明天你就到我的训练场去吧。

三年后，这位十七岁的男孩儿在第六届足球锦标赛上独进二十一球，为巴西第一次捧回了金杯。一个原//来不为世人所知的名字——贝利，随之传遍世界。

节选自刘燕敏《天才的造就》

作品 42 号

记得我十三岁时，和母亲住在法国东南部的耐斯城。母亲没有丈夫，也没有亲戚，够清苦的，但她经常能拿出令人吃惊的东西，摆在我面前。她从来不吃肉，一再说自己是素食者。然而有一天，我发现母亲正仔细地用一小块碎面包擦那给我煎牛排用的油锅。我明白了她称自己为素食者的真正原因。

我十六岁时，母亲成了耐斯市美蒙旅馆的女经理。这时，她更忙碌了。一天，她瘫在椅子上，脸色苍白，嘴唇发灰。马上找来医生，做出诊断：她摄取了过多的胰岛素。直到这时我才知道母亲多年一直对我隐瞒的疾痛——糖尿病。

她的头歪向枕头一边，痛苦地用手抓挠胸口。床架上方，则挂着一枚我一九三二年赢得耐斯市少年乒乓球冠军的银质奖章。

啊，是对我的美好前途的憧憬支撑着她活下去，为了给她那荒唐的梦至少加一点真实的色彩，我只能继续努力，与时间竞争，直至一九三八年我被征入空军。巴黎很快失陷，我辗转调到英国皇家空军。刚到英国就接到了母亲的来信。这些信是由在瑞士的一个朋友秘密地转到伦敦，送到我手中的。

现在我要回家了，胸前佩带着醒目的绿黑两色的解放十字绶//带，上面挂着五六枚我终身难忘的勋章，肩上还佩带着军官肩章。到达旅馆时，没有一个人跟我打招呼。原来,我母亲在三年半以前就已经离开人间了。

在她死前的几天中,她写了近二百五十封信,把这些信交给她在瑞士的朋友,请这个朋友定时寄给我。就这样,在母亲死后的三年半的时间里,我一直从她身上吸取着力量和勇气——这使我能够继续战斗到胜利那一天。

节选自 [法] 罗曼·加里《我的母亲独一无二》

作品 43 号

生活对于任何人都非易事,我们必须有坚韧不拔的精神。最要紧的,还是我们自己要有信心。我们必须相信,我们对每一件事情都具有天赋的才能,并且,无论付出任何代价,都要把这件事完成。当事情结束的时候,你要能问心无愧地说:"我已经尽我所能了。"

有一年的春天,我因病被迫在家里休息数周。我注视着我的女儿们所养的蚕正在结茧,这使我很感兴趣。望着这些蚕执著地、勤奋地工作,我感到我和它们非常相似。像它们一样,我总是耐心地把自己的努力集中在一个目标上。我之所以如此,或许是因为有某种力量在鞭策着我——正如蚕被鞭策着去结茧一般。

近五十年来,我致力于科学研究,而研究,就是对真理的探讨。我有许多美好快乐的记忆。少女时期我在巴黎大学,孤独地过着求学的岁月;在后来献身科学的整个时期,我丈夫和我专心致志,像在梦幻中一般,坐在简陋的书房里艰辛地研究,后来我们就在那里发现了镭。

我永远追求安静的工作和简单的家庭生活。为了实现这个理想,我竭力保持宁静的环境,以免受人事的干扰和盛名的拖累。

我深信,在科学方面我们有对事业而不//是对财富的兴趣。我的惟一奢望是在一个自由国家中,以一个自由学者的身份从事研究工作。

我一直沉醉于世界的优美之中,我所热爱的科学也不断增加它崭新的远景。我认定科学本身就具有伟大的美。

节选自 [波兰] 玛丽·居里《我的信念》,剑捷译

作品 44 号

我为什么非要教书不可?是因为我喜欢当教师的时间安排表和生活节奏。七、八、九三个月给我提供了进行回顾、研究、写作的良机,并将三者有机融合,而善于回顾、研究和总结正是优秀教师素质中不可缺少的成分。

干这行给了我多种多样的"甘泉"去品尝,找优秀的书籍去研读,到"象牙塔"和实际世界里去发现。教学工作给我提供了继续学习的时间保证,

以及多种途径、机遇和挑战。

然而，我爱这一行的真正原因，是爱我的学生。学生们在我的眼前成长、变化。当教师意味着亲历"创造"过程的发生——恰似亲手赋予一团泥土以生命，没有什么比目睹它开始呼吸更激动人心的了。

权利我也有了：我有权利去启发诱导，去激发智慧的火花，去问费心思考的问题，去赞扬回答的尝试，去推荐书籍，去指点迷津。还有什么别的权利能与之相比呢？

而且，教书还给我金钱和权利之外的东西，那就是爱心。不仅有对学生的爱，对书籍的爱，对知识的爱，还有教师才能感受到的对"特别"学生的爱。这些学生，有如冥顽不灵的泥块，由于接受了老师的炽爱才勃发了生机。

所以，我爱教书，还因为，在那些勃发生机的"特别"学//生身上，我有时发现自己和他们呼吸相通，忧乐与共。

节选自 ［美］彼得·基·贝得勒《我为什么当教师》

作品 45 号

中国西部我们通常是指黄河与秦岭相连一线以西，包括西北和西南的十二个省、市、自治区。这块广袤的土地面积为五百四十六万平方公里，占国土总面积的百分之五十七；人口二点八亿，占全国总人口的百分之二十三。

西部是华夏文明的源头。华夏祖先的脚步是顺着水边走的：长江上游出土过元谋人牙齿化石，距今约一百七十万年；黄河中游出土过蓝田人头盖骨，距今约七十万年。这两处古人类都比距今约五十万年的北京猿人资格更老。

西部地区是华夏文明的重要发源地，秦皇汉武以后，东西方文化在这里交汇融合，从而有了丝绸之路的驼铃声声，佛院深寺的暮鼓晨钟。敦煌莫高窟是世界文化史上的一个奇迹，它在继承汉晋艺术传统的基础上，形成了自己兼收并蓄的恢宏气度，展现出精美绝伦的艺术形式和博大精深的文化内涵。秦始皇兵马俑、西夏王陵、楼兰古国、布达拉宫、三星堆、大足石刻等历史文化遗产，同样为世界所瞩目，成为中华文化重要的象征。

西部地区又是少数民族及其文化的集萃地，几乎包括了我国所有的少数民族。在一些偏远的少数民族地区，仍保留//了一些久远时代的艺术品种，成为珍贵的"活化石"，如纳西古乐、戏曲、剪纸、刺绣、岩画等民间艺术和宗教艺术。特色鲜明、丰富多彩，犹如一个巨大的民族民间文化艺术宝库。

我们要充分重视和利用这些得天独厚的资源优势，建立良好的民族民间文化生态环境，为西部大开发做出贡献。

节选自《中考语文课外阅读试题精选》中《西部文化和西部开发》

作品 46 号

高兴，这是一种具体的被看得到摸得着的事物所唤起的情绪。它是心理的，更是生理的。它容易来也容易去，谁也不应该对它视而不见失之交臂，谁也不应该总是做那些使自己不高兴也使旁人不高兴的事。让我们说一件最容易做也最令人高兴的事吧，尊重你自己，也尊重别人，这是每一个人的权利，我还要说这是每一个人的义务。

快乐，它是一种富有概括性的生存状态、工作状态。它几乎是先验的，它来自生命本身的活力，来自宇宙、地球和人间的吸引，它是世界的丰富、绚丽、阔大、悠久的体现。快乐还是一种力量，是埋在地下的根脉。消灭一个人的快乐比挖掘掉一棵大树的根要难得多。

欢欣，这是一种青春的、诗意的情感。它来自面向着未来伸开双臂奔跑的冲力，它来自一种轻松而又神秘、朦胧而又隐秘的激动，它是激情即将到来的预兆，它又是大雨过后的比下雨还要美妙得多也久远得多的回味……

喜悦，它是一种带有形而上色彩的修养和境界。与其说它是一种情绪，不如说它是一种智慧、一种超拔、一种悲天悯人的宽容和理解，一种饱经沧桑的充实和自信，一种光明的理性，一种坚定//的成熟，一种战胜了烦恼和庸俗的清明澄澈。它是一潭清水，它是一抹朝霞，它是无边的平原，它是沉默的地平线，多一点儿、再多一点儿喜悦吧，它是翅膀，也是归巢。它是一杯美酒，也是一朵永远开不败的莲花。

节选自王蒙《喜悦》

作品 47 号

在湾仔，香港最热闹的地方，有一棵榕树，它是最贵的一棵树，不光在香港，在全世界，都是最贵的。

树，活的树，又不卖何言其贵？只因它老，它粗，是香港百年沧桑的活见证，香港人不忍看着它被砍伐，或者被移走，便跟要占用这片山坡的建筑者谈条件：可以在这儿建大楼盖商厦，但一不准砍树，二不准挪树，必须把它原地精心养起来，成为香港闹市中的一景。太古大厦的建设者最后签了合同，占用这个大山坡建豪华商厦的先决条件是同意保护这棵老树。

树长在半山坡上，计划将树下面的成千上万吨山石全部掏空取走，腾出地方来盖楼，把树架在大楼上面，仿佛它原本是长在楼顶上似的。建设者就地造了一个直径十八米、深十米的大花盆，先固定好这棵老树，再在大花盆底下盖楼。光这一项就花了两千三百八十九万港币，堪称是最昂贵的保护措施了。

太古大厦落成之后，人们可以乘滚动扶梯一次到位，来到太古大厦的顶层，出后门，那儿是一片自然景色。一棵大树出现在人们面前，树干有一米半粗，树冠直径足有二十多米，独木成林，非常壮观，形成一座以它为中心的小公园，取名叫"榕圃"。树前面//插着铜牌，说明原由。此情此景，如不看铜牌的说明，绝对想不到巨树根底下还有一座宏伟的现代大楼。

节选自舒乙《香港：最贵的一棵树》

作品48号

我们的船渐渐地逼近榕树了：我有机会看清它的真面目：是一棵大树，有数不清的丫枝，枝上又生根，有许多根一直垂到地上，伸进泥土里。一部分树枝垂到水面，从远处看，就像一棵大树斜躺在水面上一样。

现在正是枝繁叶茂的时节。这棵榕树好像在把它的全部生命力展示给我们看。那么多的绿叶，一簇堆在另一簇的上面，不留一点儿缝隙。翠绿的颜色明亮地在我们的眼前闪耀，似乎每一片树叶上都有一个新的生命在颤动，这美丽的南国的树！

船在树下泊了片刻，岸上很湿，我们没有上去。朋友说这里是"鸟的天堂"，有许多鸟在这棵树上做窝，农民不许人去捉它们。我仿佛听见几只鸟扑翅的声音，但是等到我的眼睛注意地看那里时，我却看不见一只鸟的影子，只有无数的树根立在地上，像许多根木桩。地是湿的，大概涨潮时河水常常冲上岸去。"鸟的天堂"里没有一只鸟，我这样想到。船开了，一个朋友拨着船，缓缓地流到河中间去。

第二天，我们划着船到一个朋友的家乡去，就是那个有山有塔的地方。从学校出发，我们又经过那"鸟的天堂"。

这一次是在早晨，阳光照在水面上，也照在树梢上。一切都//显得非常光明。我们的船也在树下泊了片刻。

起初四周围非常清静。后来忽然起了一声鸟叫。我们把手一拍，便看见一只大鸟飞了起来，接着又看见第二只，第三只。我们继续拍掌，很快地这个树林就变得很热闹了。到处都是鸟声，到处都是鸟影。大的，小的，花的，黑的，有的站在枝上叫，有的飞起来，在扑翅膀。

节选自巴金《小鸟的天堂》

作品49号

有这样一个故事。

有人问：世界上什么东西的气力最大？回答纷纭得很，有的说"象"，有的说"狮"，有人开玩笑似的说：是"金刚"，金刚有多少气力，当然大家全不知道。

　　结果，这一切答案完全不对，世界上气力最大的，是植物的种子。一粒种子所可以显现出来的力，简直是超越一切。

　　人的头盖骨，结合得非常致密与坚固，生理学家和解剖学者用尽了一切的方法，要把它完整地分出来，都没有这种力气。后来忽然有人发明了一个方法，就是把一些植物的种子放在要剖析的头盖骨里，给它以温度与湿度，使它发芽。一发芽，这些种子便以可怕的力量，将一切机械力所不能分开的骨骼，完整地分开了。植物种子的力量之大，如此如此。

　　这，也许特殊了一点儿，常人不容易理解。那么，你看见过笋的成长吗？你看见过被压在瓦砾和石块下面的一棵小草的生长吗？它为着向往阳光，为着达成它的生之意志，不管上面的石块如何重，石与石之间如何狭，它必定要曲曲折折地，但是顽强不屈地透到地面上来。它的根往土壤钻，它的芽往地面挺，这是一种不可抗拒的力，阻止它的石块，结果也被它掀翻，一粒种子的力量之大，如//此如此。

　　没有一个人将小草叫做"大力士"，但是它的力量之大，的确是世界无比。这种力是一般人看不见的生命力。只要生命存在，这种力就要显现。上面的石块，丝毫不足以阻挡。因为它是一种"长期抗战"的力；有弹性，能屈能伸的力；有韧性，不达目的不止的力。

节选自夏衍《野草》

作品 50 号

　　燕子去了，有再来的时候；杨柳枯了，有再青的时候；桃花谢了，有再开的时候。但是，聪明的，你告诉我，我们的日子为什么一去不复返呢？——是有人偷了他们罢：那是谁？又藏在何处呢？是他们自己逃走了罢：现在又到了哪里呢？

　　去的尽管去了，来的尽管来着；去来的中间，又怎样地匆匆呢？早上我起来的时候，小屋里射进两三方斜斜的太阳。太阳他有脚啊，轻轻悄悄地挪移了；我也茫茫然跟着旋转。于是——洗手的时候，日子从水盆里过去；吃饭的时候，日子从饭碗里过去；默默时，便从凝然的双眼前过去。我觉察他去的匆匆了，伸出手遮挽时，他又从遮挽着的手边过去；天黑时，我躺在床上，他便伶伶俐俐地从我身上跨过，从我脚边飞去了。等我睁开眼和太阳再见，这算又溜走了一日。我掩着面叹息。但是新来的日子的影儿又开始在叹息里闪过了。

　　在逃去如飞的日子里，在千门万户的世界里的我能做些什么呢？只有徘徊罢了，只有匆匆罢了；在八千多日的匆匆里，除徘徊外，又剩些什么呢？过去的日子如轻烟，被微风吹散了，如薄雾，被初阳蒸融了；我留着些什么痕迹呢？我何曾留着像游丝样的痕迹呢？我赤裸裸来//到这世界，转眼间也将赤裸裸的回去罢？但不能平的，为什么偏白白走这一遭啊？

你聪明的，告诉我，我们的日子为什么一去不复返呢？

节选自朱自清《匆匆》

作品 51 号

有个塌鼻子的小男孩儿，因为两岁时得过脑炎，智力受损，学习起来很吃力。打个比方，别人写作文能写二三百字，他却只能写三五行。但即便这样的作文，他同样能写得很动人。

那是一次作文课，题目是《愿望》。他极其认真地想了半天，然后极认真地写，那作文极短。只有三句话：我有两个愿望，第一个是，妈妈天天笑眯眯地看着我说："你真聪明。"第二个是，老师天天笑眯眯地看着我说："你一点儿也不笨。"

于是，就是这篇作文，深深地打动了他的老师，那位妈妈式的老师不仅给了他最高分，在班上带感情地朗读了这篇作文，还一笔一画地批道：你很聪明，你的作文写得非常感人，请放心，妈妈肯定会格外喜欢你的，老师肯定会格外喜欢你的，大家肯定会格外喜欢你的。

捧着作文本，他笑了，蹦蹦跳跳地回家了，像只喜鹊。但他并没有把作文本拿给妈妈看，他是在等待，等待着一个美好的时刻。

那个时刻终于到了，是妈妈的生日——一个阳光灿烂的星期天：那天，他起得特别早，把作文本装在一个亲手做的美丽的大信封里，等着妈妈醒来。妈妈刚刚睁眼醒来，他就笑眯眯地走到妈妈跟前说："妈妈，今天是您的生日，我要//送给您一件礼物。"

果然，看着这篇作文，妈妈甜甜地涌出了两行热泪，一把搂住小男孩儿，搂得很紧很紧。

是的，智力可以受损，但爱永远不会。

节选自张玉庭《一个美丽的故事》

作品 52 号

小学的时候，有一次我们去海边远足，妈妈没有做便饭，给了我十块钱买午餐。好像走了很久，很久，终于到海边了，大家坐下来便吃饭，荒凉的海边没有商店，我一个人跑到防风林外面去，级任老师要大家把吃剩的饭菜分给我一点儿。有两三个男生留下一点儿给我，还有一个女生，她的米饭拌了酱油，很香。我吃完的时候，她笑眯眯地看着我，短头发，脸圆圆的。

她的名字叫翁香玉。

每天放学的时候，她走的是经过我们家的一条小路，带着一位比她小的男孩儿，可能是弟弟。小路边是一条清澈见底的小溪，两旁竹阴覆盖，我总是远远地跟在她后面，夏日的午后特别炎热，走到半路她会停下来，拿手帕在溪水里浸湿，为小男孩儿擦脸。我也在后面停下来，把肮脏的手帕弄湿了擦脸，再一路远远跟着她回家。

后来我们家搬到镇上去了，过几年我也上了中学。有一天放学回家，在火车上，看见斜对面一位短头发、圆圆脸的女孩儿，一身素净的白衣黑裙。我想她一定不认识我了。火车很快到站了，我随着人群挤向门口，她也走近了，叫我的名字。这是她第一次和我说话。

她笑眯眯的，和我一起走过月台。以后就没有再见过//她了。

这篇文章收在我出版的《少年心事》这本书里。

书出版后半年，有一天我忽然收到出版社转来的一封信，信封上是陌生的字迹，但清楚地写着我的本名。

信里面说她看到了这篇文章心里非常激动，没想到在离开家乡，漂泊异地这么久之后，会看见自己仍然在一个人的记忆里，她自己也深深记得这其中的每一幕，只是没想到越过遥远的时空，竟然另一个人也深深记得。

节选自苦伶《永远的记忆》

作品 53 号

在繁华的巴黎大街的路旁，站着一个衣衫褴褛、头发斑白、双目失明的老人。他不像其他乞丐那样伸手向过路行人乞讨，而是在身旁立一块木牌，上面写着："我什么也看不见！"街上过往的行人很多，看了木牌上的字都无动于衷，有的还淡淡一笑，便姗姗而去了。

这天中午，法国著名诗人让·彼浩勒也经过这里。他看看木牌上的字，问盲老人："老人家，今天上午有人给你钱吗？"

盲老人叹息着回答："我，我什么也没有得到。"说着，脸上的神情非常悲伤。

让·彼浩勒听了，拿起笔悄悄地在那行字的前面添上了"春天到了，可是"几个字，就匆匆地离开了。

晚上，让·彼浩勒又经过这里，问那个盲老人下午的情况。盲老人笑着回答说："先生，不知为什么，下午给我钱的人多极了！"让·彼浩勒听了，摸着胡子满意地笑了。

"春天到了，可是我什么也看不见！"这富有诗意的语言，产生这么大的作用，就在于它有非常浓厚的感情色彩。是的，春天是美好的，那蓝天白云，那绿树红花，那莺歌燕舞，那流水人家，怎么不叫人陶醉呢？但这良辰美景，对于一个双目失明的人来说，只是一片漆黑。当人们想到这个盲老人，一生中竟连万紫千红的春天//都不曾看到，怎能不对他产生同情之心呢？

节选自小学《语文》第六册中《语言的魅力》

作品 54 号

有一次，苏东坡的朋友张鹗拿着一张宣纸来求他写一幅字，而且希望他写一点儿关于养生方面的内容。苏东坡思索了一会儿，点点头说："我得到了一个养生长寿古方，药只有四味，今天就赠给你吧。"于是，东坡的狼毫在纸上挥洒起来，上面写着："一曰无事以当贵，二曰早寝以当富，三曰安步以当车，四曰晚食以当肉。"

这哪里有药？张鹗一脸茫然地问。苏东坡笑着解释说，养生长寿的要诀，全在这四句里面。

所谓"无事以当贵"，是指人不要把功名利禄、荣辱过失考虑得太多，如能在情志上潇洒大度，随遇而安，无事以求，这比富贵更能使人终其天年。

"早寝以当富"，指吃好穿好、财货充足，并非就能使你长寿。对老年人来说，养成良好的起居习惯，尤其是早睡早起，比获得任何财富更加宝贵。

"安步以当车"，指人不要过于讲求安逸、肢体不劳，而应多以步行来替代骑马乘车，多运动才可以强健体魄，通畅气血。

"晚食以当肉"，意思是人应该用已饥方食、未饱先止代替对美味佳肴的贪吃无厌。他进一步解释，饿了以后才进食，虽然是粗茶淡饭，但其香甜可口会胜过山珍；如果饱了还要勉强吃，即使美味佳肴摆在眼前也难以//下咽。

苏东坡的四味"长寿药"，实际上是强调了情志、睡眠、运动、饮食四个方面对养生长寿的重要性，这种养生观点即使在今天仍然值得借鉴。

节选自蒲昭和《赠你四味长寿药》

作品 55 号

人活着，最要紧的是寻觅到那片代表着生命绿色和人类希望的丛林，然后选一高高的枝头站在那里观览人生，消化痛苦，孕育歌声，愉悦世界！

这可真是一种潇洒的人生态度，这可真是一种心境爽朗的情感风貌。

站在历史的枝头微笑，可以减免许多烦恼。在那里，你可以从众生相所包含的甜酸苦辣、百味人生中寻找你自己；你境遇中的那点儿苦痛，也许相比之下，再也难以占据一席之地；你会较容易地获得从不悦中解脱灵魂的力量，使之不致变得灰色。

人站得高些，不但能有幸早些领略到希望的曙光，还能有幸发现生命的立体的诗篇。每一个人的人生，都是这诗篇中的一个词、一个句子或者一个标点。你可能没有成为一个美丽的词，一个引人注目的句子，一个惊叹号，但你依然是这生命的立体诗篇中的一个音节、一个停顿、一个必不可少的组成部分。这足以使你放弃前嫌，萌生为人类孕育新的歌声的兴致，为世界带来更多的诗意。

最可怕的人生见解，是把多维的生存图景看成平面。因为那平面上刻下的大多是凝固了的历史——过去的遗迹；但活着的人们，活得却是充满着新生智慧的，由//不断逝去的"现在"组成的未来。人生不能像某些鱼类躺着游，人生也不能像某些兽类爬着走，而应该站着向前行，这才是人类应有的生存姿态。

节选自 ［美］本杰明·拉什《站在历史的枝头微笑》

作品 56 号

中国的第一大岛、台湾省的主岛台湾，位于中国大陆架的东南方，地处东海和南海之间，隔着台湾海峡和大陆相望。天气晴朗的时候，站在福建沿海较高的地方，就可以隐隐约约地望见岛上的高山和云朵。

台湾岛形状狭长，从东到西，最宽处只有一百四十多公里；由南至北，最长的地方约有三百九十多公里。地形像一个纺织用的梭子。

台湾岛上的山脉纵贯南北，中间的中央山脉犹如全岛的脊梁。西部为海拔近四千米的玉山山脉，是中国东部的最高峰。全岛约有三分之一的地方是平地，其余为山地。岛内有缎带般的瀑布，蓝宝石似的湖泊，四季常青的森林和果园，自然景色十分优美。西南部的阿里山和日月潭，台北市郊的大屯山风景区，都是闻名世界的游览胜地。

台湾岛地处热带和温带之间，四面环海，雨水充足，气温受到海洋的调剂，冬暖夏凉，四季如春，这给水稻和果木生长提供了优越的条件。水稻、甘蔗、樟脑是台湾的"三宝"。岛上还盛产鲜果和鱼虾。

台湾岛还是一个闻名世界的"蝴蝶王国"。岛上的蝴蝶共有四百多个品种，其中有不少是世界稀有的珍贵品种。岛上还有不少鸟语花香的蝴//蝶谷，岛上居民利用蝴蝶制作的标本和艺术品，远销许多国家。

节选自《中国的宝岛——台湾》

作品 57 号

对于中国的牛，我有着一种特别尊敬的感情。

留给我印象最深的，要算在田垄上的一次"相遇"。

一群朋友郊游，我领头在狭窄的阡陌上走，怎料迎面来了几头耕牛，狭道容不下人和牛，终有一方要让路。它们还没有走近，我们已经预计斗不过畜牲，恐怕难免踩到田地泥水里，弄得鞋袜又泥又湿了。正踌躇的时候，带头的一头牛，在离我们不远的地方停下来，抬起头看看，稍迟疑一下，就自动走下田去。一队耕牛，全跟着它离开阡陌，从我们身边经过。

我们都呆了，回过头来，看着深褐色的牛队，在路的尽头消失，忽然觉得自己受了很大的恩惠。

中国的牛，永远沉默地为人做着沉重的工作。在大地上，在晨光或烈日下，它拖着沉重的犁，低头一步又一步，拖出了身后一列又一列松土，好让人们下种。等到满地金黄或农闲时候，它可能还得担当搬运负重的工作；或终日绕着石磨，朝同一方向，走不计程的路。

在它沉默的劳动中，人便得到应得的收成。

那时候，也许，它可以松一肩重担，站在树下，吃几口嫩草。偶尔摇摇尾巴，摆摆耳朵，赶走飞附身上的苍蝇，已经算是它最闲适的生活了。

中国的牛，没有成群奔跑的习//惯，永远沉沉实实的，默默地工作，平心静气。这就是中国的牛！

节选自小思《中国的牛》

作品 58 号

不管我的梦想能否成为事实，说出来总是好玩儿的：

春天，我将要住在杭州。二十年前，旧历的二月初，在西湖我看见了嫩柳与菜花，碧浪与翠竹。由我看到的那点儿春光，已经可以断定，杭州的春天必定会教人整天生活在诗与图画之中。所以，春天我的家应当是在杭州。

夏天，我想青城山应当算作最理想的地方。在那里，我虽然只住过十天，可是它的幽静已拴住了我的心灵。在我所看见过的山水中，只有这里没有使我失望。到处都是绿，目之所及，那片淡而光润的绿色都在轻轻地颤动，仿佛要流入空中与心中似的。这个绿色会像音乐，涤清了心中的万虑。

秋天一定要住北平。天堂是什么样子，我不知道，但是从我的生活经验去判断，北平之秋便是天堂。论天气，不冷不热。论吃的，苹果、梨、柿子、枣儿、葡萄，每样都有若干种。论花草，菊花种类之多，花式之奇，可以甲天下。西山有红叶可见，北海可以划船——虽然荷花已残，荷叶可还有一片清香。衣食住行，在北平的秋天，是没有一项不使人满意的。

　　冬天，我还没有打好主意，成都或者相当得合适，虽然并不怎样和暖，可是为了水仙，素心腊梅，各色的茶花，仿佛就受一点儿寒//冷，也颇值得去了。昆明的花也多，而且天气比成都好，可是旧书铺与精美而便宜的小吃远不及成都那么多。好吧，就暂这么规定：冬天不住成都便住昆明吧。

　　在抗战中，我没能发国难财。我想，抗战胜利以后，我必能阔起来。那时候，假若飞机减价，一二百元就能买一架的话，我就自备一架，择黄道吉日慢慢地飞行。

节选自老舍《住的梦》

作品 59 号

　　我不由得停住了脚步。

　　从未见过开得这样盛的藤萝，只见一片辉煌的淡紫色，像一条瀑布，从空中垂下，不见其发端，也不见其终极，只是深深浅浅的紫，仿佛在流动，在欢笑，在不停地生长。紫色的大条幅上，泛着点点银光，就像迸溅的水花。仔细看时，才知那是每一朵紫花中的最浅淡的部分，在和阳光互相挑逗。

　　这里除了光彩，还有淡淡的芳香。香气似乎也是浅紫色的，梦幻一般轻轻地笼罩着我。忽然记起十多年前，家门外也曾有过一大株紫藤萝，它依傍一株枯槐爬得很高，但花朵从来都稀落，东一穗西一串伶仃地挂在树梢，好像在察颜观色，试探什么。后来索性连那稀零的花串也没有了。园中别的紫藤花架也都拆掉，改种了果树。那时的说法是，花和生活腐化有什么必然关系。我曾遗憾地想：这里再看不见藤萝花了。

　　过了这么多年，藤萝又开花了，而且开得这样盛，这样密，紫色的瀑布遮住了粗壮的盘虬卧龙般的枝干，不断地流着，流着，流向人的心底。

　　花和人都会遇到各种各样的不幸，但是生命的长河是无止境的。我抚摸了一下那小小的紫色的花舱，那里满装了生命的酒酿，它张满了帆，在这//闪光的花的河流上航行。它是万花中的一朵，也正是由每一个一朵，组成了万花灿烂的流动的瀑布。

　　在这浅紫色的光辉和浅紫色的芳香中，我不觉加快了脚步。

节选自宗璞《紫藤萝瀑布》

作品 60 号

　　在一次名人访问中，被问及上个世纪最重要的发明是什么时，有人说是电脑，有人说是汽车，等等。但新加坡的一位知名人士却说是冷气机。他解释，如果没有冷气，热带地区如东南亚国家，就不可能有很高的生产力，就不可能达到今天的生活水准。他的回答实事求是，有理有据。

看了上述报道，我突发奇想：为什么没有记者问："二十世纪最糟糕的发明是什么？"其实二〇〇二年十月中旬，英国的一家报纸就评出了"人类最糟糕的发明"。获此"殊荣"的，就是人们每天大量使用的塑料袋。

诞生于上个世纪三十年代的塑料袋，其家族包括用塑料制成的快餐饭盒、包装纸、餐用杯盘、饮料瓶、酸奶杯、雪糕杯等等。这些废弃物形成的垃圾，数量多、体积大、重量轻、不降解，给治理工作带来很多技术难题和社会问题。

比如，散落在田间、路边及草丛中的塑料餐盒，一旦被牲畜吞食，就会危及健康甚至导致死亡。填埋废弃塑料袋、塑料餐盒的土地，不能生长庄稼和树木，造成土地板结，而焚烧处理这些塑料垃圾，则会释放出多种化学有毒气体，其中一种称为二噁英的化合物，毒性极大。

此外，在生产塑料袋、塑料餐盒的//过程中使用的氟利昂，对人体免疫系统和生态环境造成的破坏也极为严重。

节选自林光如《最糟糕的发明》

参考文献

1. 国家语言文字工作委员会普通话培训测试中心. 普通话水平测试实施纲要. 北京：商务印书馆，2004.

2. 国家教育委员会师范教育司组. 教师口语训练手册. 北京：北京师范大学出版社，1998.

3. 杜青. 普通话语音学教程. 北京：中国广播电视出版社，1999.

4. 马显彬. 普通话水平测试训练教程. 广州：暨南大学出版社，2001.

5. 张慧. 绕口令. 北京：中国广播电视出版社，1996.

6. 方小燕. 广州话里的疑问语气词. 方言，1996（1）.

7. 周小兵. 广州话量词的定指功能. 方言，1997（1）.

8. 少光. 潮汕话的三种特殊构型法. 汕头大学学报（社科版），1987（4）.

9. 韩述梅，何娇，李文灿. 试析普通话水平测试中的朗读. 现代语文（语言研究版），2009（10）.

10. 刘玉莲，杨文. 浅谈四种错误的朗读方法. 教学文摘，2008（11）.

11. 何广见. 人间需要爱的呼唤——《语言的魅力》朗读指导. http：//jsyw.jsjyt.edu.cn.

12. 在线新华字典. http：//xh.5156edu.com.

13. 小故事网. http：//www.xiaogushi.com.

14. 学习啦在线学习网. http：//www.xuexi.la.

后 记

　　作为在一线工作多年的普通话水平测试员，我们经常遇到的问题就是，许多考生并不了解这一测试的种种规则，仅仅是"完成"了测试，并没有正常发挥出自己的最佳水平。同时，也常听到一些考生抱怨说，是因为考官的原因，才使自己不能考出理想的成绩。

　　然而，作为考生自己，如果不能切实提高自己的口语水平与应试技巧，即便一考再考，又如何能让考官打出好成绩？这正如中国古代寓言"坐井观天"所说的那样，一只蹲在井底的青蛙，永远只能看到自己头顶狭窄的一方天空；只有当它跳出井口，方知天下之大。普通话水平测试亦是如此，从表面上来看，它很简单，实际上，要规范、顺利地完成测试，还是需要大家做出一番努力的。只有打开眼界，我们才能知道其中的奥妙。

　　本书努力在做的，其实就是"打开眼界"的工作。参与编撰及录制工作的均是在一线工作多年的优秀测试员或播音员；在对测试规则的剖析和训练项目的设置上，有较强的针对性，能较好地满足广大考生学习、应试的需要。

　　第一版出版于 2011 年。在多年的普通话教学实践中，我们积累了更丰富的实战经验，也有了更多的教学的反思，大家对教材进行了相应的修改，便有了今天这第二版。希望这本凝结着我们心血的书能让那些曾经视普通话水平测试为畏途的考生们不再慌乱，也希望它能让所有的普通话学习者再上一个台阶，共同用好普通话——我们国家的通用语，更好地实现在"地球村"中的人际沟通。

编　者

2015 年 3 月 20 日